读史衡世·名相篇

不战而胜 管仲

尚儒◎著

華中科技大學出版社
http://press.hust.edu.cn
中国·武汉

图书在版编目（CIP）数据

不战而胜：管仲 / 尚儒著 . -- 武汉：华中科技大学出版社，2024.4

ISBN 978-7-5772-0348-5

Ⅰ . ①不… Ⅱ . ①尚… Ⅲ . ①管仲（？-前 645）- 人物研究

Ⅳ . ① B226.15

中国国家版本馆 CIP 数据核字（2024）第 013050 号

不战而胜：管仲

Bu Zhan Er Sheng: Guan Zhong

尚 儒 著

策划编辑：亢博剑

责任编辑：李 祎

责任校对：刘小雨

封面设计：VIOLET a1152979738

版式设计：王志利

出版发行：华中科技大学出版社（中国·武汉） 电话：（027）81321913

武汉市东湖新技术开发区华工科技园 邮编：430223

印 刷：天津中印联印务有限公司

开 本：880mm × 1230mm 1/32

印 张：11

字 数：230 千字

版 次：2024 年 4 月第 1 版第 1 次印刷

定 价：49.80 元

前言

中国历史上相星璀璨，而管仲无疑是其中最为耀眼的一颗。史学家司马迁在《史记·平准书》中说："齐桓公用管仲之谋，通轻重之权，徼山海之业，以朝诸侯，用区区之齐显成霸名。"他在《史记·管仲传》中又赞扬管仲："管仲既用，任政于齐，齐桓公以霸，九合诸侯，一匡天下，管仲之谋也。"齐桓公运用管仲之谋，在那个战争频仍的年代，发展经济，改革内政，富国强军，终于使偏居东海一隅的齐国，成为称霸于诸侯的一流强国。

管仲经天纬地的治国之才，为他赢得了"华夏第一相"的称誉。他在齐国的从政生涯大致可以分为三个阶段。

第一个阶段，初涉齐国政坛。

管仲和好友鲍叔牙早年分别辅佐齐僖公之子公子纠、公子小白，后来齐国发生内乱，齐襄公、公孙无知相继被杀，国内无君，管仲和鲍叔牙又分别护送公子纠、公子小白回国争夺君位。结果，公子小白（即齐桓公）成功登上君位，公子纠则为鲁国所杀，管仲也作为俘虏从鲁国被押解至齐国。

第二个阶段，被齐桓公拜为国相。

管仲为帮助公子纠争夺君位，曾半路截击公子小白，用箭射中其衣带钩，但被公子小白装死骗过。鲍叔牙帮助公子小白登上君位以后，齐桓公有意拜鲍叔牙为相，鲍叔牙却向齐桓公推荐了管仲。鲍叔牙表示自己有五个方面不如管仲，即“宽惠爱民”“治国不失秉”“忠信可结于诸侯”“制礼义可法于四方”“介胄执枹，立于军门，使百姓皆加勇”。鲍叔牙坚定地认为管仲有杰出的治国才能，深信只有管仲才能把齐国治理好。齐桓公最终接受了鲍叔牙的建议，决定以国家利益为重，摒弃一箭之仇，拜管仲为国相，后尊其为“仲父”。

事实证明，鲍叔牙的判断是正确的。管仲得鲍叔牙之荐成为齐相，齐桓公则在管仲的辅佐下成就了中原霸业。“管鲍之交”也因此成为千古美谈，管仲感叹道：“生我者父母，知我者鲍子也。”

第三个阶段，辅佐齐桓公称霸中原。

管仲为相后，对内大兴改革，使齐国国富兵强；对外尊王攘夷，九合诸侯，一匡天下。

管仲改革的主要目的就是要富国强兵。对内，他在全国划分行政区，组织军事编制，设置官吏管理，并把经济建设放在首位，重视百姓诉求，推行“慈于民，予无财；宽政役，敬百姓”的政策，尽量做到“静其民而不扰，佚其民而不劳”，主张“以天下之财，利天下之人”。其经济措施包括：发展农业生产，实行“相地而衰征”的土地税收政策，禁止贵族掠夺私产；又规定由国家统一铸造钱币，发展商业，鼓励贸易，实行盐铁专营制度等，使齐国在政治上安定稳固，在经济上富足殷实，也为齐国担起号令诸侯的重任打下了基础。

对外，针对各国之间战乱不断、又有边族虎视中原的情况，管仲建议齐桓公适时打出“尊王攘夷”的大旗，依靠齐国强大的经济、军事力量，团结诸侯，一致对外。打败侵燕的北戎，“存邢救卫”，制止狄人侵袭，又击败兵力强大的楚国，重新确立周天子的权威。之后，在周天子的授意下，齐桓公以会盟的形式统领诸侯，征伐外敌，兴名正言顺之师，使齐国称霸于诸侯。

在维护齐国利益的同时，管仲尽量依礼兼顾他国的合理利益。参与会盟的诸侯国，尽管国力存在差距，但是在讨论重大问题时，各诸侯国地位平等，共同商议。管仲坚持“义利统一、相互为用”的原则，特别是在“利”与“义”发生冲突时，要把“义”放在首位，以义导利，以义生利。这与后世儒家思想中的“重义轻利”“以义制利”等义利观不谋而合，是中华优秀传统思想之一，对后世的治国理政之策有着深刻的影响。

尽量使用经济手段来解决问题，是管仲改革获得巨大成功的一大奥秘。管仲深刻认识到衣食住行的重要性，认为“仓廪实而知礼节，衣食足而知荣辱”，所以十分重视物质生产，特别强调五谷六畜之事，减少与他国的军事冲突。

管仲最为有名的政绩是他主持实施的几次“贸易战”，所谓“不战而屈人之兵，善之善者也”。他不动兵戈，不费民力，在鲁国高价收购布匹，在楚国高价购买麋鹿，在衡山国广泛收购兵器，使这几个国家错失农时，虽然财富堆积如山，却严重缺乏关乎人命、国本的粮食，丧失了生存的能力。待时机成熟后，管仲下令封闭关卡、掐断粮路，使这些国家不得不臣服于齐国，齐国兵不血刃就获得了巨大利益。

管仲身居高位后，也和鲍叔牙一样，经常向齐桓公举荐人才。据《管子·小匡》记载，管仲在官员任命上，他承认自己单方面的才能不如人："升降揖让，进退闲习，辨辞之刚柔，臣不如隰朋，请立为大行。垦草入邑，辟土聚粟多众，尽地之利，臣不如宁戚，请立为大司田。平原广牧，车不结辙，士不旋踵，鼓之而三军之士视死如归，臣不如王子城父，请立为大司马。决狱折中，不杀不辜，不诬无罪，臣不如宾胥无，请立为大司理。犯君颜色，进谏必忠，不辟死亡，不挠富贵，臣不如东郭牙，请立以为大谏之官。此五子者，夷吾一不如。"管仲向齐桓公分别推荐了外交、农业、军事、司法、谏言方面可堪重用的五位专业人才，这些人对齐桓公称霸中原都起到了重要作用。

不过，论及辅佐齐桓公称霸中原的良相之才，管仲也当仁不让："此五子者，夷吾一不如。然而以易夷吾，夷吾不为也。君若欲治国强兵，则五子者存矣；若欲霸王，夷吾在此。"也就是说，上述五人，虽然每个人单方面的才能都比他强，但齐桓公若想称霸诸侯，只有他可以辅佐齐桓公做到这一点。《说苑·尊贤》记载：

“桓公于是用管仲、鲍叔、隰朋、宾胥无、宁戚，三存亡国，一继绝世，救中国，攘戎狄，卒胁荆蛮，以尊周室，霸诸侯。”可惜后来齐桓公不听管仲临终劝谏，复用竖刁、易牙、开方等佞臣，以致身死国乱，齐国霸业中衰。

管仲以其卓越的政治才能，不仅振兴了齐国，团结诸侯平息了四夷叛乱，维护了中原的正统，也巩固了周天子一朝独尊的局面，使“礼”得以流传。其改革的方法、思想和治国的智慧在中华文明史上留下了浓墨重彩的一笔。连孔子都对管仲赞不绝口：“管仲相桓公，霸诸侯，一匡天下，民到于今受其赐。微管仲，吾其被发左衽矣。”梁启超也评价管仲是“国史上第一流人物”“中国最大之政治家，而亦学术思想界一巨子也”。本书将引领我们回到那个风云激荡的时代，去领略管仲“九合诸侯，一匡天下”的传奇人生。

目录

第一章 苦励志 智者传道

第一节 管山使晋

这是个异常寒冷的深秋，齐国卿大夫国子辛和大夫管山（字严仲或庄仲）经过千余里的长途跋涉，终于来到晋国都城翼城之郊。历山下，管山抬眼仰望，只见奇峰峭壁，雄浑磅礴，又有林木参天，如同屏障。登上北坡，放眼四望，只见翼城北倚汾渭地堑，立于翔山之上，形如巨鸟舒翼，凌空欲飞。凹凸的箭垛影影绰绰，给人一种隐藏于天地间的沧桑之感。

国子辛第一次感受到历山的奇特和雄伟，不禁叹道："没想到偏居西北一隅的晋都竟有如此气势！"

“上卿此话不大妥当。”管山看了看国子辛，缓声说道，“晋为唐尧发源之地，今也是华夏中心，绝非偏居一隅。”

国子辛不悦，问道：“晋有二都，我等是进翼城，还是去往曲沃？”

管山虽比国子辛小几岁，地位也没有国子辛高，却从未对这位一向倨傲的上卿心存畏惧。他想了想，说道：“我们入翼城即可。”然后命三个随从乘坐他的輶车[①]，自己则与国子辛同乘夏缦[②]入城。上车后管山接着说：“上卿可知此地？”国子辛摇摇头，管山接言：“周武王伐纣灭商之后，宗族兄弟各有封地。武王崩，年幼的周成王姬诵继王位。一日，周成王和弟弟叔虞在一起玩乐，周成王随手攀摘了一片梧桐树叶，剪成玉圭状送给了弟弟叔虞，随口道，‘以此为信物，封赐与你！’叔虞接过树叶，对受封之事欣喜若狂。未久，太史佚就准备挑选吉日来分封叔虞。这时，周成王却说，‘戏言怎可当真？’太史佚说，‘天子无戏言，言则史书之，礼成之，乐歌之。’周成王无奈之下，只好分封叔虞于唐。于是，唐成为新的分封诸侯国，叔虞为成王同母弟，后称唐叔虞。后其子燮父迁都于晋水之畔，称晋侯，因此，唐叔虞也可谓晋国的始祖。”

“如此说来，晋侯岂不是比齐侯更近正宗？”国子辛是齐国贵族，一向自视身份地位崇高，而现在他明白了，齐侯只是周武王重臣吕尚（姜子牙）的后裔，晋侯却是有着周王室一脉相承的

---

① 輶（yóu）车，使者所乘的一种轻便的车。
② 夏缦（màn），古时卿乘坐的五彩车。

血统。

管山淡然道："没错。晋国人的领土位于华夏中央，物产富饶，人杰地灵。地理优势和正宗血统，使晋国很快强大起来。但是，晋传到晋昭侯姬伯的时候，姬伯把亲叔叔桓叔封到曲沃。桓叔执政有方，颇得人心。于是无论是人才还是钱粮物资，都慢慢向曲沃靠拢，在这种局势下，曲沃的势力初露锋芒。加之翼城的姬伯并不得人心，各公室成员之间相互倾轧，桓叔便自觉可取而代之。后来，晋国大臣潘父杀了翼城的姬伯，准备迎接桓叔回来执政，然而这有损昭侯王室的利益。昭侯王室最终打败了桓叔，立了姬伯的儿子姬平为晋国君侯。即当今晋侯。"

"如此说来，晋已为分裂邦国，君侯（齐庄公吕购）为何如此看重？"国子辛仍疑惑不解地问。

管山耐心解释道："人们虽然把封国君主称为'公'或'侯'，但实际上，真正有实力担得起'公'或'侯'这一级爵位的君主为少数。'伯'僭越称'侯'，'侯'又僭越称'公'，已成乱象，周王室的权威已不复当年。但我们的主公崇尚礼制，此番令我们使晋，自然是看重晋的正统身份，同时也因为晋所制青铜器之精良。"

国子辛对管山的深厚学识很是佩服，却对管山"好为人师"的说教极为鄙夷。他冷冷道："过于看重晋，于我等此行并无益处。"

管山不再言语，二人入住翼城驿馆。

次日，国子辛向晋侯姬平递交国书，但晋侯并没有亲自会见，只派了公子郄[1]来接待。国子辛认为自己被怠慢，心中略有不快，却不好明言抱怨。公子郄也看出了国子辛的不满，只装作不知，先与管山相互行礼，并寒暄了好一会儿，然后才面向国子辛，客套一番。

管山早从国子辛的面色看出他内心不快，便解释道："我十多年前便与公子郄相识，算得上故交，多言几句，上卿莫要见怪。"

国子辛作为主使，自然不能表现得气量太小，转而开门见山陈述此次出使的目的："齐侯久闻晋辅佐周室，勤王图强，繁荣昌盛，尤其青铜礼器精美绝伦，对其技艺称颂不已。今齐侯遣我等为使，望能以物易物，得其方法，一了夙愿。"

青铜，大概是人类最早大规模应用的合金了。在周之前人们就发现，铜与不同分量的锡配比能够制出性能不同的合金。青铜可以作礼器，用以供奉祖先神明；青铜可以作兵器，供先民们驱杀猛兽，保卫自身；青铜也可以铸钱币，供人们互通有无；青铜还可以作农具，它有耐磨、易铸造成型等优势，比木、石、骨、蚌器更耐用。

人们认为，楚国拥有铜绿山，所以楚国即使政治混乱，但是军事力量并未衰落；晋国拥有中条山，铜矿资源丰富，兼有盆地适宜农耕，有表里山河美之称；吴、越本处东南蛮荒之地，但因境内多铜锡，便有能力北上，与中原强国争锋。其他国家虽然没有后世闻名的铜矿山，但零星的矿点也能使用。

① 音 qiè。

就齐而言，早期的矿山是由官府组织奴隶开采的，齐都临淄西方的金岭一带便是齐国铜铁矿的主要产地，有三千多名奴隶在山上开采矿石。山上的铜铁矿是个露天矿，矿藏的质量也比较好，开采起来比较容易。但出产量十分有限，远不能满足礼乐器皿、武器、日常生活用具及生产工具等制作需要。在双方谈妥了齐用食盐和齐纨[①]换取晋锡铜的交易后，管山向公子郄提出参观各种青铜器成品的请求，公子郄欣然同意。

于是，公子郄将国子辛、管山引入一大殿后堂中。堂中摆列着各种青铜器，有鼎、簋[②]、盉[③]、尊、卣[④]、盘、方壶、爵、盆、罐、盨[⑤]、方盒形器、筒形器、三足瓮等，件件制作精良，色泽鲜亮夺目，管山只觉得眼界大开。观看一番后，他随手拿起一枚铜贝，这铜贝的面微微凸起，中间横铸一道贝齿，底内凹，这是晋的通用货币。然后，他又细看一只青铜壶，这壶造型大气，纹饰华美流畅。在壶旁，还有一铜栖立人擎盘，造型别致；还有一件器物为青铜神兽状，神兽的背上有一名女子正举着一个镂空的圆盘，圆盘竟然可随意转动，神兽同样装饰华丽、神态柔和。管山叹为观止，称赞不已。

当然，那些戈矛刀剑、车马铜具等军事用途的青铜器，国子辛和管山无缘一见，难免有些遗憾。

---

① 齐纨（wán），齐国生产的极薄的丝织品。
② 音 guǐ，古代盛食物的器具，圆口，两耳。
③ 音 hé，古代温酒的铜制器具，形状像壶。
④ 音 yǒu，古代盛酒的器具，口小腹大。
⑤ 音 xǔ，古代盛食物的铜器，椭圆口，有盖，两耳，圈足或四足。

参观结束后，晋侯在正殿客堂设宴，款待齐使。晋侯平还是世子时，便与管山初交，觉得管山不仅学识渊博，而且才能卓著，品性高洁，便有意请管山入晋出仕，但被管山婉拒。而今，曲沃势力咄咄逼人，晋侯对人才的渴求更为强烈。入席前，他拉着管山的手，悄声道："盼了管大夫十几年，今终于相见，不如留在晋国，晋定以卿位相待。"

管山一笑置之，说道："感谢君侯的美意。但我身为齐臣，自当为齐效力，齐侯不负我，我怎可弃之而去。"

这时公子郄插话道："管大夫在齐入仕近二十年，至今也仅为中大夫，实在屈才；恕我直言，细观大夫的衣着服饰，远不及卿大夫那般光鲜华丽，想必禄俸也是不丰。"

管山又是尴尬一笑："让公子见笑了。只因家中人口众多，而拙荆又病逝近五年，无人料理日常，这才显得窘迫，并非齐侯待我不厚。"他显然有些言不由衷。

公子郄善于洞察人心，也不好当面揭短。他无意中瞥见管山衣袍襟上一颗纽襻都已脱落，显然，管山不仅财力不济，还缺少内室贤助。想到这，公子郄诚恳说道："若管大夫不嫌弃，大夫可从宫里的美人中挑一个去，为继室为奴仆，全依大夫意愿。"说着便唤来十多个美人。

管山原本以为公子郄只是说笑，忽闻其传唤，慌忙说道："不可，公子万万不可！君子岂能夺人之美！"

公子郄没理睬，待众人入席后，他便让十多个美人轮番为国子辛和管山斟酒。酒至半酣，他又悄声询问管山："不知大夫中意否？”管山无言，轻轻摇头。公子郄不知其意，问道：“是嫌弃这些婢女相貌不美，还是身份卑微？”管山仍只摇了摇头，一脸肃然。

公子郄一心想收买管山，只顾揣测管山为何会拒绝，没了酒兴。直到席散，他才揣测到管山的心思：虽说“食色，性也”，但管山是很有名气的文士，论及食色自然需要顾及文人颜面，应当多些雅事。于是，次日公子郄又于景阳殿为齐使安排了一场舞乐。管山刚入殿就座，即闻诸种妙音齐响，钟、鼓、铎、钲等乐器奏起和缓而清亮的乐章，十余个舞姬皆穿五彩华衣，翩翩起舞，寒意甚浓的大殿内顿生春色。

几支舞乐之后，公子郄酒兴又起，令人重摆酒肴。歌台之上左置钟鼓，右置琴瑟，以诗乐助兴。诗乐与舞乐不同，是以吟唱诗歌代替舞蹈。乐曲再起，歌台上，一美人吟唱《鹿鸣》：

呦呦鹿鸣，食野之苹。

我有嘉宾，鼓瑟吹笙。

吹笙鼓簧，承筐是将。

人之好我，示我周行。

呦呦鹿鸣，食野之蒿。

我有嘉宾，德音孔昭。

视民不恌，君子是则是效。

我有旨酒，嘉宾式燕以敖。

呦呦鹿鸣，食野之芩。

我有嘉宾，鼓瑟鼓琴。

鼓瑟鼓琴，和乐且湛。

我有旨酒，以燕乐嘉宾之心。

管山似乎被这天籁之音迷醉，眼睛却直直盯着一名正在鼓瑟的少女。鼓瑟少女年方二八，模样虽不惊艳，但举止端庄大方。对深通音律的管山来说，此诗乐营造了一个极妙的氛围，且少女的琴瑟旋律又将此氛围进一步渲染，形成了和谐愉悦的主调，深深感染了诸位嘉宾，使君臣友朋沟通感情，安乐其心，全无一丝愁绪，堪称杰作。

公子郄洞察入微，已将这一情景看在眼中，记在心上。诗舞乐结束，他便把鼓瑟少女和千余尖足布（晋币）一并赠与管山。这次管山没有推辞，欣然受礼答谢。

完成使命后，管山带着鼓瑟少女，随卿大夫国子辛回到齐国临淄。齐侯接见了他们，听取了出使情况细报后，齐侯非常满意，准备按事先的承诺晋封管山为上大夫。卿大夫国子辛顿生妒意，此次出使晋国，管山虽非主使，晋侯和公子郄对他的热情却明显高于自己这个卿大夫，且临行又赠送他美人和金钱，回国后齐侯还要晋封他的爵位，这让他这个卿大夫情何以堪？国子辛对管山素无好感，如果不是要利用他与晋侯的关系，根本就不会让他一同出使晋国，也不至于被他抢了功劳。国子辛嫉妒与憎恨交加，免不了向齐侯进谗言，说管山与晋侯相互视为知己，已生归附晋国之心。于是管山不仅没有得到晋升，反倒费了好一番功夫才保住原有职位。管山的俸禄没有增加，还受到了齐侯猜疑，日子过得越来越窘迫了。

第二节 夷吾，夷吾，奈之何

周平王四十年（前731年），齐庄公吕购薨，其子禄甫继位，是为齐僖公。齐僖公恰值壮年，正可舒展胸中抱负。然而齐国贵族国氏、高氏的势力日盛，他们极力排斥异己，管山自然也在受排挤之列。

管山对齐国官场备感失望，心生去意，以嫁女为由，告长假回到了老家颍上。在齐都临淄为官时，管山把晋女只当婢女使唤，毕竟他是中大夫，有个婢女供使唤很正常。他甚至都没询问过她的姓氏、身世背景，只称她为晋女。虽然晋女出身卑微，但从她平素的言谈举止中，管山觉察到她是识文断字、有些见识的，而且她既质朴善良，又聪慧能干，还通晓音律，便萌生了纳她为继室的想法。

晋女在管山家已生活了两年多，对管山一向尊敬，对他的儿女照顾得也很周到。她从未有过自卑感，反而时常弹琴鼓瑟、吟唱闲情曲调，表现出对美好生活的向往。她早把自己当作了管家的一分子。

三个月时间里，管山为儿子娶妻，将长女嫁出，又为次女订婚，一切安置妥当后，他的心里却变得空荡起来。其实，他仍想回到齐都，他仍指望齐侯能将他征召回朝。就在这个时候，晋国却遣使前来，请管山去翼城，告诉他晋国上卿的位置仍在等待着他。管山一时有些纠结，现今还拿着齐国的俸禄，如此便前去晋国，绝非仁义之为。而晋侯又几番如此礼贤下士，拒之亦为失礼。于是，他借口说还要忙女儿出嫁之事，过一些时日再作打算，再次婉拒了晋侯的邀请，但他让儿子管伯先去为晋国效力。

原来，晋国曲沃桓叔也在这年去世了，他的儿子姬鳝继袭爵位，称为曲沃庄伯。庄伯也对晋侯平多有不服，他不仅继承了其父桓叔的爵位，还继承了桓叔的野心，屡屡向晋侯发出挑衅，并试图攻打翼城。此时晋侯平需要更多能人来辅佐他，便又想到了管山。听闻管山已回颍上老家，便派使来请，没想到管山还是回绝了。

管山在老家又等待了三个月，结果只等来兄长管至父的来信，信中告诉他，齐侯已将他免职停俸。管山心里一震——齐侯的确未看重自己，这让他备感失落。临淄回不去了，翼城那边又已回绝，万般滋味涌上管山心头。

一天早上，管山一脸不安地对晋女说："临淄已难回，你可愿意与我在此乡野共度余生？"

晋女道："主上这是何意？"

管山道："我想让你成为我的夫人。"

得到晋女默许，管山便将自己的决定告诉两个女儿。也未举行什么仪式，当天管山便与晋女成了亲。

自此管山开始了新的生活，然而，没有了官俸，自己也没有多少积蓄，为了生计，他便去了离家不远的慎邑，设馆教学。

平淡的日子一晃过去了三年，晋侯平再次邀请管山入晋。管山深感晋侯有恩于己，如今晋国大业正悬于半空，为报晋侯恩惠也当前往效力。但此时，妻子已身怀六甲，家中只有一个十五岁的女儿，管山本想携妻带女一同赴任，但考虑到晋国局势未稳，只得将她俩暂留家中，打算待他在翼城安定下来后，回头再来接她们。

可是，谁都没有想到，这竟是管山与妻女的永别。管山随晋使等三人前往翼城的途中发生了意外，他们几人刚渡过黄河，就遭遇山洪，管山与晋使都被洪水冲走，连尸骸都无处可寻，仅一人被冲到坡地，死里逃生。

噩耗传来，晋女伤心欲绝，若不是腹中尚有胎动，便要随管山而去。十多天后，晋女产下一男婴，取名管夷吾。乡邻也不知道是哪两个字，再加上叫着有些拗口，干脆就叫他管仲（兄弟排行次序二），称晋女为管母。

从此，管母领着一大一小两个孩子艰难度日。好在管山教书也算攒下了一点积蓄，让孤儿寡母勉强支撑了下来。管仲的三姐也能帮人家干点零活，换取一点粮食、麻葛等生活物资。

周平王四十七年（前724年），晋国局势进一步恶化，晋侯平被曲沃庄伯所杀，先入晋为官的管家长子管伯拼死护主，不敌战亡。

公子郄继任为晋侯（晋鄂侯）。待政局稍安定，晋侯郄便广招人才，这让他想起了为晋国捐躯的管氏父子，顿时心生愧意，随即派遣使者用遣车将管伯的尸骸送回，归葬故里。年仅几岁的管仲扶着兄长的棺柩，一路哭泣至坟地，晋使和邻居无不为管仲的悌顺行为动容。

是年底，管仲三姐的婆家又来催婚。她已经大了，管母也不好把她强留在家里干活，只得让她嫁人了。这年的冬天非常寒冷，而管仲家的房子却是以芦苇编扎为壁，茅草为盖，数年未经修葺，刺骨的寒风从壁缝里灌进来，冻得孤儿寡母彻夜无法入眠。无奈，管仲只能到雪地里捡拾枯柴，生火御寒。管母抚摸着儿子冰冷的小手，心痛不已。她一边把儿子的手伸向火堆烤着，一边喃喃道："夷吾，夷吾，奈之何耶？"

管仲昂起头看着母亲："娘亲莫哭，我会很快长大的。"他用小手拭去她脸上的泪水。

越年，管母不得不将管山曾经开出的一亩多荒田翻土播种，种上黍和豆。但有些力气活她有心无力，管母站在田垄间，又一次茫然说道："夷吾，夷吾，奈之何耶？"管仲挥舞手中的小铲，安慰母亲："夷吾是男人，以后都交给我做。"管母闻言，脸上的愁容便被欣慰的笑容取代了。管仲的二姐夫觉得这孤儿寡母实在可怜，常抽空从大老远跑来帮忙干重活。邻里们也记得当年管山的好，纷纷把家里的农具借给他们使用，有时还送来点吃的用的，母子二人艰难地活了下来。

一日，好心的邻里又给她出主意，告诉她，可在河边沟坳种黄麻，本钱小，只需除草，就能有较好的收成。第二年，管母就带着儿子，将颍水边到自家门前沟坳二里多长的边角全种上了黄麻，卖钱之后，日子比之前好过了一些。

一天，管仲的一个同宗叔爷来管家借书，见管仲已到了入学的年纪，便劝管母说：“管氏是文士世家，如今管仲已到入学年纪，怎不让孩子入塾读书呢？”管母苦笑道：“实非我愿，温饱尚且不足，何来钱财让仲儿入塾呢？”

叔爷肃然看着管仲，问道：“可愿入塾读书？”

管仲没有丝毫犹豫，大声回答：“愿意！”

叔爷便对管母说：“管山是我远侄，他在慎邑的学塾由我接手，这些年小有声誉，也是贤侄在天之灵保佑。如今让侄孙入塾读书，算是我对管山侄的报答，侄媳你看可好？”

管母自然高兴，但慎邑离管仲家七八里，她担心孩子吃不来这等苦，便问管仲：“仲儿，可怕路遥之苦？”管仲看出母亲心思，坚定地说出两字：“不怕！”

从此，管仲每天天蒙蒙亮就起床，一口气跑到慎邑学塾，细心听完夫子教授早课，就匆匆赶回家，啃完几个馍，就开始帮母亲干活。学塾的生徒还要听晚课，管仲却没有时间听，但管仲自小从母亲那里获得了开蒙，他本身也聪慧过人，即使只上早课，也比其他生徒学到的还要多。叔爷认为是因为管山侄子的藏书比较多，管仲肯定自学了许多学问，加上书塾中藏书有限，便让那些爱读书的人去管家借书读。开头还不打紧，后来借书的人多了，管母为此忙碌不堪，又问管仲：“夷吾，夷吾，奈之何耶？”

管仲说：“娘亲，那些借书人大多家境殷实，我们何不向其索要借书钱呢？”

管母忙说："皆是读书求学之人，怎好开口讲钱呢？"

管仲说："祖上积攒这些书也是花了本钱和心血的，且无论帛书简牍，借阅后都会有所损耗，收取折损费理所应当。我且立个借书章则，按章索钱，借书者可得学识，我母子也可多些进项，可谓一举两得。"

管母摇了摇头，苦涩一笑。

过了一阵后，管仲的叔爷找上门来，气冲冲地责问："为何向借书人索钱？"

管仲神色凛然地说："我父兄皆弃我母子而去，孤儿寡母无以为生。以家存文献作为我母子的生活费用，按章索钱，合情合理，有何不妥？"

"自小便如此伶牙俐齿。"叔爷没好气地说，"合情合理？又当何解？"

管仲神情坚定地解释道："以晋之困局来讲，如果无钱，曲沃庄伯何来军队去杀晋孝侯；如果无钱，庄伯又拿什么向周天子纳贡，贿赂朝臣，后借天子之威，击败晋鄂侯……钱于公于私，不可或缺，读书人为何不能取利呢？当然，取利要守法度，不可为谋财而胡作非为。"

叔爷惊叹："你才九岁，能有如此头脑，堪称奇才。这些道理都是谁教你的？或是你家藏书里有这类奇论？"他想了想，又补充道："既然合情合理，此举无可非议。若既能解决你母子生活的困难，又能满足那些读书人的需求，实在难得。"

还没等叔爷夸赞完，又听管仲说道："其实这也是权宜之法。"

叔爷忙问："难道你还有更长远之策？"

管仲答道："待日后有所谋生，定当将各位读书人借阅我家文献所付的每个布钱（铜布币）照本息归还！"

叔爷说："这又是何理？"

管仲回答："眼下我们母子寡弱，生存艰难，这才被迫以借书获利维持生计，但祖宗之德不可为我一生依赖，待几年光景，我定能靠自身之力让娘亲过上好日子。到时，自然要报答亲朋乡邻的相助恩德。"他说着，就从房屋的立柱上取下账册，竹简上刻着一长串名字和数目。

听了这番话，又看了看账册，叔爷既惊讶又感动，称赞道："侄孙眼光和志向远超管山矣！"

管仲又对母亲说："虽然我们已经欠下了亲友邻里许多钱财，但日后夷吾必将还上这份恩情，也让娘亲过上钟鸣鼎食的生活。"

管母看着日渐长大的儿子，含泪而笑。

第三节　智者讲道授术

管仲十二岁时，便不再去慎邑的学塾读书，他觉得学塾已经不能再教授自己更多的知识学问了。在家里，他有了更多的时间帮母亲做事。他时常砍柴，挑到城里去卖钱或换点家里需要的东西；下雨天，则在河沟里捕捉鱼虾，既可做自家菜肴，也可到城里去卖钱。这虽勉强算是财路，但离他"钟鸣鼎食"的生活目标，相去甚远。

一天，管仲挑柴到城里去卖，途中遇见一位常在颍水边垂钓的老者。他礼貌性与老者打过招呼后，正要擦身而过，忽听得老者说道：“公子此趟入城切要快去快回，免得淋雨生病。”

管仲迟疑了一下，放下挑子，问道：“这青天白云，日光炫目，老伯何出此言？”

“老朽只是担心公子淋雨生病。”老者认真说道。

管仲还想再问，老者摆了摆手说：“公子快去吧，免得耽误了时辰。”管仲只得挑起柴，快步往城里赶，一路上他都在想着老者之言是何意，但越想越是一头雾水。管仲的这担干柴很幸运地被人买下，想起老者的劝诫他不敢多逗留，立马折返回家。他希望归途中还能遇上那个垂钓老者，以释疑解惑。

说来也巧，管仲刚走到之前与老者相遇的地方，就听见一阵春雷炸响，乌云滚滚而来，霎时间天地间昏暗一片。他心中大骇，不知往何处躲避，忽抬头看向前，只见那个老者拿着竹笠和蓑衣站在离他不远处，正向他招手。待管仲走近，老者问：“公子是往茅庐避雨，还是穿戴雨具继续赶路？”管仲没丝毫犹豫选择了前者，此时一道闪电划过，天空像突然裂开了一道口子，豆大的雨点从里面倾泻而出。

管仲随老者跑进了茅庐，老者搬来木桩凳让他坐下，缓声说道：“公子入茅庐，除了避雨，想必还有不少疑问求解吧。”

管仲木讷地点点头，两眼直直地看着老者。他这时才发现，老者神情俊朗，目光深邃，透露出智者气质。

“我与你之渊源，说来话长。”老者将自己的木桩凳往管仲身边靠了靠，接着说道，“四百多年前的牧野一战，周武王姬发战胜了商纣王帝辛，灭商立周，但他并未完全歼灭商的武装力量，以示仁德治天下。为了控制各方，威服南土，周武王决定‘作大邑成周于土中’，定鼎于郏鄏[①]（洛邑）。同时，为了统治商朝的遗民，武王采用周公的分化利用策略，对他们既要进行武力监视，又要施以笼络。通过纣王子武庚控制商人，并由武王弟管叔、蔡叔、霍叔加以监督，把商王畿分为邶、卫、鄘封区。殷都以东为卫，由管叔监之；殷都以西为鄘，由蔡叔监之；殷都以北为邶，由霍叔监之。

“很可惜，第二年周武王病逝。临终前，武王将封在鲁的周公旦喊到面前交代，决定由他摄政将周朝大业延续。旦考虑到兄弟太多，如果宣布武王的这个决定，天下会由此不得安宁，刚刚平定的局面，势必会狼烟再起！于是，与太公姜尚商量后，他毅然决定由武王的儿子姬诵继位，成为周成王。但成王诵年幼，还不能独立管理朝政，旦又以成王年幼，自己代成王行事。对此，管叔鲜非常不满，认为旦借口让姬诵继位，实际上仍是为了篡权，于是煽动蔡叔、霍叔，怂恿蛰伏已久的武庚及东方诸方国，以‘周公将不利于孺子’为借口，企图起兵夺位。

“武庚早有复国的野心，听到管叔有这种想法，自然高兴，立刻开始灭周复商的谋划。为了探明蔡叔度和霍叔处的态度和立

---

① 郏鄏(jiá rǔ)，周朝东都，在今河南省洛阳市。

场，他决定亲自造访这‘三监’。他先分别派人送给三位诸侯王上千钟琼浆，然后一一登门拜访。在与他们的寒暄和觥筹交错中，他探听到他们对周公旦不满的具体原因。令他意想不到的是，朝中已有人动员召公奭[1]出面质问周公旦。武庚听闻后更是窃喜，立刻按照三位诸侯的喜好，分别送上珍贵礼物。管叔鲜得了宝贝，高兴得不得了，连连拍着武庚的双臂说：‘得君如此厚待，不知何以为报！君之恩惠重于江山啊！’武庚提醒说：‘管叔醉矣！皮之不存，毛将焉附啊！若不成大业，何谈富贵？’管叔鲜明白过来，连连说：‘君之所言极是！我们都盼着成就一番大业。只怕力量还不足以与周相抗。’武庚觉得管叔鲜言之有理，为了收买人心，他将当初商纣王赐予自己的珍贵鼎器取出来，分别送给奄、庸、蒲姑、熊、盈及徐夷、淮夷等诸侯，表明如果他们愿意追随自己灭周复商，一定保他们万世荣华富贵。这些诸侯国的武装力量一旦调动起来，无疑是成功的有力保证。武庚再次鼓动他们，称事成之后，几位诸侯不仅能扩大疆域，且不用再向朝廷进贡，每年还能够得到朝廷的封赏。这些诸侯都大受鼓舞，纷纷表示愿意出兵相助。

“就在武庚与管叔、蔡叔、霍叔紧锣密鼓地谋划时，得知消息的周公旦与太公姜尚和召公也在商议对策。他说：‘我如牛负重地主持政务，无非担心天下叛周。武王溘逝，成王又如此年幼，我等更应为周尽心尽力。’最后他决定组织东征军发动平叛之战。

---

① 音 shì。

为了证明此战的正义，他找来术士占卜，并将卜辞公开，然后神色肃穆地说：‘周邦原弱，靠了上天保佑得以兴盛，我等承受的是天命。这次出征，我已占卜，卜兆表明，上天又要来帮助我等，此乃天道，不能违抗，尔等应顺从天意，助我匡扶周室。’史官记载：‘武王崩，三监及淮夷叛，周公相成王，将黜殷，作《大诰》。’一场平叛之战由此开始。

“周公旦亲任统帅，挥师东征，一举击败武庚，平定‘三监之乱’。但他并未就此罢手，继续扩大东征战果，希望一举消灭其他反叛力量。随后周军北上攻打奄国，占领奄国西、南两边邻国。奄国势孤，国君被迫投降。这时，辛公甲提建议说：‘大难攻，小易服，不如服众小以劫大。’周公采纳了他的意见，遂改变计划，挥师东南，进攻淮泗间的九夷。周公东征历时三年之久，消灭了殷、东、徐、熊和东夷诸国等参加叛乱的五十多个小国。”

管仲耐心地听老者讲完，仍是不解，问道：“‘三监之乱’我已有所耳闻，不知老伯今日讲来是何用意？”

老者笑了笑，道：“没想到公子已听过这个故事，老朽多言了。不过，这不是重点，老朽也不想对周公旦东征予以评说。”

管仲眼睛睁得大大的，望着老者，显然是想要他继续说重点。老者沉思片刻，继续讲下去。

“在周公旦东征的某一天，分兵一路直取管叔鲜驻地卫，迅速消灭了管叔的武装，占领了城邑。当晚，管叔鲜的府邸也被周兵团团围住。消息传开，蔡叔度、霍叔处惊恐万状，心知大势已去，慌忙将兵马抽回，并派人到周公旦那里请罪。周公旦表面上要设宴安慰他们，实则暗中埋伏好刀斧手，酒过三巡时，一声令下，蔡叔度、霍叔处即成阶下囚。蔡叔度、霍叔处的兵马迅速被周公旦收编。霍叔处被斩杀，蔡叔度被流放。管叔鲜见此情景，决定破釜沉舟，坚守府邸，与周公旦对抗到底。周公旦切断管叔鲜与其他叛军的联络，迅速包围了管叔府邸。管叔鲜的府中有家口上百、兵卒数千，与周公旦部队展开殊死决战。这一夜，刀光剑影，斧钺枪击，焦火残垣，哀号遍地，血流成河。管府几乎不留一活物，整整两月，府邸内外臭气熏天，数里之外就能闻到，无人愿意靠近，那里成了一个巨大的坟场。”

“太惨了，管家岂不是被灭门了？”管仲惊叹。

“或许是天意。”老者平静地说道，“在那个大屠杀之夜，有一个十多岁的少年去河边捕捉流萤去了，这个人就是管叔鲜的小儿子管成。躲在暗处的管成远远望见这惨绝人寰的一幕，吓得半死，慌忙逃往他五叔蔡叔度的府邸。此时蔡叔度一大家已经清点好人口，正要去流放地，却突然多出一个人来。周兵认定是混进了管府的人，非要查出来不可。蔡叔度之子蔡仲灵机一动，让书童与管成换了衣裳，许诺书童，奉养其父母如蔡府上人。管成变成了书童，书童被当成管成斩首。管成与蔡府的族人一起被羁押往流放地。中途，蔡叔度考虑到人多嘴杂，一旦泄露管叔鲜遗子在这里，自己一族也难保全。于是，私下派得力可靠的几位男女仆人（其中就有书童的兄长），带着管成离开了蔡府，叫他们逃得越远越好。”

老者顿了顿，接着说道：“不久，蔡叔度在流放途中病死，而管成一行人下落不明。消息传到周公旦那里，他对蔡叔度心生愧意，让其子蔡仲接替了爵位。蔡仲一直关心着管成的生死，他命人寻遍了宋、郑、陈、蔡等国，最终在颍水上游栎邑附近的山中寻到已经隐居深山的管成。蔡仲邀他一同去蔡地，管成婉拒。书童的兄长也请求留在山中，侍奉管成。日久，二人不仅亲如兄弟，且学问皆有精进。蔡仲返回蔡地，精心治理一方，被周公封为侯，恢复了蔡国。”

听到这里，管仲终于明白，原来自己是周文王第三子管叔鲜的后裔，颍水管氏远祖正是管成，而那个书童的兄长则是眼前老者的远祖。管仲心里激动，却不知道该说什么。老者见管仲懂了，顿时露出了笑容，沉声道：“有这段渊源，又见公子丰神俊朗，气宇不凡，必成大器，堪担治国平天下之大任。老朽愿以毕生所学倾囊相授。”

闻言，管仲喜不自胜，纳头便拜。老者连忙双手将他扶起，谦恭地说：“老朽虽可传道，却受不起公子大礼。”

暴雨停息后，管仲辞别老者回家，与母亲说了此事。管母也很高兴：“既是天赐成材良机，我儿自当奋起一搏，家事勿再担忧。”

第二天清早，管仲沿着颍水岸边向老者居住的茅庐而行。正值春夏之交，微风和煦，山林郁郁葱葱，有野花点缀于草地上。不远处有牛马惬意地吃着嫩草，还有羊和鹿在岸堤上撒欢，一幅田园牧歌的美好景象呈现在眼前。管仲第一次感受到生命和谐之美。

管仲走到茅庐门口，端正衣冠，躬身三拜。老者闻声缓步而出，说道：“老朽一生，只收过一个门外弟子，还不曾收关门弟子。今公子欲拜师，需三问过关。”

管仲愣了愣，恭敬道：“尊师请讲。”

老者不动声色道：“今时世界，天有多高？地有多阔？国有多少？”

管仲稍作思索，回答：“天有九重高，地有九州阔，国有五大国——曰北方国，曰东方国，曰南方国，曰西方国，曰中央天子国。”

老者点了点头，又问：“你有何志向？”

管仲没有丝毫迟疑，答道：“唯愿钟鸣鼎食，孝顺阿母。”

老者闻言摇了摇头，再问：“世有天之道、君之道、臣之道、民之道四种济世大道。你愿意学习哪种？”

管仲答：“天之道。”

“三问二答，勉强过关。”老者笑道，“既然你选择了天之道，那今日便讲讲天道门径。”

管仲伸长脖子望着老者，一副急切而恭敬的模样。老者便缓声讲道：“先言成汤灭夏。两军对阵，夏兵力三倍于商，商反而战胜了夏桀；周灭商，同样以小克大。此证明，小国能对抗大国，是由于小国有道而大国失道。即所谓‘小之能敌大也，小道大淫’。‘道’者自然，规律固有，人须顺天行事；所谓道，顺从民心，顺应历史。君王常思利民，此为忠。祝史真实无欺地祷告，此为信。也就是民心不可背，民情不可违……”

老者一口气讲了近一个时辰，一番高深道理让管仲一头雾水。

老者又搬出一堆书简来，让管仲先读一读，然后再进一步讲解。管仲一看，是《虞书》《夏书》《尧典》《商书》，还有太康昆弟五人的《五子之歌》，伊尹的《伊训》《肆命》《徂后》《盘庚》，吕望的《六韬》等。这些书，管仲家也大都有，只是没有悉心研读。老者严肃地说道："文士自幼即肄习经史，旁及诗赋，有父兄教诲，师友讨论，自己悟解。最终能真正地称为文士，盖因坐家而知天下。能举倾国之兵，设奇诡之谋；安千乘之邦，定万事之策。"

管仲问："为何无书细讲商道？"

"商为末流，"老者依然一脸肃然地说，"当今天下，战火连年，且多为同宗间争权夺利之斗，所苦者民也。习得商道，也未必能在乱世求活。真正的君子，应行天下之大道；得志，与民由之；不得志，独行其道。"

管仲又问："乱世之下，何为天下之志？"

老者道："公子乃周王室同宗，自当亲兄弟之国，外抗夷敌，内安诸侯，图王霸业，一匡天下。"

管仲得以解惑，对求大道有了兴趣，也对老者更为敬佩了。老者也热心为他阐释天道玄义。而"道"是空洞的理论，要实现天下之志，老者要求他先做到"通贯六艺"。

所谓六艺，一曰五礼（吉礼、凶礼、军礼、宾礼、嘉礼），无论婚丧嫁娶、入学拜师、祭祀祝贺等，都有相应的礼仪，所谓"不学礼无以立"；

二曰六乐（《云门》《大咸》《大韶》《大夏》《大濩》《大武》），这六套礼仪性的舞蹈，在祭祀活动中各有用处；

三曰五射（白矢、参连、剡注、襄尺、井仪），“射”不但是杀敌卫国的技术，也是君子修身养性的一种体育活动；

四曰五御（鸣和鸾、逐水曲、过君表、舞交衢、逐禽左），一方面指驾驭马车战车的技术，也指在政治领域的“御人术”；

五曰六书（象形、指事、会意、形声、转注、假借），顾名思义，就是识字、书写、作文，也是一种提高修养的法宝；

六曰九数（算术），计算、算术，同时也包括推算阴阳五行等。

管仲在老者指点下，开始苦学“六艺”，尤其是对射、御的训练最为刻苦。老者教授他射箭的方法也极为独特。

第一步练“视”。注视目标不眨眼，从看树干到看树叶；从看飞鸟到看飞蝇；从看晨雾中之物到看夜幕中之物。

第二步练“持”。搭箭拉弓，持而不发，保持手臂不动不抖，从三十个呼吸时长，渐加到燃一支香的工夫。

第三步练“胆”。在百步开外的两树干间上挂一张羊皮，羊皮上吊玉环，必须让箭精准从环眼中穿过，价值不菲的玉环才不会破碎。这样练箭整整两年，管仲已经“发三十箭不损玉环分毫”，箭术十分精湛。

一晃三年过去了，管仲已满十六岁。有一天，管仲像往常一样，大清早便来到老师幽居的茅庐，却发现人去庐空——老师竟然不辞而别了。

第二章　谋生计　商场结友

第一节　北上问前途

老师悄然离去，管仲心中怅然若失，他跪在茅庐前再三叩拜师恩，才黯然回到家中。此后，他又和之前一样开始砍柴、捉鱼虾、下地干农活。然而，已习得技艺的管仲对人生有了更高的追求，辍耕之垄上，他常暗自叹息，心事重重，全没了从前的快乐。古训说，父母在，不远游。管仲打算游学天下，却不忍丢下孤苦伶仃的母亲，几次欲开口终还是忍住了。管母看着郁郁寡欢的儿子，当然知道儿子的心思，劝慰他说："大丈夫寄身于天地间，当匡济艰危，以展抱负，岂能为米柴琐屑而累？我儿既心怀天下，当外出游学，为娘身体康健，你放心前去吧！”

这一年，管仲不舍地离开母亲，离开颍上，北去经项国、陈国，后辗转来到了宋国都城商丘。宋国是周武王灭商后，封给商纣王哥哥微子启的封地，是诸侯国中爵位最高的公爵国，周天子待他以客礼。宋国传到宋穆公的时候，他为了报答哥哥宋宣公传位给自己的恩情，在他临终时，就把国君之位传给了宋宣公的儿子与夷，与夷即位为宋殇公。宋穆公的儿子公子冯，不仅没继承爵位，还被宋殇公与夷猜忌，公子冯暗觉山雨欲来，于是到郑国避难去了。公子冯的担忧并不是多余的，宋殇公确实害怕公子冯有朝一日会借助郑国的力量回来与他抢夺国君之位。于是，他三番五次地借机派兵攻打郑国，想除掉公子冯，但每次都铩羽而归。由此，宋与郑的积怨颇深。

管仲哪里知晓这些内幕，只觉得如果能效力于宋这样的公爵国，前途定是一片光明。他听人说，宋太宰华父督在招兵买马，于是自信满满，欣然前往。太宰华父督见他身材高挑，虽显瘦弱，但气宇不凡，眼神中流露着机敏，很是中意，于是问道：“你姓甚名谁？何处人氏？年方几何？”

管仲回道：“小子姓管名夷吾，蔡颍上乡野村夫，今年十六岁。”

华父督又问：“有何专长？欲职何事？”

管仲想了想，答道：“御射皆习，此类之事当可胜任之。”他本想说自己学贯六艺，堪为将相之才，却怕无人能信，反被认为是只会夸口之人，干脆暂收锋芒只说会御射。

华父督听了，便想看看管仲射箭的本领，令武士把弓箭拿来，又牵来一匹战马，并将箭靶置于百步开外。一切准备就绪后，只见管仲翻身上马，战马飞驰，从箭靶面前闪过的瞬间，他侧身拈箭搭弓，“嗖”的一声，矢镞深深没入靶心。动作之速，精度之高，令观看的众人瞠目结舌，现场发出一阵阵惊叹之声。

“百步穿杨！”华父督赞道，“不知管侠士师从何人？是否愿意在本府效力？”

管仲忙施一礼道：“实不知恩师名讳，愿为太宰效犬马之劳。”

华父督便叫来一个姓萧的武士卫长，对他说道：“管侠士即日起加入武士侍卫。”当他转身正准备出门时，好像又想起了什么，又补充道：“管侠士早晚不值更，专责教授府内公子习箭。”

管仲刚入府便得到华父督的赏识，心中自是喜悦，做事也很勤勉，忠心事主。除了早晚教授华府三个公子箭法外，他还主动参加武士卫的值更。空闲时，他便与武士卫长萧氏聊天，二人是颍上同乡，很快成为无话不谈的好友。平时萧氏爱谈论宋国的风土人情、街谈巷议，乃至朝野政务、侯国邦交、天下大势，这让刚从乡野来的管仲长了不少见识。

可是，几个月后的一天晚上，萧氏突然来找管仲说：“夷吾贤弟，速与我走，否则性命堪忧。”

管仲愕然。萧氏火急火燎赶来，说了这样一句没头没尾的话，他哪里知道是怎么回事。于是说道：“萧兄莫急，且与我道明原委，再做计议。”

萧氏坐下，缓了缓气，说道：“皆因一桩血案，太宰暴怒，明天一早就要把武士卫的人尽数送去打仗。”

管仲越听越糊涂了："是什么血案，竟牵连如此多人？"

萧氏终于平静下来，说道："此桩血案实在难以启齿。"他理了理思路，将这一惨案的前因后果细细道来。

宋殇公即位后，重用大司马孔父嘉，而冷落了其叔父太宰华父督。华父督不但开始忌恨孔父嘉，而且对殇公不满。他不仅忌恨孔父嘉得了势，还听说他有一个美貌无双的妻子，想一睹芳容而迟迟未得。一日，太宰华父督偶遇孔父嘉的妻子魏氏自郊外扫墓祭祖归来，仅此一眼华父督便难以忘怀。他回到家中，郁郁寡欢，暗自思忖：孔父嘉何德何能，国君宠信他，又拥有如此美艳绝伦的妻子。华父督一想到这些，心里五味杂陈，誓要夺人所爱。

恰在此时，孔父嘉带兵攻打戴国不利，全军覆没，独自一人逃回国内，老百姓纷纷议论："宋君不恤百姓，轻师好战，害得国中妻寡子孤，户口耗减。"华父督听到这些流言，觉得有机可乘。于是，为了除掉孔父嘉，横刀夺爱，华父督开始了一系列谋划。

他派心腹去军队里散布谣言说："大司马孔父嘉马上还要起兵伐郑。前几次与他国联合伐郑都遭惨败，这次孤军伐郑，岂有不败之理？诸位试想，若事成，则为宋君恩威与大司马之功，若再兵败，尔等性命难保！"

军士人人恐惧，三三两两皆往太宰府上来诉苦，但一直到了傍晚也没见到华父督，当兵的便在府门前呐喊起来。华父督看到军心已变，便穿上铠甲，带上宝剑，冲出府门，自己当门而立，先用一番假慈悲的言语稳住场面。他双目含泪地说："孔司马主张用兵，殃民毒众。而国君却对他信任有加，不从吾谏。我听闻三日之内，又要大举伐郑。宋国百姓何罪，竟要受此劳苦！”

一番煽动激得众军士咬牙切齿，声声叫：“杀！”

华父督又假意相劝道：“尔等不可莽撞，若孔司马将此事报与国君，你等性命不保。”

这些军士受到煽动已失去理智：“百姓连年被征召参战，死伤无数，现在又去攻打郑国，郑国将勇兵强，此行如以卵击石，死则死矣，不如杀了孔父嘉这个国贼，为民除害，死也无怨。”华父督说道：“孔司马虽然可恶，但他是国君宠爱又信任的人，这事千万不能做。”士卒们都说：“只要太宰做主，我等愿赴汤蹈火。”华父督见时机成熟，便答应下来，带领一众士兵前往孔府。

这时黄昏将近，孔父嘉正在内室饮酒，闻外面叩门声急，使人传话，说是华太宰亲自登门，有机密事相商。

孔父嘉连忙穿戴整齐出来迎接。大门刚打开，众兵士一起呐喊着蜂拥而入，孔父嘉刚要转身逃走，华父督大喊：“害民贼在此，还不动手！”还不等孔父嘉说话，孔父嘉就被乱刀砍死。而华父督则带着几个心腹直接进入孔家内屋，抢走了孔父嘉的妻子魏氏。

孔父嘉一门惨遭屠戮，只有他的小儿子木金父被家仆救走，侥幸未死，逃往鲁国。

大司马孔父嘉可是宋穆公临死前托付的顾命大臣、宋殇公的亲叔叔，华父督竟然为了一己私欲就把他杀了，殇公勃然大怒，要传唤华父督来问罪。华父督心虚，索性把心一横，竟把殇公也给杀了。

为了平息众怒，华父督继续对外抹黑宋殇公和孔父嘉。华父督说，宋殇公在位十年战事频繁，致使民不聊生，这一切都是大司马孔父嘉的主意，我多次劝阻他未果，现在我为宋国百姓杀孔父嘉，这昏君竟要杀我和众多百姓来复仇，故而杀之。就这一句话，华父督就把宋国老百姓的怨气都引到宋殇公和孔父嘉身上去了。

华父督弑君后，想立与自己交好的公子冯为君。作为宋国的敌对国国君，郑庄公早已得知华父督弑杀宋殇公的消息，他第一时间联系了盟友鲁、齐、陈三国的国君在宋国的稷地见面，商量下一步怎么应对宋国的变局。华父督是弑君之贼，本不好支持他的，但郑庄公也有意送公子冯回宋国主政，在这一点上他和华父督是一致的，况且华父督还派人送来了足够表示诚意的重礼。因此，郑庄公在心里反复权衡过后，便同意让公子冯回去继位。华父督又派人给鲁、齐、陈三国送去重礼。收了华父督的重礼，各国诸侯也就不好反对他了。于是以郑庄公为首，诸侯纷纷点头同意支持华父督，由公子冯继任宋国国君，是为宋庄公。华父督弑君大逆不道，竟然全身而退。

管仲听罢，脸色骤变，惊惧交加，又如鲠在喉，深明礼法的他为自己辅佐华父督羞愧不已，说："若非萧兄指点，仍以为辅佐良人！今为华府家臣，我深以为耻！"

"太宰华父督要把这桩惨案的知情人全部派到战场上去送死，整个武士卫都要充军，如今怎可不逃？"萧氏一脸肃然地说道。

管仲耻于与华父督为伍，更耻于为之卖命，他毅然说道："逃！当然要逃。只是不知萧兄将逃往何处？"

萧氏说："我早想去鲁国，不知贤弟是否愿意一同前往。"

管仲摇了摇头，萧氏也不好强邀。次日天刚蒙蒙亮，萧氏和管仲就一起出了商丘城，相互拱手作别，分道扬镳而去。

管仲一路北上，前往卫国，冬天到达卫都城朝歌。他的心情糟透了，进入朝歌城里，便找了个酒肆独自借酒浇愁。酒肆虽然破旧，客人却不少。管仲旁边一桌坐了三个大汉，他们几樽酒下肚后，便天南海北地胡扯。什么国政、战争、税收，都在他们的议论范围之内，扯到那些弑君、贵族公子兄弟相残，还有那些风流事，几个人就情绪亢奋。

个子较高的那人说："若说兄弟相残，肯定是晋国的曲沃、翼城之争，争了几十年都还没消停。"

"郑国的新郑、京邑之争还不是历时二十多年，我说那些王公贵族就没有一个不贪权好色的。"另一个稍矮胖点的人说道。

高些的胖子道："哪国的君侯不好色？但大多数至少会遮掩。不像卫公姬晋，其淫事不仅遮掩不住，还被人编成了歌谣四处唱。真是好事不出门，丑事传千里呀。"

"歌谣是不是那个《新台》，到底讲的是什么？细细讲来听听吧。"高个子说。

高些的胖子说道："讲的就是卫公姬晋与母妃乱伦，又霸占儿子之妻。说到此事，我还是比较清楚的。"他略作思索，接着说，"卫公姬晋继位前就娶了邢氏为妻，却垂涎父亲卫庄公姬妾夷姜的美色，二人勾搭成奸，乱伦生子，取名姬伋。为了不让奸情暴露，他们把公子伋送到乡下寄养，公子伋虽然是一个私生子，却非常聪颖，长大后又忠厚仁孝。卫公成为国君后，就将公子伋立为太子。伋待人温雅恭谨，风度翩翩，在诸国中享有很高的声誉。卫公为他聘下以美貌享誉列国的齐国公主宣姜。”

管仲对胖子讲的“新台”的故事突然有了兴趣，猛灌一口酒后继续侧耳静听。

“可是不久，卫公淫纵不检的本性再次暴露出来，”高些的胖子继续讲道，“他见自己的儿媳宣姜貌若天仙，便借故将太子伋支派到郑国办事，又专门在黄河之滨修建了一所豪华的宫殿——新台，竟逼迫宣姜与自己成婚。宣姜无法反抗，只得顺从。从此，卫公荒于国政，与宣姜朝欢暮乐，将太子伋的生母夷姜冷落在一旁。宣姜与卫公生两子，长子名寿，次子名朔。常言道母宠子贵，卫公宠溺宣姜，对寿和朔二子也是宠爱有加，而太子伋反倒失宠了，夷姜也愤而自缢。”

管仲听了卫公“淫父妾、抢子妻”的荒唐之事，心里有一种说不出的压抑之感，这个让他向往已久的殷商故都竟如此污浊，真令人唏嘘不已。

管仲没有了逗留朝歌的兴致，虽然他原本打算好好了解一下这里的人文风情、山川地理、农事民生，而此刻他只想尽快逃离。他打算渡过淇河，逆周武王伐商之路而行，在孟津南渡黄河，再往洛邑。

管仲用两个多月时间寻觅他所崇拜的王者的足迹，却没有发现哪一处值得他驻足。所经各国皆动乱腐朽，与他向往的礼义大国相去甚远。还未进洛邑，他就听说周天子（桓王）姬林正在招募兵卒准备打仗。管仲连忙进城，一探究竟。城内之人都在议论周天子不该开启战端。

管仲细细打听，原来起因很简单。因晋国长期处于内乱之中，国力已显衰弱，郑国趁机坐大，实力越来越强。郑公寤生还在周王廷兼任上卿，却越来越不把周天子放在眼里。周天子担心郑公专权，便任用虢公为卿士，以分掉郑公在中央的权力。郑公十分不满，自此不再朝见周天子。周天子一怒之下诏令征兵，并笼络蔡、卫、陈、虢四国出兵，合力讨伐郑国。

管仲心中感慨，任何一个国家的崛起，首要条件就是要有一个安定的环境。可如今，臣子忤逆弑君失德、君侯骄奢淫逸失道、周天子妄开战端失威，这天下又怎能不乱呢？自己奔走于中原大国之间，祈望遇到明主，一展抱负，而现实却给了自己当头一棒。

管仲失望至极，废然思返。时值早春，洛邑郊外仍天寒地冻。管仲立于护城河桥头，任思绪在风中凌乱。踟蹰片刻，他毅然踏上归家路途。

第二节 初探商路

管仲回到家时已是初夏，两手空空，一身疲惫。见到母亲，便“咚”的一声跪在她面前：“孩儿无功而返，实在羞愧，让娘亲失望了。”管母将他拉起，看着风尘仆仆的儿子，心疼地轻声说道：“夷吾儿离家十三月零六天了吧，待娘熬一釜羹汤，你好暖和身子。”不一会儿，她给儿子端过来一碗羹汤。管仲就着热气喝了一口，羹汤下肚寒冷的心暖和了许多。漂泊一年多，何曾感受过此种温暖。只有母亲在，家才在，又想起这些时日的漂泊，管仲两行热泪顺颊而下。

管仲拭干泪水，又想起了曾经的誓言：让母亲过上钟鸣鼎食的生活。可眼下，还是家徒四壁，生计维艰。男子汉的责任感从心头油然而生，他要用自己的双手和所学去扛起这份责任。他在自家地里一连干了五天活，之后怅然地对母亲说："孩儿虽不怕苦，但这般生活下去，还是心有万般不甘。出门从商或许也是条出路。"

管母见儿子神情坚定，不好劝阻，只告诫说："世道艰难，只怕生意也是难做。你没有这般经历，不妨去找你同宗侄子，让他帮衬你一把。"

管母说的这个同宗侄子叫管实，虽比管仲长五岁，却低一个辈分。管仲一直觉得此人生性多疑，凡事斤斤计较，对他全无好感，但不得不承认他做生意有一手，况且母亲又有交代，管仲只得硬着头皮去求他带着自己跑生意。

管实也不情愿带着书呆子气十足的管仲，但管仲识文断字，又有一把力气，对自己的生意肯定是有所助益的，且管仲既为学徒，工钱支出极低，无疑是个廉价帮工了。因此管实也就勉为其难地带上了管仲。

管实的生意，就是从山地弄些野山菌、木耳、银耳之类的干货，从水路贩至多湖区的泗州城里，换回贝钱或者咸鱼干、日用品什么的。几个月下来，管仲渐渐摸清了做生意的门路——以此地多余，补彼地不足。也学会了如何与生意对手讨价还价，但是他也见识到了商场的种种黑暗，以次充好、相互欺诈的事常有发生。管仲暗下决心，要做一个名利兼收的好商人。他吃苦耐劳，又恪守信义，从不欺瞒客户，无论生意大小，皆以诚相待。长此以往，人们多愿与他做生意，他也干出了一点名堂。但如此专心经营下来，收入却并未提升，侄子管实牢牢掌握了财路，即使他再尽力，收益也都被管实占去了十之八九，为了获得更丰厚的收益，尽早赡养母亲，管仲决定不再与管实合伙，要去独自闯荡一番。

管母以为儿子至少得跟管实跑个一两年，没想到他这么快就想单干了，免不了有些担心。“家里拿不出本钱，若你执意要单干，就把那几袋子大枣拿去，再去山里寻些山栗子，只当是练练手。”她很无奈地说。

十多天后，管仲便将四袋大枣、两袋山栗子装上役车远贩至百里开外的宛邑。宛邑是楚国较早的大城，城里有青条石和鹅卵石铺就的街道，街衢两旁错落有致地排列着由夯土墙和灰陶瓦盖的房屋，还有一条细长的街河通向白河。管仲就在街河桥边空地上摆起了小摊，然后席地而坐，一边管着生意，一边拿出从家中带来的书简读起来。

河桥边来来往往的行人不少，却少有人光顾他的生意，管仲也不愿吆喝，半天还没能开张。“店家，能给点枣吗？”这时，一个稚嫩的男声传来，似乎是对他说话。管仲抬头一看，见一个蓬头垢面、衣衫褴褛的男孩怯懦地看着自己，便问道：“是饿了吧？你自己抓一把枣去吃。”男孩呆立着未动，咧了咧嘴，低声道：“我不饿，是我娘亲病了，她喜欢吃枣。”

“看不出，你还是个孝子。”管仲说着便从袋中捧出大把枣递到男孩面前。男孩不肯接，声若蚊蝇地说：“可我没钱。”管仲心头一颤，这男孩多像自己，想孝敬母亲，却又力所不及。“把衣衫撩起来接着，”他以不容置疑的语气说道，“这是奖赏你一片孝心，快拿回去吧。”男孩接过枣，连声说“多谢多谢”，又弯腰行了一礼，这才转身离去。

管仲此举引起了不少人注目。斜对面茶肆品着茶的两人也看到了这一幕。他们正是当地有名的商户鲍家兄弟，兄名鲍叔牙，弟叫鲍季牙。兄说道：“这枣贩心地如此善良，实在难得。”弟说：“商者这般呆气，一看就不是做生意的料。”兄又说：“此言差矣，弟且细看，枣栗旁有书简，此人定非寻常小贩。原本读书人就不屑为商旅，肯定是他家中遇到难处了。”

两人正议论着，又见卖枣的年轻人与一黑脸大汉争执起来。鲍叔牙一看，那黑脸大汉是宛邑有名的混混头目黑螭，是个不学无术的无耻之徒。心想，卖枣小子只怕要惹上麻烦了。赶紧拉着弟鲍季牙过去看看究竟。

原来这黑螭也见到管仲送枣给男孩的情景，他常在街上盘剥勒索那些过往商旅，知这卖枣小子是外地来的，自然也想找茬勒索。黑螭借口说他也有老母病于家中，他要像那个男孩一样尽孝心，让管仲把这整袋枣送与他。管仲哪里肯信，便与他理论起来。

黑螭自然是说不过管仲，恼羞成怒，从袋中抓出枣来，一把一把地撒在地上。管仲连忙上前拦阻，哪知黑螭挥拳便打。管仲只顾俯身护着那袋母亲攒存的大枣，任由黑螭拳打脚踢。鲍叔牙看不过去了，立刻伸手拉住黑螭的后衣领。黑螭也叫来他手下的两个混混对付鲍叔牙。鲍叔牙是一介书生，个头较矮小，被两个混混几下就打趴在地上。鲍季牙冲上来，也被混混打倒在地，嘴角流出了鲜血。

“住手！”这时有人大喝一声，一柄闪着青光的长剑横在了黑螭面前。黑螭猛然一惊，见持剑之人高大威猛，满脸怒气，从衣着打扮来看此人非富即贵。此时他眼中透着冷冷杀气，黑螭自知自己不是他的对手，只得壮胆问道：“侠士何许人，为何管这等闲事？”持剑之人也不回话，只不耐烦地呵斥一声:“奸人贼子！不想死就速速离去！”黑螭不知对方底细，只得再三道歉后灰溜溜地逃了。

管仲见那些混混都跑了，起身向持剑侠士拱手作揖，朗声道:“感谢侠士出手相助。不知侠士尊姓大名，何方人氏，他日若有机会，定当一报大恩。”

持剑侠士也拱手作揖回礼道:“在下齐人，名召忽。举手之劳，何须挂齿。”说着便要转身离去。

“侠士稍待片刻。”鲍叔牙赶紧喊道，一边从袖中摸出一钱袋，“鄙人颍上鲍氏，名叔牙。感谢侠士搭救之恩，还望侠士不弃受之。”

召忽坚辞不受。鲍叔牙又道：“既然壮士视财如土，若不嫌弃我等市井之人，诚请到酒肆小酌，聊表寸心。”

“不必客气。”召忽拱手作别，“在下有差事在身，今不能相叙。若是有缘，来日定能再会。”

目送召忽远去，未能与此正义之士结交，鲍叔牙心中难免遗憾，回头对管仲说：“不知小哥何方人士？”

管仲又对鲍叔牙作揖道：“鄙人也是颍上人氏。今日多谢鲍先生仗义相助，无以为报，先受我一拜。他日还当到府上致谢。”

鲍叔牙笑道：“小兄弟言重了。相逢即是有缘，何况小兄弟与我是同乡，这桩小事就更不值一提了。”他指了指旁边的鲍季牙，“我俩是颍上鲍氏兄弟，我为兄长，名叔牙，弟名季牙。敢问小兄弟尊姓大名？”

管仲见鲍叔牙待人随和，说话也随意了些，答道：“我乃管氏，名夷吾。”

鲍叔牙又把管仲打量一番，说道：“我看管兄弟是一个读书人，怎么大老远跑来宛邑做买卖？我有一言，望管兄弟三思。以大枣之市价，又是这种零星售卖之法，莫说盈利，只怕保本都难啊。”

管仲微微一愣，问道：“鲍兄此话怎讲？”

鲍叔牙沉吟片刻，说道：“这是生意经，一句两句怕是难以讲清楚。若不嫌弃，请管兄弟到对面茶肆一叙，如何？”

管仲看着自己那几袋大枣和山栗子，面露难色。鲍叔牙明白了，便吩咐季牙去帮忙收拾，搬到鲍家店铺里去，然后不由分说拉着管仲就进了茶肆旁边的酒家里。他们择临窗两张矮桌坐下，鲍叔牙让酒保上了一陶钵鹿肉和一些小菜、一陶缶糙酒，二人不再客套，相斟对饮。管仲是一位洒脱不羁的文士，鲍叔牙是一位久经市井的精明商人，二人一番深谈，竟无比投契。

鲍叔牙告诉管仲，如果货物没联系好受主，跑单帮远贩是十分艰难的，且不说会遇到盗寇抢劫、地痞恶霸欺辱，仅看守货摊也没个换手，上趟茅房都不便。况且零卖需要费些时日，吃住花销也大，卖货赚到的钱不觉中就耗光了。他还告诉管仲，货少、货贱，皆不宜远贩。管仲听着，只顾点头，但似乎兴趣不大。鲍叔牙从与管仲的交谈中得知，管仲志不在商道，只因家贫，不得已才来宛邑贩枣，维持生计。于是劝慰道："兄弟你既有经商之志，如若不以商旅为贱，你我合伙，如何？"鲍叔牙从交谈中了解到，管仲如今最挂念的还是家中老母，他想结交管仲，也真心想帮他一把。

管仲眼中闪过一抹光，但随即又黯淡下去，无奈地说："没有本钱哪敢谈合伙。"管仲想从商挣些钱财，解家中燃眉之急，又不想再做伙计，对别人唯命是从，因此感到沮丧。

"谁说你没本钱，那四袋大枣、两袋山栗子放到鲍家铺子里去卖，那不是就是本钱了吗？"鲍叔牙爽朗笑道。

管仲明白那点东西值不了几个钱，鲍叔牙这是有意帮他，他心头一热，轻吟道："伐木丁丁，鸟鸣嘤嘤，出自幽谷，迁于乔木。嘤其鸣矣，求其友声。"鲍叔牙虽是商人，却也满腹诗书。他吟出下句："相彼鸟矣，犹求友声。矧伊人矣，不求友生？神之听之，终和且平。"

二人相逢恨晚，以诗交心，又饮几盏酒。自此，管仲、鲍叔牙结为好友，立誓永不相负。

鲍叔牙因在宛邑还有事情要处理，要到外地一些时日，便让管仲先返家，约定明年开春时，到管仲家拜访，到时再作计议，共谋财路。他一直把管仲送至淮水边，方才拱手作别。

第三节　大商之道，义利兼济

管仲此行虽结交了鲍叔牙，但仍是两手空空回到家中，他将此行的情况说与母亲，管母依旧为他熬好了羹汤，深沉而淳朴的母爱隐藏在默默无言中。管仲带着对鲍叔牙的期待陪母亲熬过了一个漫长的寒冬，每日半饥半饱，度日如年，夜间总是辗转反侧，直到天亮才会合一下眼。在这样的困境中，管仲开始怀疑鲍叔牙是不是已经忘记了和自己的约定。

管母怎能感受不到儿子内心的焦虑和担忧，她意味深长地说："我儿莫要忧虑，时日未到，怎可轻易怀疑他人？需多些耐心才是。且鲍家是颍上望族，名商大贾，绝不会轻易爽约的。你既选择了信任鲍叔牙，那就当学会等待。"

听了母亲的话，管仲很是惭愧，怎能因自己内心不安宁而怀疑朋友呢？

就在正月的最后一天，鲍叔牙与兄长鲍仲牙驾着役车来了，他站在颍河堤坡上往下望去，见不远处一黄土泥墙围着四间低矮的茅屋，在泥墙周边的残雪中，几丛枯草在风中摇曳。这破败的独户茅屋就是管仲的家。

鲍叔牙兄弟下车走进茅屋，管母见有陌生人上门，便走出门去。"伯母安好！"鲍叔牙恭敬道，"我们是颍上鲍氏兄弟，请问贤弟近来无恙乎？"

"真是贵客呀，快快屋内叙话。"管母道，"夷吾无恙，只是天天念叨、盼望你们。”

鲍叔牙进屋，当看到茅屋四处透风、空空如也时，连连自责道：“吾之过矣，让管贤弟久等，若早知贤弟困顿如此，当早日来访。”鲍叔牙脸上挂满内疚。

管母道：“贤侄何出此言，只是家中无像样的吃食，还请恕招待不周。”

鲍叔牙立即返身从车上将带来的一些肉脯、鱼干和十多斗粟米搬进屋里，说道：“一点薄礼，伯母切莫推辞。”

管母推拒不受。此时管仲从屋后走了进来，他看到鲍叔牙后精神一振，冲着鲍氏兄弟二人作揖行礼后说道：“母亲，鲍兄仁厚，知我家贫，今日才说这些。此番夷吾将随鲍兄远赴他国，尚不知何时归来，家中难以周济，母亲暂且收下以宽儿心，日后事成再数倍奉还于鲍兄，勿再推辞。”说完他接过礼物，整齐码放在屋内，然后出来对鲍氏兄弟说话：“鲍兄见笑，仲虽知无功不受禄，但此等礼物可使家母温饱无忧，仲无后顾之忧，可随兄安心前去从商。数目暂且记下，日后必回报鲍兄厚恩！”

管母觉得难为情，赶紧去给他们兄弟二人沏茶。

鲍叔牙感慨：“管贤弟孝心天地可鉴，我等实为钦佩，区区米肉，何须挂齿，切莫再提！”

一番寒暄后，进入正题。鲍叔牙告知管仲，他之前一直在忙于和齐鲁之地的客商联系，已经谈妥了收货事宜，此行是贩货至齐鲁二国，再带回两国特产，以通有无，从中获利。

管仲听闻，连连赞同，他不仅想随鲍叔牙从商，还想一观齐鲁风土，为自己实现宏图大志做些考探。

管仲拜别母亲，随鲍氏兄弟来到鲍家，装了两大车商货，一行七人三车直向齐国奔去。

齐国自姜尚以来，易其俗，简其礼，通工商之业，便鱼盐之利，又倚桑麻纺织之重，所产纨素闻名天下。经十多日跋涉，管鲍一行抵近齐都临淄。管仲下车仰望，眼前矗立的城墙雄浑苍老，沿河岸弯曲而建；宽大的城门托起巍峨的城楼，城墙上凸出数座瞭望塔，足显其坚固、雄伟、气派。管仲顿生仰慕之心，赞道："不愧为东方第一大国啊！"

进了城，管仲发现临淄市井非常繁盛，天下万物，不分东西南北，几乎应有尽有；品类之全，种类之多，令人眼花缭乱，尤其丝布行业，极为发达。管仲心里立刻想到一桩好生意。

鲍叔牙让众人在旅店歇脚，自己和管仲去联系货物买主。途中，管仲对鲍叔牙说："齐之纨素天下无双，且桑麻纺织技艺为他国不能及也，纨素在此处价贱，至他国则价值不菲，何不将纨素贩至中原其他大国去卖，定能获厚利。"

鲍叔牙微微一愣，说道："管兄弟的想法似乎不错，但我们对中原大国丝布的市场行情并不了解，是不是有些冒险？"

管仲见鲍叔牙没有明确反对，于是又说道："据我游历中原所见，王公贵族衣着虽质朴，但质地多为齐鲁纨缟，尤其女子深衣袍服，更是色质兼优，也出自齐鲁。我们可贩齐之纨、锦和鲁之丝帛、麻葛往中原大国，卖给那些王公贵妇。"

鲍叔牙说："既然管兄弟坚持，我们不妨试试。"

管仲一听，更加兴奋地说："路经鲁之曲阜时，见沿路有不少流民，定是受灾了，粮粟必定短缺。现下如果从齐购粮到鲁换丝帛，定能获利更丰。"

"就依管贤弟之言。"鲍叔牙又点头同意。

翌日，管、鲍二人与齐商交接完两车货物后，便到临淄集市精挑细选了一批纨、锦，又购得五百石粮食，增雇了三辆货车运载这些货物。一切准备完毕后，管、鲍一行驱车起身，出了临淄，往鲁地而去。

一天后，他们转向西南而行，又五日，终来到了鲁都曲阜。入城之后，所见市井景象远不及临淄，街头巷尾处处可见乞讨者，他们大多瘦骨嶙峋，奄奄一息。之前虽也知晓鲁国有灾，但未曾料想如此严重。细打听之后，方知鲁国连续两年大旱，又遇受蝗灾，粮食作物颗粒无收，各地饥民不计其数，大多涌进都城乞讨。

管仲心里十分难受，但生意还得做下去。在驿舍落下脚后，就与鲍仲牙一起将三大车粮食弄到街市去交易。他寻到一块木板，对鲍仲牙说："仲牙兄刀笔最佳，烦请写上'以丝帛换粟麦'几字，挂到车上吧。"

鲍仲牙认为管仲只是一个有些小聪明的乡野之人，并不像鲍叔牙说的那般有才能，他对此行已有怨言，但还是很快写好了招牌。他们所处位置是闹市中心，牌子刚挂上，就有不少人涌过来。然而，看热闹的人多，拿丝帛来换粟麦的人却寥寥无几。半天也没做上几单生意。而且，鲁地丝帛的要价极高，远超过临淄的纨、锦，以粮换丝帛并不划算。

事情与自己预想的不一样，管仲疑惑不解，回到驿舍，便向鲍叔牙求教。鲍叔牙闻听，并未惊讶，似乎早已料到，他对管仲说：“管兄弟只想到荒年粮食无收，人们要吃饭活命，就会不惜代价弄到粮食，但荒年不只粮食紧缺，桑、麻同样紧缺，没有桑蚕、苎麻，再有本事的能工巧匠也织不出丝帛来。丝帛产量少，价格自然变高了。”

管仲闻言，如醍醐灌顶，一脸愧色地说道：“我之过错，虑事不周，看来此番难以获利了。叔牙兄既事先就有所预料，为何不警示一二？”

鲍叔牙笑道：“此乃商之道，倘若事事都按我所思所想去做，兄弟终究难得其道。”

管仲忙问：“眼下有无弥补之法？”

不待叔牙开口作答，仲牙就说道：“那还不好办，提高粮价，弥补亏空。”

“提高粮价？”管仲看着仲牙说，“仲牙兄难道没见那些饥民大都奄奄一息吗？高价售粮，岂不是趁火打劫吗？于心何忍呢？”

鲍仲牙顿感不快：“不提价售卖，必会亏损。再说，随行就市，怎么能说是趁火打劫呢？我们一行数人连月劳碌奔波，风餐露宿，也不过为了赚些财帛讨生活而已！是你的决定导致我们这趟生意亏本，如今又这副态度，我兄弟难道要因你一言而喝西北风不成？”

管仲说：“商人图利不假，但鲁国天灾非比寻常，我等不可袖手旁观，更不可发此等国难财。大商之道，在于抚贫救难，义利兼济。”

“休要再唱高调！你我并非此国之君，不过区区市井贩夫而已！以我等微薄之力，救得了几人？天灾人祸，岂是我等可救？再说鲁既非我母国，又非你友邦，我等有何道义可讲？三车粮食，于一国之灾如杯水车薪，于我等却是不小的财产！”仲牙越说越来气。

“商人如何？力量微薄又如何？商有商道，人亦有仁心！兼济天下人，必可得天下生意之利，若在此时高价售粮，和杀人劫舍之徒有何区别？”管仲也是寸步不让。

“莫再做口舌之争，”鲍叔牙劝解道，“管贤弟所言极是，我等虽为商人，但必须坚守仁心。救危难，义难辞，区区三车粮食，若能救一方百姓，即便亏损一些，又何足道哉！”

鲍仲牙不再言语。最后三人议定，以平价将粮食售出。消息传出，第二天，仅一个时辰，三车粟麦就一粒不剩。虽然亏了本，但管、鲍二人在临淄和曲阜都留下了义商的名声，他们的事迹广为流传。

办完此事，管仲、鲍叔牙心里都感到舒畅，只有鲍仲牙心中略有一丝不快。随即，管鲍一行又驱车经曹、戴二国，直往郑国。是年秋，管、鲍一行来到了郑都新郑。

郑国毗邻王畿，本为四方辐辏之地，各路商贩、列国使节往来不绝，郑国因此多富庶之人；这年又经繻葛一战，打败了周天子的联军，郑国强势崛起，更是鼎盛一时，都城空前繁荣。管、鲍二人从齐鲁贩来的纨、锦、丝帛很快销售一空。

这桩生意做得出奇顺利，多少填补了三车粮食的亏损，鲍仲牙一高兴就找了一个上等酒家，宴请大家。席间，鲍叔牙对管仲说："此番从颍上到临淄再到新郑，贩货获利颇丰，管贤弟以为如何分账为宜？"

管仲自知此次生意获利多为鲍叔牙功劳，自己的出资不足一成，而且因为自己涉世尚浅，又力争平价售粮，致使部分亏损，他有些愧疚地说："鲍兄仁义，仲初涉商道，多得二位提点，今有利余，全赖二位经营，仲无功可言，但仍有不情之请，仲出资不足一成，望鲍兄体恤仲之家境，且以一成计，令仲可赡养家中老母，兄之大恩，日后必报。"

鲍叔牙还未言语，鲍仲牙却是一脸鄙夷："高调唱得好，真正涉及己利，却分毫必争，实乃小人。"

鲍叔牙听得仲牙这番言论，立刻喝止，面带愠色地对仲牙说："我等从商多年，风餐露宿，起早贪黑。虽辛苦，但已可称富户。今管贤弟遇困境，又家有老母需赡养，我等让一利，于他便可养活一家；而多争一利，于我如湖海增一勺水，无所大益却失仁义，这等道理兄应当明白才是。"仲牙还想再辩解，叔牙打断他接着说："管贤弟，今日获利，你一人，我兄弟二人，三三分利，你我各得三成，仲牙得四成，不知意下如何？"

管仲闻鲍叔牙言，泫然欲泣道："鲍兄大恩仲此生难报，愿听鲍兄安排。"

鲍仲牙无话可说，心中仍存有芥蒂，对管仲更加鄙夷。

从这一年的深秋到第二年春，他们又在新郑和宛邑之间跑了几趟生意，每一次分利的时候，鲍叔牙总是不计成本，多分给管仲。不少人都劝告鲍叔牙说，管仲贪财，利益面前一点不讲情谊，不可深交。鲍叔牙听说后，总是主动解释："不是管仲不讲友谊，贪图钱财。他这样做，是由于家庭贫困，他取利非为自己，而是为养家中老母，给他多分点钱，也是我情愿的，而且管仲贡献的智慧是钱财难换的，依我观察他日后必成大器。"

管、鲍二人取长补短，情谊越来越深厚，成了令人敬慕的莫逆之交。

第四节 棠邑经商

经过两年商场历练，管仲愈发沉稳老辣，也在暗暗谋划心中大计。虽然鲍叔牙总愿多分利给他，但这离他"钟鸣鼎食"的目标还是很远。周桓王十四年（前706年）初夏的一天，他对鲍叔牙说："鲍兄，有一桩大生意，我已经谋划许久，想说与鲍兄一二。"

"贤弟尽可道来。"鲍叔牙道。

管仲说："柏、随、鄢、陈、应、绞、吕、申等国都不产盐，再近山区更是紧缺，且他们对于下江的鱼需求颇多，我们何不往棠邑、郧邑购鱼、鱼干，再购些海盐，一起运往几国贩卖？"

鲍叔牙想了想，说道："从货之有无来看确属好生意。只是许多地方对盐的售卖有所限制，盐、铁均为官营，想成此生意，必要先探明情况，我这就着人前去打探。”鲍叔牙同意了管仲的建议，于是两人立马开始做准备。

鲍叔牙回家跟两个兄弟说起这件事，想让他们一起去。鲍仲牙一直对管仲有成见，借故不去。鲍季牙也说身体微恙，让子苌代劳。子苌是鲍家仆从，徐国泗上人氏，能去外地随管、鲍见见世面，他自然是求之不得。鲍叔牙虽对两个兄弟的消极表现很不满，但也没有多说，暗自筹金十镒、铲币数百，就去约管仲做这桩大生意。

管仲说：“去往棠邑、郧邑得走水路，我去找船家租条大船。不过，仲先前得利皆留给家母，租钱还得叔牙兄来出。”

鲍叔牙笑了笑说道：“贤弟放心去做就是，船必须要牢实的，郧邑近海，行船风浪大，我等身家性命皆系于此船。”

在一个阳光明媚的早晨，管仲与鲍叔牙带上子苌和十多袋山货一起上了租来的船，顺淮水而下，朝棠邑而去。沿河两岸青山叠翠，和风轻拂，绿潮涌动。至沃野平畴处，一目千里，又是另一番景象。管仲立于船头，心中顿生无限豪情。

管仲一路上与鲍叔牙笑谈天地江山，纵论古今废兴。不知不觉中，几天过去了。这天他们登船上岸，正逢棠邑一个大集，各地商人云集，生意很是红火。两人在街上看了半天热闹，才想起去联系本地商贾。还好，他们很快找到四五个受主，然后租车把货物从船上运到受主处完成交易。

棠邑的流通币是贝币，这在中原诸国都不通用。于是，鲍叔牙就用所有贝币购买鱼干。棠邑不产盐，如果要从这里购进盐，只怕把城中所有店铺的盐买个精光也不够，且这样做在价格上讨不到好。

管、鲍二人也不着急，在棠邑逗留了好几天，轮流上岸把这个极富特色的城邑仔仔细细看了个遍，子苌也大长见识。直到三人都觉得游览尽兴了，才继续顺江东下，往新城陨邑。

管鲍在陨邑购进海盐三百石，装于船底仓掩盖好，又在上面堆放鱼干。这是担心被强盗劫船，不能不谨慎小心。

返程比较艰难，逆水而行，半月后才入汉水北上。一天，船行至汉水与涢水岔口，遭到一队突然出现的官军拦截。他们强行上船搜查，船家出示了过关契书，但带队的兵头看都不看一眼就扔进了河里，让士兵将船上的货物统统搬走。鲍叔牙也拿出商旅通关文牒，兵头瞟了一眼，粗声道："你的文牒在这里无用。"说完再也不理睬他了。子苌看得心头火起，上前抓住兵头胳膊，喊道："住手！不许抢劫船上货物！"兵头挣脱不了，忙叫几个士兵过来，把子苌扭住押走。

管仲跨前一步，阻拦道："你们到底想干什么？难道一点不讲王法吗？"

兵头两眼盯着他，半天才道："既然如此，那我就跟你讲王法吧。我等正奉国君旨令，征用船只。现告知你等，这只船和水手都被征用了。至于尔等商末之人，竟私自贩盐，不只货物全部收缴，尔等还要接受审查，如有越轨之举，军法处置！"

管仲怒道："天下哪有这样的王法，完全是盗寇的强辩之词！

光天化日之下，令士卒公开强抢，这是君主失德啊！”

兵头不再啰唆，对管仲斥喝道：“再要多言，莫怪刀兵相见。”

管仲知道不妙，如此下去怕性命不保，他拉了鲍叔牙一把，想借机逃走，再作打算。

“去哪里啊？我是令你们往军营走。”

管仲见子苌已经被绑走，争执下去肯定要吃亏，只得乖乖跟着兵头走。

进入军营，兵头让几个士兵看守管仲和鲍叔牙，自己到旁边主营去见将军。

“今日收获如何？”将军问。

“只征到三只船。不过，其中一只大货船，装有不少鱼干和几百石海盐，属下以贩卖禁品为由将其没收。将军可以发一笔大财了。”

将军一听，皱着的眉头舒展开来，心里虽窃喜，口里却说：“既是没收之物，我怎敢用来发财。那几个商末打算怎么处置？”

兵头说：“属下以为，不宜杀，他们经商文牒上有楚、蔡、郑三国官印，定有些来头；暂时也不能放，不然，我们的强征之举就会被传出去。”兵头这样说是有私心的，他还想从管仲一行人身上捞点好处。

将军说：“留着不能白白浪费粮食，让他们干点活，养马去吧。”

兵头又来到管、鲍面前，对他们说：“将军有令，让你们去养马。”他顿了顿，幽幽笑道，“老实干活，别惦记逃跑。不然，你等性命难保。”

兵头把管仲与鲍叔牙带到了圉人[1]处，对圉人说："又给你招了两个帮手，你这里倒是兵强马壮。"

圉人正在火堆旁啃着一条从货船上得到的鱼干，口齿不清地咕噜了一声，算是答应。兵头也不多说，转身走了。圉人抬头看了管、鲍二人一眼，说道："烤鱼干的味道不错，你俩要来喝一口吗？"他举了举装酒的粗陶碗。

这时候，兵头又返了回来，喝令圉人把火灭掉，手揪住圉人的耳朵："好好听着，营帐内不得生火，再犯，就把你吊在树上晒成人肉干！两天内教会这两个家伙喂马，不然三人一同受罚。"

圉人满脸堆笑着答道："属下听命。"

兵头满意地笑了笑便离去。待兵头走远，圉人转身直立，摆出架势，开始训话。他东一句西一句，胡扯个没完。管仲眼珠一转，赶紧递上一碗水。圉人接过水喝了一口，点点头："你小子倒是机灵，给你轻点的活干。"然后，他给两人派活。"小小子（管），你一人喂将军的马，大小子（鲍），你一人是喂两匹千夫长的马，还是喂三匹百夫长的马？如果是喂驾车的战马，一人就得喂五匹。"

管、鲍二人听来觉得怪怪的，但意思还是弄明白了。管仲专负责喂将军的马，鲍叔牙如果喂千夫长这个级别的马，就得一人喂两匹，同样是喂马，上官骑的马需要更悉心的照料。圉人也不解释，只说道："差点忘了，两小子，姓甚名谁呀？"

---

① 圉（yǔ）人，官名。掌管养马放牧等事。

管仲忙回答：“小子管氏，名夷吾。”

鲍叔牙紧接着答：“鲍氏，名叔牙。”

圉人说道：“我乃缯氏，是这里的圉人，你们可别小看我这圉人，官不大，但手下也管着四五个兵卒！加上你俩，我都快成十夫长了。别看这军营的规矩多，在这里，你们只要听话，把本圉人伺候好了，保你们无事。”

管、鲍二人点头，齐声称是。至此他们就正式成马倌了。过了好几天，他们才知道，驻守这里的是楚军，河西是楚国，河东是郧国。楚驻军以各种借口搜刮民财和战备物资，随时准备向郧、随、绞、州等小国开战。

楚军营地生活物资紧缺，除了每天两餐黍米粥、干面饼和腌咸菜外，其他什么都没有。鲍叔牙什么时候吃过这般苦，加上搬料喂马的活对他来说也不算轻，没几天就生病了。管仲为了能照顾他，不得不去巴结那圉人。

圉人虽看起来有些粗鲁，但心眼不坏，见管仲总是想方设法讨好他，也就答应让别人帮鲍叔牙喂马，并警告说此事不要让兵头知晓。

有一天，圉人去管、鲍二人的窝棚，发现鲍叔牙不在，心想坏了，这二人要逃走，自己也难逃军法，他立马怒气冲天，嚷着要把他抓回来用刑。他转身去拿马鞭，待他拿了马鞭一回头，却看见鲍叔牙就站在他面前。“你是不是想逃跑呀？千万别动这样的心思。你看见我手中的马鞭没？这可是用盐水泡过的。逃跑者被抓回来，先用马鞭打个半死，然后，吊到树上晒成人肉干。”

圉人气呼呼地一边说着，一边不停地挥动手中的马鞭。鲍叔牙没敢躲开，重重挨了两鞭，疼得他直龇牙。

此后，鲍叔牙学乖了，连解个小手也向圉人打报告，搞得他不胜其烦，就告诉他可以不用报告，也就渐渐放松了对管、鲍二人的监督。鲍叔牙还时不时把藏在袍服里和靴筒里的铲币摸出一枚来，献给圉人。圉人则把钱拿去找管伙食的军官买酒菜。圉人好酒，有一次，他喝醉了，口无禁忌，管、鲍二人这才得知，原来这个缯氏是随国人，几年前，楚、随开战，他被迫从军，负责养马。在一次小规模战役中，他被楚军虏获，又成了楚军的马倌。在随国，他还有妻子和一个女儿。起初，他几次想要逃回去，结果都因惧怕楚军的酷刑而不敢行动。经几年的磨难，他也就渐渐习惯了军营生活，成为楚营的“老兵”。

圉人清醒之后，发现管、鲍二人把他照顾得很好，便生出恻隐之心，打算找机会帮他们逃走，但提出了一个条件：自己私放二人，必会受军法处置。若二人得以逃脱，则请去一趟随国，找到他的妻女，带她们离开随国，另寻一个安身之所，自己死而无憾。他把妻女的姓氏、原来住址和可能去的地方全都仔仔细细地给二人讲了一遍。

管仲疑惑地问：“她们为何不能在随安身呢？”

圉人眼中泛起忧郁之色，说：“楚国虎视随已久，说不准哪天就会起兵灭随，妻女哪会有安身之所？我舍命救你二人，也希望你们能让我妻女活下去。”管、鲍二人重重点头应承下来。随即，三人开始筹谋逃跑计划。

这天，将军骑马巡视防地后回到大营，发现他的马显得病怏怏的，卧地不起，也不吃不喝，他立刻传令圉人过来问话。

圉人回道："这马是管小子喂的，传他来看看，他应该能治！管小子喂这匹马尽心尽力，将军请放心。"

将军急切地说："那你速去把他带来！"

圉人赶紧把管仲带来，管仲上前轻轻抚摸了这马一会儿，又在马腹上拍了几巴掌，马立刻站起来了，管仲递上新鲜青草，它就大口吃起来。过了一会儿，马就恢复了精神，管仲请将军上马一试。管仲趁众人的目光都注视着将军之际，摸进大帐内取了一弓一箭，扔到了帐外远处的草地里，然后若无其事地看将军试马。经管仲之手，这马又变得生龙活虎了。将军下马对管仲称赞叮嘱几句，就让他把马牵去马厩了。

当晚，月暗星稀，正刮着东北风。管仲从将军营帐一侧悄悄爬过去，摸到草丛中那弓箭后，又悄悄摸回到自己的窝棚。他在箭头上绑了好几层葛布，又把圉人帮他弄来的油浇在上面。逃跑行动即刻开始了。圉人把管、鲍二人引到百步开外的溳水边，告诉他们说："从这里浮水过去，就是郧国的地盘，再向北过一道河汊，有一片野树林，钻进林中就可脱险了。"

管仲激动地对圉人说："你对我俩有救命之恩，若有来日，大恩必报。你即刻回去，向那个兵头报告，就说我俩逃跑了。"

"这，这是何意？"圉人很为难。

管仲不容置疑地说："快按我说的做，可保你一命。"

待圉人转身离去，管仲立刻将箭头点燃，拉满弓射向将军主营帐。顷刻，大帐起火，随即传来救火的嘈杂声。管仲拉着鲍叔牙跳进涢水中，趁乱拼命向对岸游去。鲍叔牙水性不够好，喝了好几口河水，上岸后又竭力往北奔跑，趟过淤泥没膝的河汊，还没来得及进树林，就直接累趴在地上了。他们稍作休整，四下观察后才进了树林。

这片树林是楚、郧两国的缓冲地带，森林茂密，溪流纵横，人迹罕至。管仲、鲍叔牙在林中艰难跋涉了大半个时辰，竟然迷失了方向。踌躇间，忽然听到有人在喊:“家主，家主，是你们吗？”鲍叔牙循声望去，顿时喜出望外，竟是之前被官兵带走的子苌！

没想到子苌还活着，三人见了面，说起这一趟经历，相拥而泣。

第三章 寻明主 壮志不泯

第一节 南访季梁北从军

管、鲍二人合伙，带着仆人子苌，本想干一票大生意，没想到不仅颗粒无收，还差点搭上了性命。好在三人都死里逃生，算是不幸中的大幸，也是奇事一桩。管仲感到好奇，问子苌道：“你是如何从楚军手中逃脱，这一个多月又是怎样活下来的？”

子苌说：“那天几个士兵把我手脚捆上就扔进了一个破旧的窝棚里，说是等吃了饭再来收拾我。可直到天黑，也没见人来。我又渴又饿，用力挣脱了麻绳，拼命往河边跑。结果被两个士兵发现，他们冲过来拦阻，我便一头扎进河里凫水而过，他们拉弓一阵乱射，却因天黑未伤到我。随后我就一口气跑进了林子里。那里没有人防守，他们也没有再追，我便躲了起来，等待你们的消息。渴了喝溪水，饿了溪沟里有鱼，树上有鸟雀蛋，时而还能捉到野兔，这些可都是美味啊。就这样等了一个多月，都快绝望了，没想到你们突然出现，好像做梦一般。”

鲍叔牙也问：“不能生火，那些活物是如何吃的？”

子苌憨憨笑道：“生吃味道也不错呀。”

“你的生命力还真顽强。”管仲打趣道。

三人说说笑笑，暂时忘却了归途漫长，忘却了身体的疲惫和内心的恐惧。他们又行走了将近两个时辰，才看见前面稀稀落落有几户人家，像是一个村落。走过去一瞧，十屋九空，只在沟边的那户人家见到一个中年妇人。几人过去跟妇人行礼打招呼，请她给一点粥喝。鲍叔牙从靴筒中又摸出一枚铲币递过去，妇人胆怯，没敢接。但她还是默默地去厨房，手提一瓦罐稀面糊糊出来，用三个土陶碗给每人盛了大半碗。

管仲连连道谢，一口气把粥糊喝了个干净，然后问妇人道：“这里是什么地方？为何有那么多空房屋？”

妇人见这几个外客没有恶意，犹豫了一下，慢慢开口道：“这里是郧与随交界处，沟北面就是随。这里的成年男子都应征准备去跟楚国打仗了。前几天我听人说随国的季梁大人劝退了楚军，仗没有打起来，这才回家看看的。”

闻言，管仲若有所思。半天就能横穿一国，怪不得像楚国那样的子爵国如此嚣张。相比周初，爵位已经不重要了，当今更流行“强者为尊”的法则。

几人在这妇人家里歇了一会儿脚，向她道了谢又留给她一些钱币，然后继续赶路。进入随国的第二天，管仲对鲍叔牙说：“到了随都，恐怕就不能陪鲍兄去寻圉人的妻女了，小弟我想去拜访一位贤能。”

鲍叔牙知道他是要去拜访名士季梁，他一直十分认可管仲，真心希望管仲能得偿所愿，坦诚地说：“管兄弟本不该在市井商道虚度年华，你我虽为生死之交，但贤弟前途无量，终有一别，只希望再见不会太久。来日方长，望兄弟一路珍重。”

管仲十分感动地问：“鲍兄眼下作何打算？”

鲍叔牙稍加思索，说道：“先寻到圉人妻女，后就近去宛邑，与季牙会面后再作打算。”

“好，兄长保重！”他省去了鲍叔牙的姓氏，经过这段时日的相处和在楚营的绝境，管仲已视他如亲兄。

二人未再多言，眼含着泪水相互拱手作别。

到了随都，管仲便一路打听，终于来到随国上大夫季梁家。季梁身体抱恙，听说有远客来访，还是从床上起身接待客人。管仲进门看到皓首苍颜的季梁后，以师徒之礼拜见。季梁心中疑惑，问道：“远客为何行如此大礼？”

管仲恭敬答道：“晚生乃颍上管氏，名夷吾。曾拜一位高人为师，说来惭愧，不知其姓名。恩师曾告知，还曾收过季氏为门外弟子。后来老师悄然隐去，晚生跑遍中原诸国，打探恩师和季氏的消息，结果一无所获。直到近段时间，不断听闻随国的一些事情，后料定您就是恩师口中的季氏弟子，故专程来拜会。”

季梁一听，哈哈大笑起来：“你这样一说，倒是把我俩之间的关系搞乱了。我是那位高人的弟子不假，但我俩同拜一人为师，我只是比你早些年拜入师门，你怎么能称我为老师呢？我虽年长你许多，但仍应以师兄弟相称！”

管仲尴尬一笑，说道：“您说得对。但从学识、资历上，称您老师仍属恰当。”

季梁听了管仲的恭维心中十分喜悦，但仍连连说：“抬举了，抬举了。”

他们客套了一会儿，才开始交流起老师教授给他们的天道、君道之类的话题，他们的思想观点如出一辙，还真是师出同门。就在管仲想请季梁预判天下大势、为自己的前途做些指点的时候，忽闻报又有客人造访。季梁一向好客，忙起身相迎。

来客是郑国的文士子人氏。他刚坐下，就开怀大笑。管仲正感莫名其妙时，季梁说：“子人先生一定是带来郑国最新的稀奇故事了。”

来客子人氏说：“知我者季先生也！不错，我要讲的正是郑国的新鲜事。”他说，“就在春上，北戎兵犯齐国，齐国派使者向郑国求援，郑公派太子忽领军救援齐国。太子忽不负众望，大败北戎，并抓捕了北戎的两个统帅以及数百首领，一并献给齐国。齐侯看到太子忽一表人才，便想把次女姜氏（文姜）嫁给他。郑公当然同意，因为齐国是大国，齐郑联姻，对郑国的发展有很大益处。可没想到太子忽拒绝了。你们知道他拒绝的理由是什么吗？”

子人氏望着管仲、季梁两人等着答案。见他俩都不说话，子人氏又自答：“太子忽拒绝的理由是‘人各有耦，齐大，非吾耦也’。他担心郑国弱小，跟强国攀亲会受欺负。你们说可笑不可笑？”

季梁笑道：“太子忽既能统兵征战，又如此谦虚，可能会是郑国国君的好人选。”

管仲却说：“我以为这是太子忽的一个错误选择，拒婚之事不只是谦虚，也是他内心强势的表现。”

子人氏说：“这位小兄弟说得不错。郑国大夫祭仲再三规劝太子答应下这桩亲事，并且说，郑侯有很多宠爱的姬妾，她们都育有子嗣，你虽然被册封为太子，未必就能继承侯位。如果你得不到大国的支持，其他几位公子随时都可能取代你成为国君。可太子置若罔闻，此是祸非福啊。”

管仲说：“太子强势可能是受郑侯影响。郑国仅为伯爵国，郑侯寤生强势，敢与周天子开战。去年的繻葛之战，他出足了风头。这一战，‘礼乐征伐自天子出’之言消亡。虽郑侯自称不敢‘凌天子’，但繻葛之战已使周王室名誉扫地，从此再无号令诸侯的威信。不久天下必将出现更为复杂的混乱局面。”

子人氏看着眼前这个相貌平平的青年，有些惊讶地说：“言之有理。正因如此，我更佩服季先生的作为。楚国不敢冒天下之大不韪进犯随国，那就是出于对季先生的忌惮。”

管仲说：“天下纷争，往往是由内而外引发的。国内君臣同心、兄弟和睦、百姓团结，外敌就不敢轻易入侵；楚君熊通好武，北进中原的野心早显露无遗，因有斗伯比这样的智者劝导，才不至于轻举妄动。但周天子式微，而诸侯渐强盛，列国争霸已成定局！眼下北有郑国一时雄起，大有中原王者气象；而南有蛮楚崭露头角，将为江汉霸主！齐国、鲁国、宋国、卫国、晋国、秦国等也皆非等闲之辈，正各自谋划强盛之策，霸业之途！天下纷争，将愈演愈烈！今日来访，便是想向老师求教，谁为明主？谁将成为天下之主？”

季梁听到管仲对各国形势分析得非常透彻，心中非常敬佩。他知道，对谁是明主、谁能成为天下之主，管仲心中早有判断，只不过想从他这里得到旁证而已。季梁说：“所谓有道明主，忠于民而信于神，常思利民，又亲善兄弟国，是为天下主。”

几人品茗喝酒，再论一番天下大势，分析各国国运。季梁对管仲越来越欣赏，于是劝管仲留下来辅佐随侯嬴胚，扭转随国颓势。

管仲说：“随有季梁先生在，晚生留下来纯属多余。”

季梁早看出管仲胸有大志，非池中之物，随这样的小国不是他的志向所在，便也不强留。他拿出金十镒相赠，真诚地说：“管子，你我师出同门，你又聪慧于我百倍，并不需我指点教诲，但一定需要这些钱。入秋了，你袍服单薄，怕是到不了中原。以此相赠，或许能解你一时之难。”

管仲自楚营逃出，已身无分文，又无厚实衣物御寒，于是并没有推辞，又给季梁行了一个师礼，转身离开季府。

管仲本想再去郑国考察风土人情，但想到自己的母亲孤身一人在家，当即决定先回去陪母亲过冬。

多雪的日子，管仲被困在家里整整三个月。寒冬的大雪还没融化，又下起春天的细雪，但管仲早已热血沸腾，他辞别母亲，再次踏上未知的旅程。

管仲沿颍水北上，中途特意转道去拜了颍考叔庙，心中很是伤感。颍考叔是一个纯孝之人，却被天下第一美男子公孙子都暗箭射杀，名利、权势、嫉妒、仇恨都能使人丧失美德。颍水汤汤，英灵荡荡。管仲默默祝祷，愿天下豪杰，皆遇明主，无箭之伤！

管仲越走近郑都新郑，心中越是忧虑彷徨，又想到了公子忽，他真如季先生所言，能成为一个明主吗？拭目以待吧。反正，郑公寤生那样穷兵黩武、对周天子无礼之人是决不能投靠的。管仲一边走，一边想，不觉间来到一酒家前，便驻足入店，要了些酒菜稍作休息。

这时，有几人在旁边议论说，城中张贴征兵告示了，国君正在扩充军队，能人志士又有建立军功的机会了。管仲听到此言，心思活泛起来，自己才贯六艺，既然一时无法遇上明主，先在军营中锤炼一下也好。管仲猛地站起来，留下酒钱，便前去应征了。

此次征兵步骤很简单，只经籍贯姓名的登记与简单询问，管仲便顺利加入行伍。在编排士兵的时候，军官见他文文弱弱像个读书人，没拿弓箭，没持戈矛，便把他编进了辎重部队，巧合之下，管仲又成了郑军的马倌。好在这次遇到的是个懂医术的圉人，管仲同圉人交好，跟他学医术和养马技巧。管仲学习刻苦，记忆力好又善于琢磨，很快掌握了医马之术，担任了圉师一职。在一年多时间里，有上百匹病马都经他的手治愈了。其中有一匹是师帅最爱的乌龙马，他也因此受到师帅的褒奖。管仲趁机向师帅提出一个请求：请调到作战部队去，体验真正的军旅生活。

师帅见管仲虽还显瘦，但眉宇间有一股英气流露，便答应了管仲的请求，让一个卒长带他到车兵营效力。途径步卒营时，卒长对他说："这里每一营都是郑军精锐之师！"管仲挑眼细观，只见营盘有章有节，军容严肃规整，校场上操练的武士左手持盾，右手操戈，演练阵法，进退有序，喊杀之声震天动地。管仲认为军队布阵颇合兵法，但也有不少漏洞，并不是无懈可击。他初来乍到，又不属于步卒，便没有多言。

到了车兵营地，管仲同样发现了布阵漏洞。车兵布阵为鱼丽阵，即每乘载甲士三名，按左、中、右排列。左方甲士持弓，主射，是一车之长，称"车左"，用弓矢射杀敌人。右方甲士执戈或矛，主击刺，称"车右"，以长柄矛、戟等杀伤对方乘员。中为驽手，主驾。战时，配七名车下甲士和十五名步卒，五人为伍。车伤一人，伍即补之，有进无退。他惊叹于郑公鱼丽阵的威力，又试图修正此阵缺陷，因此，整天琢磨，写写画画，疏于训练。周围的人都认为他是个只会耍嘴皮子的胆小书生，不以为意。

这年夏末，从南方传来消息，随国上大夫季梁病故。管仲闻讯，满心悲痛，想赶去随国祭吊季梁，于是连夜逃出军营。不料被卒长发现，要知道逃兵可是重罪，管仲迫不得已撒了个谎才躲过一劫。没过几天，就听说楚军在速杞大败随军。楚君熊通，竟僭越自称武王。管仲无奈叹道："当今天下，强者自强，弱者自灭，必有霸主出世。然而，真霸主何时才能现身呢？”

管仲对越来越强势的郑国抱有莫大的希望，才耐着性子待在军营里。素日除了训练骑射，他越来越热衷于研究车步兵布阵，并开始思考辅王称霸的用兵之道。

三年光阴倏忽而逝，郑公寤生病薨，公子忽顺理成章地继位，是为郑昭公。管仲寄望于郑公姬忽成为明君，哪知他的两个弟弟公子突、公子亹[1]又上演了一出兄弟相残的戏码。三兄弟分为三派，郑公姬忽最大的支持者是祭仲，支持公子突的是其生母雍姞和宋国势力，支持公子亹的则是高渠弥。宋庄公得知祭仲拥立郑昭公后，就派人引诱祭仲到宋国，后威胁祭仲，如果不拥立公子突，将性命难保，后宋国又抓住了公子突，以出兵帮他夺位为条件，索取地盘和财物。于是宋国与郑国之间开始剑拔弩张。

风云突变，郑国也开始调动兵马。管仲所在的车兵营重装上阵。交战一开始，车兵便冲锋在前。管仲是左方甲士，持弓，主射，在一阵喊杀声中，他抬眼向宋军阵营望去，本想远射宋军主将，没想到却见到两个熟人——华父督和南宫长万。正恍惚间，对方的箭矢如飞蝗般一轮接一轮地齐射过来，一支飞箭从他肩头疾擦而过，管仲以为自己被射中了，顺势倒地。

喊杀声并未持续太久，因为宋军向郑军主帅祭仲喊话，要他去谈判，一场激烈的战斗暂时停止。管仲躺在地上，听四周渐渐安静了，这才把身上摸了一遍，发觉只是肩头被擦破一点皮，无

① 音 wěi。

大碍。正感庆幸时，一个暴怒的声音在他耳边响起："混账！还在装死，该死的懦夫！"

管仲抬头一看，是千夫长，顿时吓得魂都不在身上了，立刻爬起来，拿上弓箭，飞跑着去找自己的战车。

傍晚，管仲回到营中，刚要去洗脸上的灰尘，却被两个武卒拿住了。"奉千夫长之令，将管夷吾拿去问罪！"

管仲慌忙争辩道："我有何罪？为何要绑？"

那两个武卒不由分说就将他押进千夫长营帐中，千夫长怒道："临阵怯战，当以逃兵论处，你有何话说？"

"禀报千夫长，小卒并未怯战，更没有想当逃兵。"

"那你为何装死？难道不是怯战吗？"千夫长目光灼灼地盯着他。

管仲辩道："小卒以为中箭受伤，一时心慌才摔下车，实非怯战。当初小卒主动请求师帅才调来作战，岂会怯战？"

千夫长心想：这竖子竟搬出师帅压我，大战在即，不好得罪师帅，看来今天不能治他重罪了。千夫长来回走了几步，说道："念你是初犯，又看在此战双方都没有太大伤亡的份上，从轻处罚。"然后，他向武卒喊道："将管夷吾鞭二十，逐出军营！"

武卒得令，立即将管仲拉了出去。

管仲挨了二十鞭后，一声不吭地爬起来，掸去身上的泥土，心想幸好昔日医好师帅战马，今日令千夫长有所忌惮，不然吾命休矣。他整了整衣冠，踉踉跄跄地在黑夜里行走。

第二节　故人重逢

管仲出了新郑城，在溱水边的河神庙里过了一夜。次日晨，出庙四望，只见荒野莽莽，空空荡荡，只有一条高低起伏的小道蜿蜒伸展，不知通往哪里。抬眼望苍天，正有一群南归的鸿雁哀鸣着飞过。管仲也不禁哀叹：天下之大，何处是我的容身之地？

由此向东北，可去卫国，但一想到那荒淫无耻的卫公姬晋，管仲就打消了这个念头；往西去是周天子国，周王姬林经繻葛之败，已威德尽失，天子称号已名存实亡，难有所作为……徘徊良久，他还是决定去往洛邑游历，再寻机会。

这天，他来到崇山下，实在累了便躺在道旁一颗古松下打盹。迷糊间，突然传来马蹄声，管仲忙爬起来，见有四五个人骑马而来。近了，仔细一看，最前面的那人竟是车兵营的那个百夫长。管仲上前施礼。“管夷吾，怎么是你？”百夫长说着下马，“这是要去哪里啊？”

管仲略带尴尬地说：“管仲不才，被军营驱逐，想往洛邑，看在曾是您部下的份上，请带我一程。”

“你还有心情去洛邑，当速回你故里颍上。”他想了想又说，“哦，是我忘了，没把你的家书给你。”

“什么家书？”管仲愕然。

百夫长说：“当时正准备打仗，我忘了给你。后你被驱逐，此书就被千夫长扔掉了。不过我可以告诉你，家书只有六字‘母病，速归，鲍兄’。”

管仲一听，顿时慌了神，他心急如焚，匆匆道谢，便欲离去。百夫长叫住他，说道：“你画的兵阵图和车阵图被师帅拿去了，他说甚妙，望有朝一日听你讲解。这儿有点干粮和一袋水，拿去路上充饥，算是对你的奖励。”

管仲拱手再施一礼，接过百夫长递来的东西，便匆匆踏上归途。

管仲再踏归途，心中充满忐忑，自己经历如此多坎坷还未有所收获，又未能尽孝，深觉羞愧。每次回家都是深冬，母亲是否尚在人世是他此时最关心的事。离家三年多了，再次走进家门，只见那几棵枣树已枯叶凋零，屋前屋后，杂草横生，仅留下几条可落脚的小径。管仲拨开枯蒿进了茅屋，见母亲正躺在床上，面色苍白，眼窝深凹，才四十出头，竟生出一头白发。管仲禁不住泪水直淌，跪在母亲床前，连磕了三个响头。

这次，母亲已不能起身，无法将他扶起来，只说：“娘卧病在床半年之久，能活着再见你一面已感老天之恩。三年又三月才见上一面，当高兴才是。”

“是，高兴，是该高兴。”管仲连声应道。

这时，一双纤细的手将他轻扶了一下，欲扶他起身。管仲抬头一看，是一个十五六岁的少女，虽并不惊艳，但也落落大方。“你是何人？怎么会在我家？”管仲惊讶出声。少女笑而不答。管母说道：“她是你鲍兄的义妹，来照顾我好几个月了。”

管仲向少女道了谢，然后详问母亲的病况。

管母说：“只是四肢酸痛无力，起不来床，无大碍。你回来了，娘的病就能好起来。就是不晓得你能在家待多久。”

管仲说：“我往后就在家里种地，陪着娘，哪儿也不去了。”

“真不走了？”管母笑道，“知道你是在哄娘开心，但娘还是很高兴。知儿莫如母，娘怎忍心让你一辈子困在这茅草屋里。”

二人说了好一阵子话，管母的气色、精神明显都好多了。管仲接下来的首要之事就是把这破茅屋好好修葺一下。

过了几天，鲍叔牙前来探望。管仲立刻深鞠一躬，迟迟不肯起身，对鲍叔牙说：“愚弟在外未得一官半职，又未尽孝家母，若无兄相助，想必已和家母天人两隔，兄大恩仲实难相报！”鲍叔牙数次想扶起管仲，管仲不起，他只好佯作发怒道：“昔日你我已结为兄弟，言永不相负，你母即为我母，你不起身，岂不是陷我于不义？”管仲这才起身，又再三道谢。两人寒暄一阵，管仲将此段经历道与鲍叔牙后，鲍叔牙把管仲拉至一旁，悄声问：“管兄弟看我这义妹如何？”

“端庄朴实，心地良善，是一位好女子。”管仲想了一下，接着问，“兄长这是何意？”

鲍叔牙笑道：“兄弟你还真书呆子气。你已二十有余，该娶妻成家了。”

“兄长是要我娶你义妹？”管仲连忙摆手，“不，不。大丈夫，业未成，何以成家？”

鲍叔牙劝道：“你若觉着她人不错，就娶了她。这样，你娘就有人照顾了。即便事业未竟，咱们也可以从头开始。”

管仲依然拒绝说："不妥，不妥。既然她是兄长的义妹，那也就是我的义妹。怎可乱人伦而为之？"

"她就是那救命恩人圉人之女缯氏，因得我收留，才认我作义兄。"鲍叔牙说。

"兄美意心领，如今先烦请她仍在我家照顾家母，婚嫁之事暂且搁置。另外，待家母病情好转，我二人可重新经商。"

"贤弟莫非已有商路？当知我俩合伙多败绩。"鲍叔牙一脸戏谑道。

管仲笑容一敛，严肃地说："此次生意有双重保障。兄长可曾听说'随侯之珠'？传说，随开国侯曾见一大蛇伤断，以药敷之而愈；后蛇于江中衔明月珠以报德，因曰'随侯珠'，又称'灵蛇珠'。楚君熊通之所以数次伐随，除了试图进入中原外，还想得到这'随侯珠'。楚君熊通在速杞大败随军后，随国派使求和。熊通只提了一个要求，即承认随是楚的附庸国，并交出'随侯珠'。这'随侯珠'虽然价值连城，但总没有一国民众的性命重要，随使便答应了。可是，他回来向随侯嬴胚汇报后，嬴胚才说那宝贝也只是传说之物，他也从未见过。"

"贤弟莫不是要带我去寻找这传说中的'随侯珠'？"鲍叔牙不可置信地问。

"不错。"管仲道，"此为其一。其二，随国厉山是炎帝神农故里，据探有大量铜、铁、铝、铅浅矿，而这些东西没有哪国不稀缺，若我二人得其矿产，可良食无忧。"

"你这说的还是一桩冒险生意。别说不一定能得到铜、铁、铝、铅，就是得到了，也没销处啊。”鲍叔牙认为这两桩生意，一空一悬，实在难成。

但管仲坚持说：“我们以帮楚国寻找‘随侯珠’为由，到随国探查矿藏，说不定还真能二者兼得。”

鲍叔牙见管仲已有几分成竹在胸，加上近来各国战争频仍，自己的生意难做，如果去了，险中求富也犹未可知，值得冒险，便答应下来。

说干就干，两人当即开始斟酌具体事宜。整个冬天管仲都在忙着修葺旧屋，给母亲添置日用之物。次年一开春，管母身体已好转，与母道别后，管、鲍二人一人驾一辆车，匆忙驶向随国。

进入随境，管、鲍二人不敢暴露身份。因随、蔡两国曾因争夺“蔡侯封人簋”打得死去活来，随又与楚交恶，随国内有很多楚国派来的细作，隐藏身份可以免去不必要的麻烦。

他们先寻了个客栈住下，然后到街上明里暗里打听铁石、铜铝行情及有关随侯之珠的消息。但一连七八天，他们一点信息都没得到。就在管、鲍二人几乎要绝望的时候，路上遇到一位客商主动与他们搭讪，并问他们愿不愿谈桩很值钱的生意。

管仲向鲍叔牙示意，然后领着客商一起来到他们下榻的客栈。这是一对三十出头的夫妇开的客栈，男店主见又来了新客，很是热情，立刻给他们找了个安静的位置坐下来。客商神秘地从怀里掏出一颗圆圆的珠子，只比黄豆大一点儿。管仲接过看了又看，摸了又摸，珠子表面毛糙，不像以往看到的珠子那般光滑锃亮。客商见管仲不言语，也不多话，伸手拿过珠子朝暗处掷去。顿时神奇的事出现了，那珠子发出熠熠绿光，美丽至极。

管仲甚感惊奇，问客商："如何卖？"

客商说："我要换麻布，十匹一粒。"

管仲笑道："十匹麻布换这一粒珠子，拿去又有何用处？"

客商看了管仲一眼，说道："寻常百姓肯定买不起，这珠子可以献给诸侯！换取钱财，甚至换个官做做，比那十匹麻布如何？"

这时，店主过来了，见了这珠子，也觉得惊奇，于是留客商吃饭，与客商一边喝酒一边聊天。

客商几碗糙米酒下肚，话也多起来，悄声说道："这珠子，在随国那边的山里很多，每当有山洪暴发，水退石出后，你去山沟溪涧，准能拾到。"

管仲问："你这珠子是你在山里拾的？"

客商笑道："我怎么会去拾？我想去拾，人家给拾吗？我是用贝钱买的。这样的珠子，山农家里有的是，只是珠子有大有小。若能拾到'随侯珠'那样的，就是国宝了。"

管仲、鲍叔牙到随国后，还是第一次听人说到这随侯之珠。鲍叔牙赶紧问："随侯的珠子是什么样的呢？"

客商说："我没见过，倒是听说了一些稀奇故事。据说，几十年前，在渣水附近发生了一场战争，双方打得不可开交，随武侯嬴丁的部队在山里迷路，天昏地暗之间，竟然走到了对方设的圈套里，被敌军团团包围住。敌军的火把烧红了半边天，他们用网网住了随军好几位将军。随武侯嬴丁在武士们的保护下得以逃进深山，但又迷失了方向，怎么也走不出去。众将士既无奈又沮丧，就在这时，大家眼前突然一亮，只见一对绿色的眼睛在黑暗里动起来。随武侯下令点亮火把，奇怪的是火把一点着，就被风吹灭，而那两盏灯似的眼睛依旧在前面或上或下地闪现。随武侯只好命令众人随那两盏'灯'前行。也不知走了几个时辰，天渐渐亮了，他们这才看到山外的天，辨明了方向。继而朝前细看，引领他们的竟然是一条奇粗无比的蟒蛇，蛇头正高高抬起，朝随武侯施礼，口里含着一颗巨大的珠子，那颗珠子在晨曦中闪闪发光。随武侯大吃一惊，周围将士欲拔剑砍杀蟒蛇，被随武侯阻止。巨蟒竟腾空而起，随后传来雷鸣般洪亮的声音，'我乃你前年搭救之蟒祖，今知你困顿山中，特来相援，并送你一颗明珠。此珠乃神农与山精共同采集，为奇世稀宝。有珠在，保你国泰民富，珠亡国亡，切记，切记……'"

"太奇了，神话！"管仲说。

鲍叔牙却点头道："我略有耳闻，据说随侯嬴丁正是为守护此珠而死。"

客商接着说："据说如今的随侯嬴胚特地打造了地宫，藏匿此珠。随国人都说，只要此珠不离开随国，随国必然安康太平。然而据说这颗宝珠现已经不在地宫了，下落不明。"

一直不插嘴说话的店主问客商："先生为何不拿此珠去献给诸侯，谋个官职。或者去周天子那里，封个小国诸侯也是有可能的啊！"他把话又绕回来了。

客商摇了摇头，叹道："有术士替我看过相，官场非我可留之地，商场无我可争之利，命数如此。”

店家一脸疑惑地问：“这么说，你岂不是什么事也做不了？”

客商扫视众人一眼，说道：“我有这珠子就够了呀。你们谁能拿我需要的东西来换？”

店主说：“我想换珠子，但没有你想要的东西。”

客商说：“我这里有三粒夜明珠，还有些贝钱。我用这些换你这小店，用来作客栈，不知意下如何？若论价值，我这些宝物，远远超过你这店里的所有财产！”

鲍叔牙在心里默默算了算，看着店主说：“你为何不作回答？”

店主依然咬着嘴唇，不吭气。

管仲与鲍叔牙对视一眼，都明白了店主的心思。他显然是希望管、鲍二人回避。

管仲起身道：“店家，请你先与我们算清账，好让我们离开。”

店主满脸堆笑，说道：“我与客商的交易还要细谈，你们住一两天还是没问题的。不如这样，你们就按这位客官说的，且进山去寻寻，说不定运气好呢？”

管仲说：“可行，我们就离开一两天再回来。”

第二天，管仲、鲍叔牙就骑马进了厉山。他们并没指望从山里找到宝珠子，而是想去探查一下那里的铜、铝和铁石。他们的运气不错，虽在山里没有发现有铜、铝矿石，却看到了非常多的铁石。这铁石黑乎乎的，又硬又沉，山里人不知拿它何用，就一堆堆随便扔着。管仲、鲍叔牙喜出望外，赶紧回城里到客栈取车。

可他们回到原先那客栈，这客栈已经换了主人，鲍叔牙把新店主喊出来一看，却并不是那客商。问起他们寄存的两辆役车，新店主竟一头雾水。

“到底是怎么一回事？”管仲满是疑惑。

店主倒是醒悟过来，说道：“我这小店在三个月前就被楚人征用了，今日才还给我。楚国派了不少细作来随，企图找到‘随侯珠’。若发现谁人知道或打听宝珠下落，就会将他们抓起来。你们是不是也在打听宝珠？”

管仲一听，心想若再落入楚人之手，定会身首异处。想到这里，他不禁吓出一身冷汗，拉着鲍叔牙就走，也顾不了那役车何在了，若要运走那些铁石，只能再想法子雇车了。二人来到市井最热闹的地方，准备先填饱肚子，然后雇几辆车。刚要进一酒肆，忽见一人似曾相识。管仲上前仔细一瞧，惊讶出声：“召忽，可是召忽先生？当年未报召忽兄搭救恩情，今日定要留下一叙！”

来者正是召忽，他此时三十出头，身材魁梧，眸子极为有神。他只稍一瞟，也认出了管仲、鲍叔牙。几人相互拱手，寒暄一番。然后，他们一起进了这间酒肆。

故友意外重逢，少不了要小酌几爵。召忽先举爵，三人一同痛饮。鲍叔牙突然问：“召兄来此，所为何事？”召忽说：“楚军败随，随求和，却没交出楚王想要的‘随侯珠’，现今楚王挖地三尺也要找到这颗宝珠，还四处传言，说随有大量铜、铝和铁石矿。我如今在齐国效力，为司空少卿，齐侯也动心了，派遣我来一探虚实。”

“原来如此。我二人来此已半月了，发现寻找‘随侯珠’只是楚王的一个阴谋。不过铁石还真有，而且数量不少。”

召忽说：“看样子，我们都是为同样的事情而来，只是我在都梁山耽搁了，却没有发现铜、铝矿。刚到此地，正准备去找，没想到你们抢先了一步。”

“其实，我们也不知这些铁石能否炼出铁，也不知该把铁石卖给谁，再加上我们的役车被人骗走了，正为此事着急呢。”

召忽说：“我此次办差，带来役车十五辆，先借与你们差使。”

鲍叔牙说：“召兄身为司空少卿，私借公车，怕不好交代。不如我们合伙一起入山，反正山里的铁石取之不尽。召忽兄运铁石回程需经过徐国，到时我二人再租两架役车，带两车铁石去试试行情。”

公私两不误，三人都觉得这个办法不错。

酒过三巡，召忽又提及往事：“在宛邑一别，虽已六七年不曾再见，却时常打听你们的消息。你们在临淄、曲阜做生意，算是声名远播了。然而，二位的学识才能，世所罕见，今却依旧埋没于市井，岂不可惜！还是愿你兄弟二人踏上仕途，以求前程。二位何不与我入齐，辅佐齐侯？”

鲍叔牙不置可否，这时管仲说：“召兄的美意我心领了，怎奈小弟出身卑微，齐国君臣恐怕对在下难以接受！何况家中有母卧病于床，离母而远行，是为不孝。”

召忽继续劝道：“齐居山海，乃东方强国。齐侯励精图治，志在争霸！如今求贤若渴，已设招贤馆以待。二位兄弟如愿意入齐，召忽定当全力举荐，二位必能才尽其用，助齐侯成就霸业，名利双收！如此之后，将令慈接至齐共享富贵，岂不是忠孝两全？愿二位兄弟思之慎之。”

“名利”二字让管仲心动了，无名，抱负不得以展；无利，至亲不得以养。回想自己长久以来的坎坷，如今终于有机会施展抱负了，沉思良久，他说道：“待母病愈，必弃商入齐。”

第三节　弃商入仕

时光飞逝，转眼又是一年。在一个春雨蒙蒙的清晨，管仲、鲍叔牙又相约结伴上路了。不过，这次不是出门跑生意，而是应朋友召忽之邀，赶赴齐国，尝试迈入仕途。

和风细雨，让人神清气爽，飞驰的马蹄格外轻快。不几日，管仲、鲍叔牙便再次迈入齐都临淄。街上，依旧像往日一样热闹非凡，行人如织，车水马龙，道路因此而堵塞。两人只得下马，边走边聊。

鲍叔牙说：“我们是否先去与召忽兄照面？”

管仲说道：“不妥。召忽兄毕竟是官场中人，我们先去见他，似有托人情之嫌。既有招贤馆，就当以我二人真才实学求仕，何须求助于人。”

鲍叔牙又说：“不如去见见管至父，那可是你的至亲。若想避嫌，不告诉他我们来临淄的目的即可。”

管仲摇了摇头说：“这个叔伯对我来说无情义可言。他从未过问我们孤儿寡母生死，我也从未与他谋面，见了，反而尴尬。”

管、鲍二人牵马行至一家客栈，把马系于门前木桩上，然后一起走了进去。二人一路劳顿，已十分疲惫，于是在这尚东客栈开了间上房住下来，洗了个热水澡，随便吃了点东西，然后倒头便睡。

第二天一早，店主亲自将三份热气腾腾的临淄菜煎饼端上来。鲍叔牙夹了一块品尝，赞道：“内软外脆，菜香扑鼻。”

管仲吃了几大口，也赞道：“如此简单的食材却滋味十足，果然好吃。”

店主听到称赞，很是高兴，自夸说：“尚东客栈可是临淄名店，不仅管人吃住，还管马的洗刷喂料。”

听店主这么一说，管仲这才猛然想起那两匹马，便要出去寻找。

这时，店主把他们叫住，说道：“是去寻马吧？不用去了，我昨晚就已吩咐店伙计帮你们把马牵到后院的马厩了，已给马匹喂过草料。不过呢，费用需另付。”

鲍叔牙说：“店家如此尽心，收些钱财理所应当。不知要怎样收费？”

“一马收一人费用的三分之一。”店主说。

鲍叔牙愣了一下，笑道：“人住房分上中下等，费用不同，这么说，各马的收费是不一样的了？”

店主说：“确是如此，人分三六九等，不同等级的人所用车马也分等，客住上房，我们便喂马匹上好草料；客住下房，我们也能保证马匹吃饱喝足。”

鲍叔牙暗叹：我经商十余年，今日算是长见识了。

管仲心中也有疑惑，问店主："店家如何知晓那两匹马是我俩的？"

店主说："店伙计对出入客栈的客人都会留心观察，凭客人穿戴和所携之物等能判断客人是什么人，甚至揣测客人有何喜好，如此，我们才能提供相应的服务。"

管仲赞道："了不得，难怪店家说尚东客栈是临淄名店，看来不假。"管仲想了想，接着问，"那店家能说说我俩是什么人，来临淄做何事吗？"

店主很自信地说："这不难猜。两位客人当是远来商旅，来临淄不是做生意，就是问仕途。"

管仲说："店家没说错，我俩正是为仕途而来。听说城里设有招贤馆，但不知在什么位置。"

店主拉着管仲到门口，指向右前方说："前面拐角处再右转，不足百步就是招贤馆，但恕我多言，那是齐侯专门招揽大才的地方，若无真才实学，还是不去为好。"

管仲问："店家莫非认定我俩只会做生意，没有做官之才？"

店主忙解释道："并无此意。我是说，让招贤馆选中比较难，且一人只有一次机会，你们要多做些准备，免得跑了冤枉路，还白白错失机会。"

"多谢店家提醒。不过，我们还是要马上就去，请店家今日多备点酒菜，我们回来后必定痛饮一番。"管仲一脸自信地说道。

当天上午，管仲、鲍叔牙便来到招贤馆门口。管仲四下一望，却是十分冷清。鲍叔牙疑惑地问："我们是不是来错地方了？"

管仲指了指门边挂着的那块不够显眼的木牌子说："那里写着'招贤馆'呢，不用管太多，先进去看看。"说着抬腿就往里跨。这时，原本在屋里面闲聊的三人齐齐站了起来，礼貌地说："两位，这里是招贤馆，闲人非请莫入。"

管仲笑笑说："我们来的正是招贤纳士的'招贤馆'；如果是招纳闲人的'招闲馆'，我们还不来呢！"

三人愕然，相互对视，立刻回过味来，笑道："有贤者来，招贤馆欢迎之至。两位请进！"

待管仲、鲍叔牙两人进屋坐定，一个招考官忙堆着笑脸问道："两位来招贤馆，是自荐，还是为他人所荐？"

另一位招考官赶忙替二人各沏了茶。管仲接过茶，品了一口，然后不卑不亢地说："是自荐。招贤馆招贤纳士，无须他人引荐也可招纳，才可广收贤士！"

考官头目回答："那是当然。近些年，君上对国之盛衰的原因进行了认真思虑，认为除了有无和谐的内外部环境之外，是否有优秀人才甚至大才、奇才辅佐，也是一个重要原因。因此，专辟这一对外招贤纳士场所。只要有真学实才，就必不会被埋没。有没有人疏通，并不重要。"

"那么，何为贤，何为不贤，是否有统一的标准呢？"管仲又问。

一个招考官道："文士以文章论优劣，武将以功夫定高下。文章有专人品评，功夫也有专人鉴定，量才取用，不会有太大偏漏，何况还有君上亲自把关。”

管仲说：“这样说来还算严格。若按文武来论，我二人都属文士，如何测试，请先生即时安排吧。”

考官说：“既然如此，招贤馆备有多道试题，你们两人各抽选出一道，独立作文。如能通过初选，将直呈君上，以定优劣，择优选用。”

管仲抽到的题目是“‘德服天下’的强国之道”，对于此题，他胸有成竹。写这样的策论文章，对管仲来说十分轻松，他原本就才思敏捷，加上之前类似的论题自己的老师早给讲过好几遍，他记得再深刻不过了。动笔不到半个时辰，文章便一挥而就。

管仲提交后不一会儿，鲍叔牙也完成了文章。考官收了管、鲍文章，大致过目后，说道：“二位果真是难得之才啊。招贤馆将派专人审阅，三天之内给你们答复。不知你们下榻何处？”

鲍叔牙说：“我俩在尚东客栈落脚，不必劳烦招考官过去，我们三天后再来此处听消息。”

二人出了招贤馆，见时间尚早，便去闹市逛了一圈。晚上回到客栈，店主已经给他们备好了酒菜。管仲对店主道了谢，问道：“店家如此客气，难道断定我俩被招选中了？”

“若是这点眼力见儿都没有，这家客栈还能成为名店吗？已经听人说了，今日招贤馆去了两位人才，小的已料到是您二位。”店主又开始自夸了。

几人又高谈阔论了一番，饮起酒来，客栈里热闹了好一阵子。

与此同时，招贤馆的几个招考官也在兴致勃勃地谈论着管仲、鲍叔牙的策论，他们审阅完后，都颇为惊讶，也甚为欣喜，立刻把这两篇策论转呈到齐僖公禄甫的手里。

因为天色已晚，齐侯本不想再看，便随手扔到一边。但他刚一转身，不经意间瞥到这篇策论的篆书字形整齐，比例协调，便又拿起端详，略看之下，通篇文章字形线条劲健峻峭，透着一股英气，让他觉得很新颖。还未细看内容，又拿起另一篇看了起来，字形同样潇洒豪放，齐侯不禁细看起来，这一看，不由暗自心惊，认为作论之人可堪大用。

这篇正是管仲的策论，他写道："在礼崩乐坏，天子失威，诸侯失德，纷争不断的混乱之世，'德服天下'应成为诸国君主首选战略。仁义、友善可打动人心、消弭仇恨、解决矛盾；武力、报复只能伤害情感，增加兄弟国间的仇恨，导致更顽强的抵抗和以暴还暴的恶性循环。……总览天下，国与国之间的抗争，最根本的是道义之争。一个国邦只要有了正确的信仰、高尚的道德，就可以尽服人心，百姓和睦相处，社会协调运行，国人都以崇德、仁爱、忠信、无私、俭朴、勤劳、奋发为风俗，群臣百姓都按照制度、法则来做事，人们致力于农业生产，积聚五谷，而不敢胡乱地遗弃糟蹋；那么，财物就能积累，国家自然就富足；国富则兵强，城池也就会修建得很坚固，就可以强大到不动兵戈，此谓德服天下。"

齐侯边读边连连说妙。"崇德、仁爱、忠信"六字简直可作治国纲领。不过，这还不是要点，关键是文章触动了他内心的深处，如今天下动荡，各国间战争频仍，人与人、国与国之间都无仁义可言，齐侯认为，若想称霸一方，还需靠武力、靠军队来实现，这份策论上的内容，偏于仁慈、友爱，他觉得用来治家更为妥帖。齐侯又拿过鲍叔牙的文章读起来，同样洋洋洒洒、具有卓识远见，而且字里行间比前篇多了些稳重。齐侯育有三位公子，如今齐侯正愁三位公子找不到好老师，看来此二人正是上佳人选。

齐侯看了两位受聘者姓名——管夷吾、鲍叔牙，好像听谁提到过。又细想了想，终于记起来，司空少卿召忽曾几次提到此二人，说这二人不但有治国之智，且德行俱佳。这下好了，给三位公子每人安排一位老师。

打定主意后，第二天齐侯便把召忽传进宫来。召忽来了后，齐侯先宣布晋升他为中大夫，然后告诉他管、鲍二人来齐求官，又讲出自己的想法，问召忽："如此安排如何？"

召忽回答说："主公，管、鲍二人皆满腹经纶，才清志高，又善体恤民情，精明能干。恕臣直言，让他们做公子老师，虽为明智之举，但在二人适应之后，仍应委以高官重任，以示对二人的重视，二人可助齐有大作为。"

齐侯应允，当即派人往尚东客栈传管、鲍二人入宫面主。管、鲍二人整理仪容，入宫拜见齐侯。齐侯以二位文章为准，与二人探讨天下大事，二人不卑不亢，气定神闲地讲与齐侯，令齐侯非常满意，尤其对管仲的一番见识甚是钦佩，认为管仲确有经天纬地之才，也更加笃定了要拜二人为公子老师的念头。齐侯对他们很满意，决定让管仲任长公子诸儿的老师，召忽任公子纠的老师，鲍叔牙任公子小白的老师。然后传来几位公子与几位老师见面。

公子纠天资聪颖，性情平和，其母亲是鲁国公主；公子小白也天资聪颖，谦逊豁达，其母亲是莒国公主。二人都依礼拜见先生。

长公子诸儿身材魁梧，眉间不宽，却不失俊朗，还有几分傲气。他一进来就大声嚷着不要老师。齐僖公双眉紧锁地看着他，对这个不服管教的儿子无可奈何，还未加以训斥，诸儿便拂袖而去。

这时，齐侯的侄子公孙无知上前说："伯父，现在只有三位老师，太子不要老师，可否让管仲为小侄师？小侄闻管先生大名久矣！"

齐侯转过脸不满地看了公孙无知一眼，心想：我平日待此侄不薄，他享受的俸禄、服饰、生活待遇都和太子诸儿同等。若是他人，便也罢了，若以管仲之才辅佐公孙无知，日后起悖逆之心时便是如虎添翼，对我齐国后世必成大祸，万不可埋此祸根。于是齐侯叹道："诸儿年近而立，已经立志成才，有自己的想法。而小白、纠尚年幼，需多辅助，爱侄之师寡人日后再作甄选，至于这二人就留给公子纠和公子小白吧！"他收回成命，让管仲和召忽一同教导公子纠。

但公子纠也不希望受人约束，不想要老师。回到家他向母亲鲁妃诉苦，鲁妃却严肃地告诫儿子："听闻召忽与管仲都有治国之智，腹有大才，胸有大志。你对他们要格外尊重，勤学多问，不要再说傻话。"

公子纠犟嘴说："我又不做君主，学那些干什么？"

鲁妃对公子纠斥责道："愚钝之言！生而为君之子，已过于常人，自当悉心治学，胸怀天下。做了准备，有机会才可当仁不让，不做准备，即便有机遇也会白白浪费！"

三位公子中，只有小白生母早亡，身份低微，虽也贵为公子，却无人关爱，朝中大臣无人亲近，也未得教诲劝诫。

到了拜师吉日，两辆墨车停在了尚东客栈门口来接管、鲍二人。最得意的是店主，不仅赚了钱，再一次给客栈添了名声，而且他为自己的识人眼光感到骄傲。他目送着管仲与召忽在人们羡慕的目光中坐上墨车，向君侯的宫里驶去，心里也激动不已。

可是，鲍叔牙没有上车。他抱病不出，无法接受拜师之礼。

在拜师礼现场，齐侯问身边的管仲道："鲍先生染疾，未能参加，实为憾事啊！"管仲也是吃了一惊，昨日与鲍叔牙交谈，也觉他有心事。今日以为鲍叔牙已乘车到达，哪里晓得鲍叔牙生病了。礼后，管仲匆匆赶回客栈，细细一问，才知鲍叔牙因对小白缺乏信心，认为怕只是一枚弃子，不愿意担任他的老师。因此，干脆心一横，这才称疾不出。

鲍叔牙也不避讳，对管仲说："先人有言曰，'知子莫若父，知臣莫若君'。齐侯将公子小白托付于我，而他又注定做不了国君，我观之也无大才，这不是明摆着轻视我吗？如果并未打算重用我，我还是知难而退吧。"

管仲闻言，心中稍有不悦，立马开口道："社稷宗庙这种事至关重要，兄不可推让，以求闲安。再者，若为齐侯教子这种事竟都成了难事，天下还有易事吗？更何况，国家大事犹未可知，正因公子小白地位低，兄更当激发他的上进之心，执教得当，若得相遇，成为一代明主也未可知。兄当全力辅佐，事在人为，不可遇事则退。"

鲍叔牙终于采纳管仲的意见，接受了齐侯的任命，出任公子小白的老师，辅佐教导小白。

本是三个好兄弟，现却分成了两个阵营。管仲又对鲍叔牙和召忽说："我们三个虽辅佐齐国两位公子，但我以为，若诸儿不济，继任齐国之君位者，无外乎二位公子。我们三个人约定，不论哪方能够得势我们都要相互引荐，辅佐新君，共图大业，使齐国走上富国强兵之路。"

管仲说着伸出双掌，鲍叔牙同样也伸出双掌，召忽亦伸出双掌，三人击掌盟誓，齐声说道："无论前路如何，我等必不忘情义，相互提携。"

周天子姬林二十一年（前 699 年），秋风还没把树上的叶子吹净，一场大雪就铺天盖地落下，天气变得格外寒冷。七十几岁的齐僖公裹在暖被里也感到脊背发寒。偏偏这个时候，郑厉公突不堪忍受宋国索取财货，与宋庄公发生了一场战争。郑与纪、鲁组成三国联军，与宋、齐、卫、燕四国联军交战，将他们打得大败。

齐侯禄甫败归后，心中抑郁，加之年岁已高，于周天子姬林二十二年（前 698 年）底病逝，谥僖公。长公子诸儿继位，是为齐襄公。

齐侯禄甫在临终前，把诸儿叫到身边交代了两件事：齐国与纪国乃世仇，继位之后，要尽力灭掉纪国，若不能报此仇，死后不得入宗庙；公子公孙无知是诸儿同辈，夷仲年之子，要友善待之，衣服车驾礼仪，一如从前之数，不得有所减少。

管仲好不容易靠上一个还算爱惜人才的君主齐僖公，可惜还不到一年，齐僖公就撒手人寰，而自己辅佐的公子也未能继承君位。管仲的仕途又被蒙上一层浓重的阴影。

第四章 洁吾行 教化人伦

第一节 人伦德行，立身之基

齐僖公葬礼后，召忽就催促管仲和鲍叔牙把家人接来临淄齐聚。僖公生前就给了管、鲍二人一笔安置钱财，管仲本是准备年底回去的，因僖公的丧事推迟了两个月。今召忽又催促，管、鲍二人便一起往颍上一趟。

又是两年过去了，颍上故土依旧。踏上故土，管仲的心反而变得沉重起来，走近家门时，见茅屋已经倾倒，冲进屋内，也寻不见母亲的身影，一种莫名的不安袭上心头。管仲向邻里打听，才知母亲已魂归黄土，管仲顿觉眼前一黑，如五雷轰顶，他发疯似地奔向母亲的坟头。古松之下，凸出一个不大的土包，这就是母亲的坟墓，孤零零的，四周杂草丛生，一片荒凉，而坟头却不见一草，只一棵小榕树顽强生长。管仲跪在母亲坟头，再三叩头，哽咽道："娘亲，不孝儿夷吾……回来了……"往事一幕幕涌上心头，哪里还能用言语道尽艰辛和酸楚，只能迎风泣吟："蓼蓼[①]者莪[②]，匪莪伊蒿。哀哀父母，生我劬劳[③]。蓼蓼者莪，匪莪伊蔚。哀哀父母，生我劳瘁……"管仲在母亲坟前诉说着心事，直到夜幕降临才离去。

这时，管仲想起了当日留在家中照顾母亲的缯氏，于是赶往鲍家去询问母亲过世前情况，想知道是否有遗训。见了缯氏，他一口气问出了自己想知道的所有问题。缯氏面色肃然，眼神凝重，未出一言，只拿出一片布帛和一把古瑟递与管仲。管仲打开布帛一看，是母亲写下的遗言："夷吾，我儿，勿要为娘亲伤神，自古忠孝难两全，夷吾走得越远，离娘亲就越近，娘亲的心永远陪伴你，无论你走到何处……"管仲尚未读完，早已泪如雨下。子欲养而亲不在的心痛淹没了他。

管母遗言末尾还附有两句："娘亲名榕，姬氏。保管好古瑟，照顾好缯氏。"这时他才想到母亲也是有学识有才艺之人，为了管家忙碌了一生，无机会可施展。

痛过哭过之后，管仲为母斋戒守孝七日，后遵母遗嘱，带上

---

① 蓼蓼，音 lù，长而大的样子。
② 莪，音 é，也叫抱娘莪，新茎常环抱旧根生长，似子依母。
③ 劬（qú）劳，辛苦劳累。

缯氏，与鲍叔牙一起赶回临淄。

管仲照旧教导公子纠读书学习。然而，自从长公子诸儿继位后，公子纠对读书更加失去了兴趣。一天，他对管仲说出了心声："老师，如今我非君侯已为事实，日后能否自保尚未可知，为何仍要治学？"

管仲听明白他的意思后，开导他："任何一个人，不论出身贵贱，都会遇到许多事情。该做或不该做，如何能做得更好，都需正确判断，治学能提高对世上的人、事、物之间的关系的认识，能拓宽生存环境。简言之，人生里做任何一件事，都需要有相应的技能和方法。譬如狩猎，你就必有射箭、骑马本领，需习'六艺'。若要养成仁爱、忠信的美德，就得读《周礼》，知晓'五伦'……类似的例子不胜枚举，可以说，世间万事，皆需学而致用。"

公子纠再问："那我到底该学什么，怎么学呢？"

管仲说："问得好。这就是老师要考虑的了。通常而言，不同的人，志向不同，学习内容的侧重点便有所不同。一般文人武士，须习'六艺'；君子王侯，须有满腹经纶，还须精通'三道'（天道、地道、人道）。"

公子纠问："老师，现今我当从何处学起？"

管仲说："须先从人伦礼仪开始。"他之所以这样说，是因为这些年看多了君侯荒淫无道，兄弟手足相残，亲邻钩心斗角，友邦尔虞我诈，在管仲看来，礼为立人之本。

公子纠再问："老师可否用最浅显之语概说一下呢？"

管仲讲道："在《尧典》中，已有'慎徽五典'的说法，五典讲的就是‘五伦’及准则。五伦指五种人伦关系，即父子、君臣、夫妇、兄弟、朋友五种关系，这是狭义的‘人伦’；忠、孝、悌、忍、善是‘五伦’关系的准则。也就是父子有亲，夫妇有别，长幼有序，君臣有义，朋友有信。要‘父义、母慈、兄友、弟恭、子孝’。从我们出生的那一天起，从婴儿到孩子，从孩子到成人，都离不开这五种关系，我们也由此定位自身，知道了谁是父母，谁是兄弟，谁是朋友，谁是夫妻，谁是子女，我们也就明白了自己是谁。这样的一种近疏亲敬的人伦及准则，仿佛不用别人教就晓得了。因为人们都有着一种共通的认知，这种相同性正是人伦规则的共性。人伦还包括人性善恶、义利关系、道德准则等。这不仅是君主、公侯、官吏要做到的，也是普通民众要做到的。这是维系一个人生存的根本，也是一个国家存在的基石。”

公子纠两眼望着管仲，再问：“人伦真的有老师讲的那么重要吗？”

管仲以为他还没明白，接着讲道：“是的。若人伦紊乱，则谓之乱伦。不讲人伦，人们就会丧失道德，善恶不分，见利忘义。国家凭靠礼、义、廉、耻取信于民众，得信于诸侯！一个人也是要知礼、义、廉、耻，才能在世上站得住脚……”

管仲还要讲下去，却见公子纠猛然起身，说道：“今淫乱之人尚可为君主，老师所授有欺言！”然后摔简而出。

管仲望着公子纠离去的背影，一脸愕然。过后反思，也不得其解，只得去找召忽询问。

召忽听了管仲所言，有些尴尬地说道：“公子纠说出这样的话来，并非你的教授不得法，而是其中另有隐情。”他略加思索，慢慢讲起了十多年前齐宫廷的一桩丑闻。

已故的齐僖公有三男二女五个子女，依次是长女宣姜，长子诸儿，次女文姜，再是公子纠、公子小白。

长女宣姜天生丽质，是天姿国色。少女初长成便议嫁卫国太子伋。但很不幸，迎娶之时，太子伋好色的君父卫宣公姬晋见宣姜是个美人，便借口让太子伋出使郑国，他自己则筑新台迎娶了宣姜为三夫人，宣姜难违君命。未久，宣姜生下了公子寿、公子朔两个儿子。宣姜一直厌恶老态龙钟的宣公，想和太子伋重结旧缘，被伋拒绝。宣姜由爱生恨，便想帮自己的长子寿争夺伋的太子之位，她与次子公子朔共谋向宣公进太子伋的谗言。

宣公宠溺宣姜，早忘了伋的生母夷姜，决定废黜太子伋，立公子寿为太子。但太子伋处事一向谨小慎微，宣公没有借口，于是让太子伋出使齐国，派人在伋去齐国的必经之路莘地设伏杀他。然而，公子寿是个忠厚之人，与太子伋交好，见同胞兄弟公子朔阴险虚伪，私底下召集了好些武士，还想谋害太子，心里很厌恶他。于是，公子寿向太子伋告密，劝他逃出国去。但太子伋拒绝说：“父要子死，我怎么能不依从呢。”

公子寿心里为太子伋着急担心，便心生一计，在太子伋出使齐的那天，要在船上设宴饮酒，为他饯行。太子伋见公子寿如此心诚意切，不好拒绝。公子寿带了酒食上船，他端起酒爵还没说话，眼泪就簌簌掉进酒爵里。太子伋见了，连忙接过酒爵，一口喝下去。公子寿说：“哎呀，兄长，这爵酒已脏污，怎可再饮？”

太子伋说："哪里脏了？这是最干净最宝贵的酒，此乃兄弟的情义！"公子寿不停地抹着眼泪，说道："兄长此去凶多吉少，还请与弟多饮长谈。"

两个人一边流着眼泪，一边喝着酒。公子寿诚心要灌醉太子伋，不一会儿伋就醉了，倒在船里沉沉睡去。过了大半天，太子伋醒过来，见公子寿不在，四下一看，见到公子寿留下的一帛条，上头写着："愚弟愿替兄长赴死，兄长速走！"

太子伋急忙上岸追赶，可惜已经来不及。公子寿持使节白旄到了卫国边境莘地，扮成盗贼的官军以为他就是太子伋，于是一拥而上杀了他。太子伋赶到后，只看到公子寿的尸体。官军也发现杀错了人，竟将太子砍杀，这下回去如何交代？个个吓得魂不附体。太子伋悲痛至极，泣不成声，决意随公子寿而去。于是，他对官军说："是我得罪了君父。如今太子却为我枉死，你们把我杀了，还能将功折罪。"官军闻言，又杀了太子伋。

卫宣公闻报两个儿子都被杀了，顿时脸色发青，手脚冰凉，老泪纵横，追悔莫及，话都说不出来。他想起公子寿的厚道，太子伋的孝心，与二夫人夷姜的恩爱，心里好似被刀扎一般。两个儿子都死了，宣公只好立公子朔为太子。次年，宣公薨逝，太子朔即位，是为卫惠公。卫惠公朔即位后，地位非常不稳固。太子伋和公子寿各有党羽，他们时刻想为两位公子报仇，几方争来斗去，几年未休。

管仲之前游历卫国时，就曾听说过卫宣公抢子妻的荒淫之事，没想到这故事还有后半段兄弟情深、共赴死难的感人情节。管仲听到这儿似乎明白了，问召忽说："这就是公子纠说的'淫乱之人尚可为君主'吗？"

召忽意味深长地轻轻摇头，说道："宣姜是公子纠的长姐，他或多或少听说过这些荒唐事，由此对他产生影响是肯定的，但这只是其一。还有一件更荒唐的事，可能是他对人伦之教产生抵触的直接原因。"召忽讲完姐姐宣姜，接着又讲起了妹妹文姜的一段往事。

文姜像姐姐一样，生得粉面桃花，眼波流媚，且又好诗弄赋，更兼博古通今，堪为绝代佳人。她从小与哥哥诸儿关系要好。诸儿体态修长，唇红齿白，也是一个美人胚子，越长大越讨女孩子喜欢。但诸儿谁也瞧不上眼，只与文姜要好。

文姜到了豆蔻年华，情窦初开之时，常听父亲夸赞郑国的公子忽怎样志向远大、英武超群，心中也有了少女的仰慕之意。而文姜也是样貌、家世、才华样样绝世。二人成婚，可谓天下良配。就在公子忽帮助齐国打败北戎，得胜而归时，齐僖公满怀感激之情，主动提出把次女文姜嫁给公子忽。文姜原以为这门亲事是板上钉钉的事，岂知，公子忽却十分不屑地说："人各有耦，齐大，非吾耦。"他认为自己势微位卑，不敢高攀大国公主，态度坚决地退了婚。高傲的公主文姜被姬忽拒婚后大受打击，精神恍惚，终日半坐半眠于宫中，寝食俱废，恹恹成病。

这下，把哥哥诸儿急坏了。他时常入文姜闺中探病，久久不忍离开。他们彼此皆暗生情愫，暧昧至极。齐僖公察觉到了此事，责令诸儿不许再到妹妹闺房来，并迅速采取措施，让诸儿迎娶齐国上大夫连称之妹为妃，还从莒国挑了几个媵妾。同时，僖公准备把文姜嫁给鲁侯（桓公）姬允。鲁桓公早闻文姜美貌，一口答应。随即派公子翚[1]来齐迎娶文姜。

眼看自己心爱的妹妹就要远嫁他国，诸儿万分不舍，却又无法与文姜见面，怎不心急如焚？于是，他写诗一首让侍女送给文姜："桃有华，灿灿其室。当户不折，飘而为苴。吁嗟兮复吁嗟！"

次日，文姜回诗一首："桃有英，烨烨其华。今兹不折，讵无来春？叮咛兮复叮咛！"

知道妹妹的心意后，诸儿不顾一切，潜入她的闺房。二人做下了乱伦之事。

兄妹二人鹊桥暗渡，以为很隐秘，岂料诸儿匆匆出妹妹房间时，竟被上卿竖曼发现了，他将此事告诉了公子纠母亲鲁妃。鲁妃很有心机，立刻派了个年长的侍女借故入文姜房间查看。

此事得到证实后，鲁妃仍未声张，而是将此事作为诸儿的把柄在掌心紧紧攥着，伺时而动。

竖曼见鲁妃没有反应，于是又向齐僖公告发此事。齐僖公知道兄妹一向关系暧昧，却没料到他们越过了人伦底线，顿时怒火冲天，让文姜马上就出嫁，并令她不得再回故土，以彻底斩断这兄妹俩的不伦私情。

文姜出嫁后，鲁妃找到一个机会向齐僖公诉说诸儿之事，说此事若传出去，将为天下人耻笑，要求废掉太子诸儿，改立公子

---

① 音 huī。

纠为太子。

齐僖公叹道：“废长立幼会引起朝中动荡、手足相残，况且废太子要申明理由，可这毕竟是不伦之事，不可外扬。”

鲁妃见齐僖公叹气，逼上一步，说道：“周以德治天下，淫乱之人怎么能做国君呢？”

齐僖公两眼盯着鲁妃，问道：“那去问问朝中大臣，看有几人愿意更换太子。”

鲁妃朝中无人，心里没了底气，便不再多言。

未久，文姜便为鲁侯诞下一子，出生日与鲁桓公生日相同，便取名子同。一年多后，生了第二个男孩季友。此后，文姜被鲁桓公宠如至宝，夕夕相随，夜夜相伴。

管仲听召忽讲完，一阵唏嘘。良久，叹了一口气，说道：“僖公延请老师给公子们开课，是指望身后公子们不至于重演别国为争夺王位而大开杀戒的悲剧。我等教化人伦，导正礼仪，可不是一件容易做到的事情啊。”

召忽说：“虽诸儿已继大位，但他们三兄弟最终谁能成为明主，成就一番霸业，还未可知。”

如召忽所言，齐国将来还有一番风雨！

第二节　兄妹复燃旧情

周庄王姬佗二年（前695年），卫国的左、右公子以卫惠公朔诽谤、杀害太子伋为由起兵作乱，推翻了卫惠公朔，拥立太子伋同母之弟公子黔牟为国君，史称卫君黔牟。已故太子伋这一派得势，他们认为祸端都是宣姜造成的，便要将宣姜一派斩草除根，卫惠公朔逃亡到齐国向齐求救。为了保住宣姜性命，齐侯诸儿（襄公）想出一个“妙招”：让已故太子伋的同母之弟公子硕（昭伯），迎娶姨娘宣姜，既可维持两国和睦，又能保住自己的姐姐宣姜。可见，他脑子里根本没有亲情伦理这根弦。

此事处理完后，齐襄公诸儿还有一件更重要的事情要做——请周天子（庄王）姬佗赐婚，后周庄王答允将自己的妹妹王姬嫁给他。于是齐襄公按周礼，请自己的妹夫、与周天子同姓的鲁桓公姬允做证婚人，来齐商议迎娶王姬的相关事宜。

此时已嫁给鲁桓公十多年的文姜，听说哥哥要与丈夫在泺邑会面，便要求和丈夫同去。鲁国大臣曾有耳闻，夫人未曾出嫁时就与自己的哥哥诸儿有私情，因此，大夫申繻等人纷纷反对文姜同行。文姜指着这些大臣问鲁桓公：“你等臣子妄断鲁侯心意，又构陷于我，是何居心？”那些大臣立马噤声。

这时，老臣施伯劝道：“夫人同行总归不妥。女有夫家，男有妻室，双方不相混乱，这是一种礼，若执意前去恐不合此礼。”

文姜哪里肯依，辩道：“何礼之有？周王姬嫁到齐国是做齐侯夫人，是为我嫂，我作为鲁侯夫人陪夫君去，有什么不可？”这次更无一大臣敢多言，鲁桓公只得让文姜同行。

在临淄，这天召忽正在教公子纠练刀剑，听说文姜要与鲁桓公来齐国，隐隐感到事情有些不妙，对管仲说：“鲁侯夫人此番前来必起事端。”

管仲知道召忽担心什么，说道：“召忽兄所言非虚，但齐侯见文姜心切，我等位卑言轻，无可作为，召忽兄勿要在朝上多言，以求自保。其余事情顺从天意吧。但愿不会掀起大风浪。”

过了没几天，鲁桓公夫妇就驱车前往泺邑，前有仪仗开路，后有甲兵守护，浩浩荡荡，很有威仪。

齐襄公按约应等在泺邑，但他思念妹妹，心情迫切，出城到七十里外的泺水边迎接鲁桓公夫妇。

时值桃花盛开时节，大地回春，暖风拂面，泺水盈盈，两岸柳芽初绽，一抹浓荫。桃花水时观鱼是胜景，鲁国车队逐水而行，鲁桓公和夫人文姜尽情享受春天的快意。三十出头的文姜秀眉粉面，雍容华贵，双目中饱含着一汪春水，容光焕发，美艳动人。而五十多岁的鲁桓公已显苍老，但望着少女般充满活力的夫人，他十分高兴。

行走间，文姜不时打开车帘向东眺望，仿佛已经望见了魂牵梦绕的齐都临淄，她喃喃自语，每望一眼都要掉下几滴眼泪。

车队继续前行，待文姜再次挑帘东望时，齐国仪仗已出现在眼前。她正惊讶之时，只见最前面一人霍然跳下车来，不顾礼仪就冲过来，欢喜之情溢于言表。这人正是文姜思念已久的哥哥齐襄公诸儿。

十步开外，齐襄公便大步跨向前去，文姜也赶紧跳下车来，两人恨不得紧紧拥抱一起，却碍于众人注视，强忍下来。鲁桓公下车站定，齐襄公瞥他一眼，只轻轻作揖，目光便落到文姜身上。

文姜一身暗紫色深衣，身姿窈窕挺拔，面如桃花，衣袂临风飘飘，仿若泺水之神，美貌依旧，脸上没有岁月留痕。齐侯诸儿只轻唤一声“妹妹”，两个字中却蕴含了无限话语。

文姜也把哥哥打量一番，只觉他比当年少了几分稚嫩，又多了几分威严。哥哥俊朗依旧，身材更为健硕，举止更为沉稳。尽管满脸堆笑，目光却显冷峻，隐隐透出凌厉之气。

文姜已是满脸飞霞，如少女般忸怩。

鲁桓公见这兄妹沉浸在重逢的喜悦之中，轻咳一声，说道：“齐侯，难得你们兄妹情深，有的是时间叙旧。王姬之婚事，事关国体，还是早早定下为好。”

齐侯诸儿回过神来说道：“烦劳鲁侯不辞劳苦奔波至此，感激不尽。齐鲁两国，都是大国，既是盟友，又是姻亲，以后当同心协力，互相帮衬。”鲁桓公点头称是。夫妇俩回身上车，随齐侯一路东行。

到了临淄，齐侯将鲁桓公引入宫中，商议王姬婚事。定下婚期，安排完其他事宜，齐侯准备设酒宴，为鲁桓公夫妇接风洗尘。文姜说：“已经十几年未回齐国，如今难得回来一次，不如我先去和宫中旧人叙叙旧。”

鲁桓公不甚在意，齐侯却能会意，立刻决定在宫外设宴。他选中的地方正是临淄最好的尚东客栈。席上，众人纷纷向主婚人鲁桓公敬酒，鲁桓公不亦乐乎。觥筹交错之间，天色已暗。鲁桓公喝得酩酊大醉，被送回驿馆歇息，一沾卧榻便不省人事，沉沉睡去。

齐侯把妹夫送走后，便一溜烟地返回宫中。他悄悄来到当年文姜未嫁时所住的闺阁，另设私宴，与文姜叙情。他下令将此地戒严，未得传召，任何人不得打扰。文姜这夜并未回鲁王住处。

这个时候，鲁桓公已经酒醒，忽然听到外面的更漏声，心中暗想，此时宫中聚会想必已经结束了吧！可是为什么他总是心绪不宁呢？就这样，鲁桓公辗转反侧，心中越发惦记文姜，也后悔没听大夫申繻的建议。就这样过去了一晚上，第二天他一早起来，梳洗完毕，便坐等文姜回来。可是他等来等去，直到日上三竿，也不见文姜的身影，心中越发慌乱，自然就起了疑心。

鲁桓公差女官到宫中打探，女官回驿馆汇报说："兄妹二人昨晚在一起饮酒，并未与宫中嫔妃相聚，因太晚，故留宿宫中。"

鲁桓公问："齐侯有几个妃子？"

女官答："齐侯只有个侧室连妃，乃上大夫连称之妹，听说连妃一向失宠，几月也不与齐侯见一面，更别说与素不相识的夫人了。"

鲁桓公不再问，朝她挥了挥手，女官应诺而退。

女官一走，鲁桓公的怒火再也压制不住了。他料定之前传闻为实，文姜与齐侯必是旧情复燃，当即就要冲进齐宫去。这时，忽听门外传报："夫人从宫中回来了。"

见文姜进来，鲁桓公怒气更盛，问："你这次入宫见到谁了？"

文姜淡淡道："无非是连妃她们罢了。"

鲁桓公气呼呼地问："昨夜为何不归？"

文姜说："跟宫中旧人们多喝了些，醉了，不便回。"

鲁桓公问："酒中滋味如何？"

文姜答："齐国陈酿，思乡之味，不觉多饮了几爵。"

鲁桓公问："你兄长是否同饮？"

文姜答："席间饮酒至半，齐侯过来劝酒一爵，就离去了。"

文姜知道丈夫已起了疑心，强辩下去毫无意义，毕竟自己做贼心虚，但必须一口咬定。她立马就很委屈似地哭泣起来。鲁桓公也不劝慰她，只直直地盯住她，压住怒气沉声道："这里是别人的地盘，不好责罚于你。待回去后，再好好与你算账！"

夫妻俩各怀心事。鲁桓公此时想的是如若把文姜逼急了，她向齐侯进言，而齐比鲁强大，在这个跋扈的齐侯面前，他也不敢造次。唯一可行的法子，就是早些离开此地。于是他遣人向齐侯告别，请辞归国。

就在他们夫妇打口水仗的时候，有一个人却在暗处倾耳偷听他们的对话，这人正是齐侯派来的心腹密探。

齐侯诸儿听了心腹的回报，暗自叫苦。担心此次私会会给妹妹带来大麻烦。鲁侯为一国之君，面对如此难堪之事，岂会善罢甘休。即使他不当众指责，将此事压下，不与齐国为敌，但日后自己和文姜肯定不得相见了。怎么办？齐襄公思索着，想着想着暗笑起来，与其自己苦思冥想，不如去请鲁桓公饮酒，套出他的心里话，看他如何想，又想如何做。

第二天一早，鲁桓公吩咐随行人员打点行装，准备回国。这时，齐侯带了几人匆匆驱车赶来。鲁桓公心里一惊：这无耻的家伙是来辩解的，还是来为他妹妹送行的？

齐侯一下车，便拱手行礼，然后微笑着说道：“鲁侯为我的婚事辛苦奔劳，还没歇歇脚怎么就要回去呢？旁人听了，还以为是我招待不周，得罪了鲁侯，这叫我情何以堪啊？”他神态自若，只字未提昨夜之事。

鲁桓公大脑里又产生了疑问：难道是自己想多了？但夫人为何要谎话连篇……他没时间多想，也拱手回礼，冷冷道：“齐侯美意心领，但我去意已决。”

齐侯说：“我是觉得鲁侯不必走得如此匆忙。无论作为友邦，还是作为姻亲，你我都应多多交心，以增进友情。”

鲁桓公说：“国中事繁，只怕没有时间多作逗留。”他的语气明显缓和了许多。

齐侯笑道：“天下君侯皆有繁忙国事，既然鲁侯已到齐，莫要牵挂过多。”他想了想，接着说，“城东有座牛首山，此时节风光正好，我们不妨简装而行，去山下野炊痛饮，一醉方休，如何？”

鲁桓公沉默片刻，答应了，并不是觉得盛情难却，而是他与齐侯的想法是一样的，也想一窥对方心思。

于是，齐侯安排公子彭生、大夫连称、管至父以及庶兄公孙无知等人随行，陪鲁桓公到牛首山下野炊。说是野炊，实际上齐侯在这里有别馆，别馆很快就送来佳肴美酒。众人席地而坐，齐侯命众人可以不拘礼节地尽情吃喝。而对齐侯和鲁桓公而言，这是以酒为武器的一场心理战。

酒过三巡，鲁桓公依然头脑清醒，只言饮酒，口风很紧。倒是为他驾车的御者榛子和两个武士侍从在一边已喝得东倒西歪。

见鲁桓公很谨慎，齐侯又叫来别馆的一班歌姬，鼓瑟吹笙轻歌曼舞，以助酒兴。不一会儿，鲁桓公醉意朦胧，也哼起了歌来。这时连称、管至父、公孙无知又向鲁桓公敬了一轮酒。鲁桓公一肚子的气正没有地方出，又是一个贪杯之人，就来者不拒全喝了。这几爵酒下肚，烧得他肠子有些麻木，胆也壮了些。他大声指责齐侯，骂道："你齐国美女如云，你怎么会做出与亲妹妹私通的事！待此行回去我就将她关禁起来，令你兄妹二人此生不复相见……天子竟将妹妹嫁与你这等畜生，实在荒谬！"

齐侯听后脸上顿时青一阵白一阵，恨不得立马堵住他的嘴，忙叫公子彭生扶着他上车，送他回公馆，并极富深意地冲彭生使眼色说："鲁侯醉得厉害，路上小心伺候！"

彭生听说鲁桓公是来替父亲证婚的本就郁闷，因为周天子家的女子下嫁齐国，那自然就是正室王后，她生的儿子就是太子。那他彭生就不会再受重视。想到这里，他心中对鲁侯这个证婚人生出莫名的仇恨来。这时候齐侯却要他单独护送鲁桓公，又说了意味深长的话，显然另有所谋。

彭生孔武有力，轻松将鲁桓公抱上车，半醉半醒的御者榛子听到起驾的命令后，猛地一扬鞭，马车便颠簸着向山下驶去。快要上平路的时候，彭生左手搂定鲁桓公肩头，右手卡住其脖子用力一扭，鲁桓公当场气绝。为了造成假象，他又把鲁桓公的肋骨尽数撞断，然后，高声喊道："哎呀，不好了！鲁桓公中了酒疯了！"顺势将鲁桓公扔下车去。

榛子听到喊声，酒也全醒了，立马刹住车，下去查看。发现鲁桓公全无半点气息，顿觉五雷轰顶，跪在鲁桓公尸首旁，连声嚷道："不是我的错，主公不是我害死的！莫要怪我……"彭生下了车，目光冷峻，冷冷说道："鲁侯醉酒，不小心摔下车丢了性命，当速速禀报鲁侯夫人！"

榛子赶紧把车赶回驿站，报告文姜。文姜听闻噩耗，一下子瘫软在了地上，心里说："诸儿，你怎么能杀了我夫君啊！他是鲁国之君啊，这怎么向鲁国交代，我又怎么能活啊！"但她明白这些话不能喊出来，又号啕大哭，泪如泉涌，直言要死在齐国。

听闻鲁桓公已死，齐侯心中得意不已，脸上却装出一副悲痛欲绝的样子，他号哭道："天丧鲁侯，呜呼哀哉！"又命人将鲁桓公厚殓入棺，并派使跟榛子一起赶往鲁国报丧。

出了这么大的事，要说齐侯诸儿一点不担心害怕，那是不可能的。原本只是想请鲁桓公来议迎亲主婚之事，不曾想弄到不可收拾的地步。他虽有所顾忌，却并未对自己做的蠢事感到后悔，只想让这件事尽快过去。他立刻将一干近臣召入宫来，商讨对策。

上卿竖曼说："从现场情形看，鲁国人肯定不会认可鲁侯是醉酒摔死的，那与鲁侯同行的公子彭生当负重责。"

彭生赶紧对竖曼说："君父授意，生才敢下手，应是君父之责。"

上卿竖曼只觉得很可笑："一派胡言，齐侯何时给你授意？"

彭生说："上卿该知道，主公吩咐我单独送鲁桓公，对我有过暗示，便是示意我除掉鲁侯！"堂上一时争论不休。

上卿竖曼说："齐侯怎会不利于鲁侯，若他日鲁因此事请周天子下令伐齐，我等无力应接，唯有把彭生的罪行用文字写清楚，正式函告鲁国，才可泄鲁人之愤，解齐之危机。”

再说鲁国这边，榛子回鲁国后哭禀：“是齐侯杀了国君！”

得知国君命丧齐国，鲁国一朝震惊不已。国中无君，群龙无首，早已被立为太子的公子姬同，义不容辞地主持大局。公子同立即召集申缧、颛孙生、公子溺、公子偃、施伯等文武重臣，及庶兄公子庆父、庶公子牙、嫡公子季友等入朝商议。

公子同先将目光投向几朝元老申缧，问：“事至如今，申大夫以为该如何处置？”

申缧略一思索，回道：“凡国事，皆有轻重缓急之别。先君死于非命，自然体大。老臣以为太子当先迎回先君灵柩，待治丧之后，太子即可行继位之礼，承鲁国大业。其余的事，将由新君裁决。”

公子庆父说：“姜诸儿乱伦无礼，祸及父君，我愿率戎车三百乘，伐齐讨罪。不报杀父之仇，何谈迎立新君之事？”他主张先复仇，再继君位。

他俩一发言，朝堂上便分成两派，展开了一场激烈争辩。鲁桓公的亲信们建议，应立刻上书周廷，组织诸侯联军，讨伐齐国，惩治齐侯！但是，那些老臣认为，这件事是由太子同的母亲文姜与舅舅的私情所致，而且此等丑事不宜公诸天下，对此事的处理将决定齐、鲁两国的将来，这可不是一战就可解决的。

然而，在这样特殊的时刻，作为儿子和外甥的姬同不好主动表态。争论开始后，姬同一声不吭，难以决断。

公子庆父见监国太子不表态，气愤不已，嚷道："这个姜诸儿哪有资格做太子舅父？胆大妄为，敢杀鲁国国君，我等誓杀此贼以报国仇！"

太子姬同见大家争论不出结果来，于是，义正词严地说："我与齐侯是娘舅与外甥的关系。前日齐国来使，声明是公子彭生杀了我的君父，我亦知这是想让彭生顶罪，但事已至此，若执意奏请周廷主持此事，此天大丑闻也将为世人皆知，此等耻辱，将传于后世，于鲁而言，不亚于灭国。如今之计，当依申大夫所言，先为父治丧，再做打算。"

年纪轻轻的姬同以过人的智慧，一语惊堂，压下乱糟糟的朝堂混乱。最终，鲁国众臣议定，先迎回鲁桓公灵柩，然后再找齐国算账。

第三节　以讨伐转移视线

在鲁国，文姜的丑事已传开了，但她作为太子母后，依然能影响鲁国朝政。鲁桓公灵柩运回鲁国后，她的长子姬同登基，是为鲁庄公。紧接着，姬同开始操办鲁桓公的葬礼。依礼制，文姜是一定要到场的。朝中又是一番唇枪舌剑，还是姬同一锤定音："应当让她来，她是我的生母！"众臣便不再多言。

鲁庄公姬同明知自己的父亲是因母亲和舅舅的私情而死，可他也拿母亲没办法。顾及伦理孝道，也考虑到鲁国的面子，还得派人去接母亲文姜回国。文姜羞于回鲁国，在车子走到齐、鲁交界的禚邑时，感叹道："这里既不尽属鲁国，也不尽属齐国，正如此时的我，我该在此安身啊！"随从劝她道："夫人放心，新君仁孝，定会同意。"

是年五月，迫于压力的文姜悄悄移居禚邑。文姜刚住下，鲁庄公便来信劝归，文姜回复鲁庄公："我因爱闲适，不愿意回宫。如果非要我回宫不可，除非我死之后。"鲁庄公无奈，只好在祝邱为母亲建馆舍。从此以后，文姜就来往于禚邑和祝邱之间。

刚办完父亲葬礼，鲁庄公便派人来齐国讨说法，要求处置杀害鲁桓公的凶手彭生。齐侯知道自己理亏，就要以"伺候不周"的罪名处死公子彭生，以换齐国太平。

彭生没想到荒淫的齐侯还真要杀他，哪里能甘心，拼命喊冤。

齐侯根本不在乎彭生的死活，下令将他处死，甚至扬扬得意地对管仲说："齐鲁两国现已相安无事了。"

管仲说："种什么种子发什么芽。既已种下仇恨的种子，仇恨之芽迟早必生。"

这年夏天，周庄王姬佗派单国君主单伯护送妹妹（王姬）去鲁国。虽然鲁桓公出了意外，但这桩大事还得鲁国来完成。单伯到了鲁国都城，让王姬暂留于城外，自己先入城将周天子的圣旨递到鲁庄公手里。鲁庄公左右为难，既不愿意得罪周庄王，也不想去讨好齐侯，怎么办？众臣议论一番，决定在国都外建馆，让王姬暂居于此。

齐侯诸儿可没忘记这事，迎娶之日将近，主婚人被他害死了，他想在朝堂上商议应该如何应对。管仲已晋升为下大夫，有了上朝议事的资格，但他不齿于议这件事，一切事端皆由齐侯乱伦理而起，那就让齐侯自己处理，他便以要为公子授课为由提前离去。

齐侯性子急，见堂上没几人，便先问上卿竖曼：“单伯把王姬送到了鲁国，鲁国却没把她送到齐国来，这是为什么？”

竖曼不敢得罪齐侯，只好说：“臣愚钝，这事您可问管大夫。”

这天下午，齐侯亲自登管仲家门。

管仲正在接待一个特殊的客人，这个人就是郑国祭仲派来的秘密使者。齐侯说明自己的来意后，问：“我该不该发兵讨伐鲁国？”

管仲屏退郑使对齐侯说：“听闻主公正准备召集诸侯于首止会盟，借机向鲁国施压。微臣以为会盟可行，但不能将矛头指向鲁国。若邀众对付鲁国，不仅要有正义之由，还要能给盟友带来利益，若贸然兴兵，齐、鲁产生矛盾的真相就会大白于天下，不仅得不到盟友支持，反而会让盟友指责。在下刚与郑使交谈，恰可为齐侯献上一策。郑国高渠弥刺杀国君姬忽，迎立新主姬亹。若我们以为姬忽报仇为名，声讨郑国，则可暂时转移视线，此风头可避。”齐侯欣然同意。于是，他遣使者前去邀请郑国国君姬亹到首止会盟。

姬亹见到齐国来使特别高兴，结盟大国可以稳固自己的地位。于是将此事告于众臣。祭仲劝他不要去，说齐侯诡诈，恐有危险。姬亹不以为然，在朝堂上问众臣谁愿意随自己前去。祭仲说自己身体有恙，不能随同前往齐国。其他人皆不吭声，姬亹便点名要上卿高渠弥一同前去。

祭仲私下对高渠弥说："齐侯诸儿强悍残忍，凭借自己国大兵强，经常欺负小国。先君姬忽帮助过齐国，后被足下刺杀，齐本应为他报仇，如今却屈尊结盟于郑，一定有不可告人的阴谋。"

高渠弥说："齐侯虽霸道，但我不信他会当着那些诸侯的面胡作非为。一味示弱，我郑国颜面何存？"

到了会盟日期，齐侯派上大夫管至父率领精锐士兵一百人，扮作随从伺候左右，齐将石之纷如紧随。

会盟之日，高渠弥头前带路，姬亹随后登上盟坛，齐侯已在坛上等候，高渠弥退到旁边，姬亹向齐侯行见面礼，两位侍臣手捧托盘，盘内各放着一只盛满血的玉盂，二位侍臣分别跪在两位君主旁边，请两位君主喝下盂中鲜血。

这时，齐侯忽然一把抓住姬亹的手大声问道："先君昭公，因何而死？"

姬亹脸色大变，没想到齐侯会问这个问题，一时惊颤不能回答。

一旁的高渠弥说道："先君因病而亡。"

齐侯说："果真如此？我怎闻听他是外出途中遇贼被杀。"

高渠弥又说道："本来染了风寒，又受贼人惊吓，所以暴亡。"

齐侯问："君主出行必有警备，贼人从何而来？如何能得手？"

高渠弥狡辩道："诸公子为争夺世子的位置，互不相容，预谋已久，每人都有自己的私党，趁机作乱，事发突然，谁能防备呢？"

齐侯又问："那贼人是谁？"

高渠弥推说："正全力追查，尚未抓到。"

齐侯顿时大怒："可贼人就在眼前，你接受国家俸禄，因为个人恩怨杀死君主，在寡人面前，还敢抵赖！今天我要为昭公报仇！"说着一挥手令左右动手。

高渠弥不敢再作分辩，齐将石之纷如带人一拥而上，把高渠弥捆绑结实。

姬亹见状，双腿一软，跪倒在地上，连磕响头，哀求道："此事全是高渠弥所为。求齐侯饶我一命！"

齐侯阴森森地说："既然知道是高渠弥所为，为何不抓捕他？你且去阴曹地府向你哥哥申冤去吧！"说完，管至父带人将姬亹乱刀砍死。

然后，齐侯转向高渠弥说："你的君主已经还债了，你的血债也该还了！"

高渠弥绝望地说："我已知罪，只求速死。"

齐侯冷笑一声道："哼！你这等奸人速死不得。"他令人在高渠弥身上捆个木牌，上书"大逆不道弑君者——高渠弥"，然后施以车裂之刑。

齐侯办完这件事后，又在盟会上提出护送姬突回新郑就任郑国国君，可诸侯响应者寥寥。他自觉无趣，不等盟会结束，便跑到禚邑去与文姜幽会了。

之后，祭仲从陈国迎回在那里避难的郑公子姬婴，让他坐上了郑国那把不祥的国君宝座。

第四节 出谋伐纪，复九世之仇

首止会盟原本是一招好棋，既可惩治高渠弥等害死姬忽的凶手，声讨郑君姬亹，结交盟友，震慑鲁国，迎回王姬，又可使齐侯从人们的一片骂声中解脱出来。

可是，齐侯把好棋毁了，他不仅以极刑车裂高渠弥，还公开杀掉了郑君姬亹，这下确实把参加会盟的诸侯震慑了，反而强化了他恃强凌弱、淫乱残暴的昏君形象。

齐侯自鸣得意，结盟结束后，他立刻赶去禚邑与文姜相会。但文姜对齐侯由爱生恨，闭门不见，这让他心里很难受，垂头丧气地返回了临淄。心爱的妹妹不理睬他，王姬也没法迎娶回来，这让他有一股无名之火无处发泄。可偏偏这个时候，他的一个暗探报告说："城里有不少人在散布流言，甚至还编成了歌谣，讽刺主公和文姜夫人。"齐侯听到有人散布流言心里已是火冒三丈，又听到"文姜"二字，更是怒不可遏。他立刻让人传管仲进宫。

此时管仲正在给公子纠讲君臣之道，讲如何做到"君使臣以礼，臣事君以忠"。管仲听说齐侯传他入宫，心中已料到所为何事，一边走，一边想着应对之策。

果然，管仲走进大堂还未来得及行礼，齐侯就劈头盖脸地问道："管大夫不是说会盟有很多好处吗？我怎么好处一个没见到，反而流言越传越凶了呢？你有何办法制止？"

管仲愣了一下，心想，你丑事恶事做绝，怎么会没有流言？

但嘴上还是谨慎回道："主公，想断民间非议实难。臣有一个法子，或许可使流言终止。"

齐侯连忙说道："快讲。"

管仲说："先君僖公病终之际，留下遗言，'能灭纪者，方为孝子；未能报仇者，勿入吾庙！'如今齐国兵精粮足，国力鼎盛，伐纪，于齐国而言，是顺天应人之举。若胜，则是复了九世之仇，何人不称颂主公之旷世功勋？流言蜚语自会消弭。"他想了想，补充道，"纪又是鲁国的附庸国，伐纪自然也是给鲁侯一个警醒。"

齐侯高兴说道："此计甚妙，就依此谋而行。"

公子纠、公子小白听说齐侯要出兵伐纪，纷纷主动要求参战。学生都参战了，管仲、鲍叔牙自然也跟着参战。召忽虽然刀剑功夫好，但因他在司空府兼有差事，没有参战。

至于齐、纪两国世仇，因二百多年前，纪国纪炀侯曾经在周夷王姬燮面前进谗言，导致齐哀公被周夷王烹杀，从此之后，报仇雪恨成了历代齐国国君的夙愿，此等仇恨已为国耻，百姓也是积极支持的。因此，几万大军很快就集结起来。出征前，齐侯以齐僖公遗训鼓舞三军，齐国上下同仇敌忾，斗志昂扬。

周庄王四年（前 693 年）春，齐侯率大军浩浩荡荡向纪国进发，数日后，在郚水西岸扎营。郚水之东不远，是纪国的郚邑，顺郚水往西南，有部邑、郱邑，三座小城一字排开，共同拱卫国都纪城；三邑若失，则纪城可长驱直入，纪国必亡。

扎营后，齐侯马上带着连称、管至父勘察地形，做出兵力部署，将大军一分为三，同时攻打三邑。

这时候，纪侯听说齐军来攻，甚为恐慌，但当着众臣的面仍表现出誓死一战的决心。他拔佩剑横于膝，自摘冠冕，说：“若失三邑，纪国必亡；纪国若亡，寡人则以此剑自裁！”

因纪军士气高昂，三邑城防严密，齐军攻打十五日之久，仍围攻不下一邑。齐侯忧心如焚，而众将士皆束手无策。

公子纠、管仲负责押运粮草，公子小白、鲍叔牙则负责巡逻和联络。管仲向他们询问前线情况，公子小白说：“国君将六百兵车，平分为左中右三路，左路打郱邑，右路围郚邑，中军攻鄑邑。经十数日激战，未攻下一邑，伤亡却不断增多。”

管仲一听，便觉得齐侯太过急功近利，兵力分散，对任何一邑都无法形成绝对优势。敌军凭险而守，当然会对不占地理优势的进攻方造成大量伤亡。管仲想与公子纠一起到阵前查看一番。于是，他带着公子纠，驾了辆运粮的役车直奔前线。

二人查看了最近的鄑邑，这一去就是三天两夜。第三天返回时，正是深夜，月沉星稀，夜色幽深，两人跌跌撞撞摸索前行。“什么人？站住！”突然不远处传来一声暴喝。管仲被吓了一跳，正想辨明对方是什么人，公子纠喊道：“老师快跑！”管仲回头一看，公子纠已经向前跑去，管仲只得紧追上去。跑出百来步，公子纠被一块石头绊倒，他又是一声尖叫，随即倒地。管仲跑过去将公子纠拉起来，随后发现他跑错了方向。

他们正要转身往回跑，不料，一阵箭雨迎面而来。管仲急忙一把将公子纠推开，他再想躲避这密集的箭矢已经来不及了，一支箭直入他的左后肩。公子纠方寸大乱，扯起嗓子喊：“救命，救命啊！”管仲忍着剧痛，伸手捂住他的嘴，低声喝道：“别乱叫！先帮我把肩上的箭拔出来。”公子纠侧身一瞧，见一箭没入老师后肩，吓得他浑身颤抖，不敢伸手碰那箭。管仲很是气恼，自己用右手将箭拔出，然后将牛皮软甲脱了，把上衣撕下一片来，让公子纠帮他包扎。

两人趴在地上，不敢起身跑动。不知过了多久，他们细听四周没有什么动静，才慢慢爬起来，往回走去。快到齐军粮草运送营的时候，他们碰到一队巡逻士卒。士卒见管仲、公子纠这般狼狈，心中生疑，立刻把他们抓了起来。

公子纠说道：“我们是粮草运送营的，为什么要抓我们？”

“既然是粮草运送营的，不守营地跑来这里干什么，是不是想逃跑？”一个士卒说。

管仲一听到“逃跑”顿时火起，怒道：“简直胡说八道！明明是回营地，怎么就是逃跑了。”

另一个说：“少跟他们废话，抓回去审审再说。”

公子纠也怒了，大声道：“放肆，我是公子纠。”

这时，走过来一个卒长，问明情况后说：“他们的身份无法证明，既然这个小子说他是公子纠，正好我要去主公营帐，让我带他们过去。”

管仲也正想去齐侯那里提建议，便顺从地随卒长几人来到齐侯大营。

国君营帐，灯火通明。齐侯躺在矮榻上，半睡半醒，一脸倦容。出征一个多月以来，从未睡过一个好觉，这让他的情绪更加焦虑、易怒。这深更半夜，突然有人来打扰，他就气不打一处来，又听说是抓了两个逃兵，更是火冒三丈，不看不问直接下令："砍了吧！"

公子纠一看要被砍头，大喊："王兄救命啊，我是纠儿！"

闻声，齐侯一惊，连忙出营帐来看，还真是公子纠和大夫管仲。他转而把那个卒长痛骂一顿，然后才问："你俩因何被带到这里来了？"

公子纠回答："老师为了想出破敌之策，带我去前阵观察军情，返回时中途遇敌，才这般狼狈。巡逻士卒认为我二人是逃兵，便将我俩带来这儿。"

"你们的职责是运送保护粮草，擅自离岗也当受军法处罚。"齐侯道。

公子纠辩说："我们去前线观察军情，王兄不给奖励也就罢了，还要处罚我们，这是什么军法？"

齐侯用怀疑的眼神看着管仲说："管大夫真的去前阵观察了吗？那好，如果拿得出好计策，定当有奖；拿不出，以擅自离岗之罪受罚。"

管仲、公子纠这才进了齐侯营帐。管仲从腰间摸出一片帛布，在火烛下展开，将上面画的圈圈点点指给齐侯看，然后结合兵法详细地向齐侯讲解战法。

"管大夫的意思是，把攻打郱邑的一路齐军全部悄悄调来打郚邑，攻打郚邑的这一路原地做策应？"齐侯问。

管仲说："没错。集中两路兵力，以压倒优势攻占郚邑；在郚邑，留一路牵制、拦阻来援之敌，这样先取一邑的把握就更大。如果鄑邑得手，回头就可形成三路攻打郚邑的局面。之所以把郱邑留在最后攻打，主要是它离临淄最近，齐、纪两军长久交战，所耗粮草数目不小，此安排可使我军因临近都城而便于得到各种补给。”

齐侯点了头，说：“管大夫讲了那么多，确实也有道理，以优势兵力对敌，先下一邑，此法还需同连称、管至父等将军商议再定。”

齐侯拿不定主意，管仲也不再多说，带公子纠返回粮草运送营。途中，又遇上鲍叔牙他们。管仲就把自己向齐侯献计的事向鲍叔牙说了一番。鲍叔牙听后严肃说道：“无须得意，贤弟之法若真被齐侯用上，那绝非好事，你可知那连称、管至父还有公孙无知都是嫉贤妒能之人。”

管仲风轻云淡地说：“兄长放心，他们嫉恨也无妨，我不会跟他们抢功劳。”

没过多久，管仲所在的粮草运送营忽然忙碌起来，运送量增加一倍不止。他料定齐侯已采纳了他的战法，西边的那一路大军正在赶来，他心中不免窃喜，毕竟这是他在军事上贡献的计策第一次被采纳。

三天后的早晨，鄑城外，鼓角声四起，杀声阵阵，齐纪两军从早晨一直战到天黑也没鸣金收兵。到了半夜，鄑城内火光冲天，鄑城本就不大，火光把整座城照得如同白昼。天亮之时，管仲远远听到从城内传出的欢呼声，便知齐军已克鄑邑，心中大快。

拿下鄑邑后，齐军没有休整，只过了一天，大军便顺着鄑水直驱郚邑。纪国军队没有丝毫喘息之机，又与齐军交战，郚邑在三路大军的威压下，抵抗了一阵子就投降了。

拿下纪国两邑后，齐侯才稍稍松了口气，让大军安营休整。趁此时机，管仲分析了两军态势，又想给齐侯提建议，但这次他自己不去，让公子纠去。齐侯听说这次来献策的是公子纠，忙问："你的老师怎么没来？"

公子纠说："王兄又没给他奖赏，老师还来做什么呢。我是自己要来给兄长提建议的。"他知道老师为什么不来而要他来，因为管仲如果再来，齐侯就会认为他是来邀功的。他觉得老师是一个很有政治头脑的人，这个时候不仅不能有邀功之举，还要注意各种避嫌。公子纠跟着管仲这些年，还是学会了不少东西。

齐侯一向少笑，几乎没有对公子纠笑过，这时却微微笑了，说道："那你说说有何建议吧。"

公子纠说："臣弟分析，纪国的三邑已破二邑，他们无论是斗志还是实力都消损大半，取郱邑完全不需要大动干戈了，我们只要把城围住，等他们投降即可。"

齐侯大笑道："看看，我们又想到一块去了。"他断定这个主意是管仲出的，所以才说了这个"又"字。

公子纠见齐侯没有犹豫就接受了这个建议，心里也十分高兴。

随即，大军不急不忙地向郱邑开进。见数倍于己的齐军兵临城下，纪国守军早吓得躲在城里不敢出来。而齐军来后也不攻城，只在城外安营休整，全然没把纪军放在眼里。三天后，齐侯派人入城传话："放下武器者一概免死。"仅过了一炷香的工夫，大部分守军就跑出来投降了；宁死不降的，被冲进城的齐军用戟矛挑起扔到了城外，给乌鸦野獾当美食。

鄑、郚、郱三邑既下，齐军将士欢呼雀跃，齐侯也是喜不自胜，传令粮草运送营运来鹿肉羊肉、鳜鱼鲤鱼等美味，犒赏三军。就在这时候，传令官送来一封信，齐侯展开一看，是文姜找他一叙。他激动不已，传令道："宴毕后，立即撤军！"然后亲自驾车，向禚邑疾驰而去。

眼看纪国就要被灭，可齐侯一下令撤军，纪国又多了两年喘息之机。

第五章 齐生乱 伴主逃亡

第一节 计议他乡避难

齐侯伐纪，本可改变他在国人心中的形象，没想到文姜的一封邀约信，就把他的魂魄都勾走了。

文姜简居于禚邑，本想静心，谁知越想静越难以安宁。她不回鲁国，却时常为鲁国操心；她装出了怨恨齐侯的样子，可心里无时无刻不想起他。眼见齐鲁两国势如水火，她有自责之心，两国的仇恨虽一时无法化解，但至少应想办法让仇恨得到缓和。

纪国是鲁国的附庸国，讨伐纪国对齐而言是复世仇，而对鲁国来说无异于入侵了。纪与鲁世代联姻，早结数百年盟好。当朝纪侯之妻，就是鲁女伯姬夫人；而伯姬嫁入纪国时，还有妹妹陪嫁，也就是叔姬夫人。齐侯伐纪，纪侯马上令伯姬、叔姬联名写信，向鲁国求救。

鲁庄公姬同接到求援信后，马上召集群臣商议，多数人主张出兵救纪。谋士施伯说："纪国与鲁国，唇齿相依，纪亡则鲁危。齐侯蛮横，早有称霸之心，灭纪之后应伐鲁！因此，鲁国应发兵救纪，救纪是强鲁而弱齐，倘若等到齐壮大到势不可挡的时候再抗齐，悔则晚矣。"上大夫申繻立马附议。紧接着，庆父、颛孙生等也声言出兵抗齐。

得到众臣们的支持，鲁庄公又派人前去说服郑国一起攻齐。到约定之日，鲁庄公立刻发兵。大军行至滑地时，斥候来报告说，在齐、鲁交接之地，发现有一支齐军埋伏。原来，齐侯已料定鲁国会援救纪国，早令高子、国子率领一支精兵，在鲁通往齐的必经之路上悄悄设伏，故意虚张声势。鲁侯得报，不明底细，不敢冒进，暂令鲁军原地驻扎待命。

就在鲁庄公犹豫不决、焦急不安之时，接到了母亲文姜的书信，竹简上仅手书四个小字：弃纪友齐。鲁庄公虽对母亲还有些怨恨，但他从小就孝顺，一向视母命如君命，未有丝毫违背，而且他认为事情并没有那么严重，进攻齐国也无全胜之算，于是准备撤军。不过，他还得把样子装足，给盟友郑国看。其实，郑国被齐侯在首止会盟时震慑，惮于齐之强大，惊恐万分，根本就没打算出兵。

鲁国大军停留数日后，才无声无息地撤回去。谋士施伯不知内情，从军事上讲此时是万万不可撤军的，于是他不解地问：“为何半途而废？”鲁庄公也不好解释，手捧文姜的书信，递给施伯看，然后说道：“鲁乃周公之国，素以仁孝治天下。寡人岂敢不承母命！”显而易见，文姜对鲁国朝政有很大影响力。施伯摇头叹息，神色肃然，心中暗道：“文姜为母，国君将毕生无所作为！”

不仅如此，文姜还希望能影响到齐侯的某些决定。鲁军退去了，她想探一探齐侯的底，这可能是她邀约齐侯来禚邑的主要原因。齐侯显然没有想这么多，只当是妹妹原谅他了，不顾一切地跑到禚邑去见她。

管仲对齐侯失望至极，每次举事，皆半途而废，后又归罪于管仲等人，如今临淄城里关于齐侯与妹妹私通的流言更盛。公子纠听到那些流言，感到羞愧难当。他对管仲说：“我要入宫劝谏王兄，但碍于自家亲姊的脸面，又不知从何说起，愿老师教我！”

“不可！”管仲一面拉住公子纠，一面劝道，“国君私通文姜，怨杀鲁桓公。国君之过，已不可挽回。追其根源，都是个人的情欲所致。人动了淫念，就会把人伦德行置于脑后。情欲一旦达到疯狂的程度，就会如洪水猛兽，伤及众人。如今的齐侯，各种欲望已到了疯狂的地步，你去劝谏、去阻止，非但不会改变他，公子自身还会受到巨大伤害。”

公子纠闻言脸色骤变，半晌才说道：“为人臣者，岂可眼看王兄害人而袖手旁观？即使国君杀我，我也要直言进谏！”

管仲微微摇头叹道：“公子真乃宅心仁厚！我甚欣慰，但应知此行凶险，且无任何意义。”

公子纠说：“我并非宅心仁厚，而是准备先礼后兵。为保齐国万世，若劝谏不成，我就逼他退位；再不成，我就把他赶下台，甚至诛杀。”

公子纠的话，让管仲大吃一惊，他严肃地说道：“公子万不可生此恶念。其一，以下犯上与人伦道德相悖，即使得到王位，同样会受国人的指责咒骂。其二，以你现有的实力，难以撼动齐侯分毫。其三，若以兄弟相残登上国君之位，只会让众多无辜者遭殃，更何况，别人也会以同样的方式把你赶下台。这样的事情，不仅在晋国、郑国、鲁国、卫国等诸侯国中已有血的证明，甚至周王室也有类似的事情发生。天下之所以大乱，正是因为没有贤明君主，没有纲常法度，不讲人伦德行。”

公子纠闻言，一时语塞，对管仲的劝导他还是听得进的，于是默默走开了。

管仲心有所虑，想去找召忽聊一聊。

管仲刚来到召忽住处，召忽就拉着管仲入内堂，悄悄对管仲说：“公子纠单纯鲁莽，我实在为他担忧。”

管仲笑道：“或许是从召兄这里学到的。”然后收起笑容道，“我来也正是为此事。”

召忽说：“日头刚偏西，天热，我们不妨去城外河船上边赏风景边聊，如何？”

“好，正合我意。”管仲说。

两人说着笑着出了城。刚过护城河桥，后面就有一个人追了上来，来人正是鲍叔牙，三人还真是心有灵犀。

三人上了一条小舟，摇摇晃晃地还未坐稳，管仲就问道：“这些天怎么不见公子小白？”

鲍叔牙说：“他与卿大夫高傒关系不错，近日总到高府做客。公子小白治学实在一般，但爱交友，兴趣广泛，饮酒、投壶、吹笙、六博棋都爱，尤爱郊游、狩猎。”

召忽说：“如此，将来怎成大器？”

管仲说：“不尽然。要他成为文士，博知古今，或不可为；但他善交际，广积人气，应知身为王室贵族，人气重于学问。”

鲍叔牙说：“有时候，我会认为他是因出身卑微，而刻意去讨好那些权要人物，以获支持。”

鲍叔牙又说：“如果把公子小白与公子纠放在一起比较，孰优孰劣？”

召忽说：“如何比较呢？如果比某一方面，比如刀剑骑射，诗乐棋画，那倒是可比。若以品性来看，真要比，我觉得公子小白有点像公孙无知。”他说话一向心直口快。

管仲赶紧打岔，问道：“公子小白平时多爱与何人来往？”

鲍叔牙说：“朝中文武，士、大夫、卿，几乎都有来往，最密切的自然是高、国二族。”

管仲内心充满敬佩地说：“这可能会是公子小白有朝一日最大的本钱。”

鲍叔牙笑了笑：“又不是做生意，什么本钱不本钱。别只顾讲公子小白了，也说说公子纠，你们两位老师如何看？”

召忽说：“公子纠比较善良、正直，也很偏执，喜怒易形于色，并无城府。”

管仲说：“他对自己喜欢的事情做得认真，学得也快，对无兴趣的，反复讲述他也不懂。而且他认准的道理，很难让他改变想法。从某些方面来说，这是一种缺陷。他的性格，平时很温和，但冲动时便克制不了，难顾周全。”

接着，几人又对天下明主霸主及天下大势做了一些品评，尽管谈话非常轻松，但他们都预感到危险正在向齐国步步逼近。到暮色临近时，几人才乘舟返归。

第二天，公子小白一见到鲍叔牙，便躬身行礼道：“小白在城中听到流言，言及王兄荒淫无道，使郑君姬亹惨死，让鲁桓公冤死，还有一些歌谣广为流传，题为‘南山’，也是直讽王兄，小白难堪至极，心中惶恐不安，请老师指点应该怎么做？”

鲍叔牙立马说道：“今齐侯乱伦于前，戕杀别国国君于后，实非明智之举！齐国将随之陷入险境。君有罪，臣代之；君有过，臣谏之。此乃为臣之道。齐侯就此悬崖勒马，其羞尚可遮掩，若励精图治，流言自会消弭；若听之任之，那犹如决堤之水，必将泛滥成灾。公子身为国君胞弟，理当入宫劝谏，以尽兄弟之心，臣子之责。”鲍叔牙和管仲在面对同样的问题时，做出了不同的回答。

“善。”公子小白听从鲍叔牙的建议，去找齐侯劝谏。

齐侯刚从朝殿回来，正要入内室休息，见公子小白匆忙赶来，随口问道：“弟匆匆而来，是有何急事吗？”

公子小白喘了一口气，面带忧愦之色说：“王兄可知临淄城中正流传着国君的丑闻？”

齐侯不悦，冷冷道：“不知。”

公子小白连忙把写有那首民谣《南山》的布帛递了过去。

齐侯一只手脱鞋，另一只手接过布帛看了看，只见上面写着：

南山崔崔，雄狐绥绥。鲁道有荡，齐子由归。

既曰归止，曷又怀止？

葛屦五两，冠緌双止。鲁道有荡，齐子庸止。

既曰庸止，曷又从止？

蓺麻如之何？衡从其亩。取妻如之何？必告父母。

既曰告止，曷又鞠止？

析薪如之何？匪斧不克。取妻如之何？匪媒不得。

既曰得止，曷又极止？

“不就是一首民谣吗？有什么不得了的。”他只粗略看了一眼，并没看懂内容。

公子小白谏道：“城中风言风语，传言国君杀鲁桓公，是因为嫁与鲁国的妹妹文姜。弟以为，国君者，国之表率。其正，则国正；其不正，则国倾！此乃为君之道。兄乃齐国之主，当以江山社稷为重，不可再对文姜心存妄想，免得深陷泥淖不可自拔。”

公子小白正要继续说下去，不想一只鞋子劈头砸过来。公子小白惊慌失措，仓皇退出。

出来后仍听到齐侯在骂：“一派胡言！不分长幼！文姜是你

长姐，也是你可以妄加议论的！再敢多言，莫怪我无情。”

公子小白回来对鲍叔牙说：“作为臣子，是应该劝谏，但主公不听从，反而还要加害敢劝谏的人，连我这个弟弟的话他都不听，还会有人愿意去劝谏吗？”

鲍叔牙听公子小白讲了劝谏齐侯的经过，对公子小白说：“我听说有奇淫者，必有奇祸，这样的朝政怎么不会生变乱呢？齐国之祸不远了，此处已是险地，不可久留。”

“天下之大，哪里才有我容身之地？”公子小白说。

鲍叔牙说：“先到他国去避一避，时机到了再回来。”

公子小白道：“哪里才是我避难之所？”

鲍叔牙说：“小国不会把逃亡者放在眼里，我看莒国最为合适。因莒国小而与齐国相邻，小则不敢轻慢于我，近则旦暮可归。这样还可以时刻关注齐国国内的局势变化。”

然后，鲍叔牙把此事告诉了管仲，管仲说：“前日公子纠想要前去劝谏，被我劝下。今日公子小白遭遇与我所料相同。事已至此，看来齐国内乱已无可避免，要早做打算。”

“那你如何打算？”鲍叔牙问。

管仲果断地说：“如今之计，唯有逃出齐国，到他国避难，以静观时局的变化，待机而动。”

“咱们的想法一样，我准备带公子小白避到莒国去，你有没有想好去哪里？”

“公子纠之母是鲁国姬氏宗亲，我们就到鲁国去。至于我等家眷，当给予她们一些财帛，回到慎邑，免受牵连。”管仲说道。

周庄王五年（前692年）夏末，鲍叔牙与公子小白逃往莒国，管仲、召忽带着公子纠逃往鲁国。

临别前，管仲对鲍叔牙说："几日前，兄长问我，两公子孰优孰劣，现在可告诉你答案了。国人都厌恶公子纠的母亲，以致厌恶公子纠本人，而同情没有母亲的公子小白。诸儿虽然是长子，但品性卑劣，前途未卜。将来统治齐国的国君非公子纠和公子小白莫属。我了解公子小白的品性，将来他必能成大事，鲍兄当全力相助。"

鲍叔牙说："现在你我各为其主，但仍应铭记当日之约，日后，无论是公子纠还是公子小白为齐国国君，彼此都要相互引荐。"

第二节　齐侯霸道扬威

齐侯接回王姬后，依然与文姜保持密切的往来。温柔乡里时光苦短，只恨那前线又有战报急催。当时灭纪战争进行了一半，将获全胜时又撤军回齐，国人的一片骂声，让他终于想起来还有这件正事没办完。他离开妹妹的怀抱再披战甲。

其实，纪国已经几乎被齐国摧毁，齐国并不需要费太大力气就可灭纪国，齐侯仍告知诸侯：胆敢有救纪国者，寡人移兵先伐之！齐侯下令将大营移至酅城，然后派人报知纪侯："速写降书，免至灭绝。"

纪侯知鲁国退兵，郑国也找借口不出兵，早已绝望，叹道：

“齐国与我纪国为世仇。我决不能屈居仇人之廷，以求苟活！”他知道不能守住城池，对弟弟嬴季作揖道：“齐纪数百年之争，该结束了。寡人无能，无颜面对先祖。纪国就拜托你了。”说完，将城池与妻子交与嬴季，独自一人拜别宗庙，大哭一场，半夜悄悄开城门而出，消失在无尽的黑暗之中。

城外，管至父向威风凛凛立于战车上的齐侯禀报：“纪已兵败，臣愿率兵入城，可不战而破纪国。”

城内，嬴季对诸大臣说：“为国而死与保存宗庙，二者孰更可取？”诸大夫异口同声道：“保存宗庙为重。”

嬴季已经考虑好投降了，又对众臣说道：“若能保存纪国宗庙，自己承受委屈又算得了什么？”于是他即刻写好降书，表示愿为齐外臣，守酅城宗庙。然后，捧着降书以及纪国土地户口之册，昂然出门而去。嬴季边走边落泪悲叹：“从此，再无纪国。”

齐侯见了降书，满口答应纪侯请求。嬴季遂将纪国土地户口之册，尽纳于齐，叩首乞哀。齐侯收其版籍，于纪庙之旁，割三十户以供祭祀，号嬴季为庙主。

齐国灭掉纪国，一举报了齐人念念不忘的世仇，大军凯旋之日，齐侯大犒齐军。之后，齐侯令连称率大军先归，自己与文姜回返禚邑，流连数日。文姜却另有顾虑，始终担心齐侯挥戈向鲁。

齐侯并不知道妹妹的心思，于是让文姜作书，召鲁侯姬同来禚邑相会。这让鲁侯很为难，但他又不想违抗母命，便硬着头皮来禚邑谒见文姜。文姜让儿子以外甥之礼见齐侯，这让鲁侯更为难堪，但鲁侯还是服从了母亲的命令，依礼拜见。鲁庄公虽为国君，却仅有十四五岁的年纪，稚气未脱，见齐侯霸气十足，凛凛不可冒犯，在酒宴上，不禁如坐针毡。

齐侯妃新生一女，尚在襁褓之中，文姜以鲁侯内宫空位为由，令儿子与此女婴订婚约，并说此良配为天作之缘。鲁庄公抗议说："彼女尚为婴儿，不能与我婚配。"

文姜一听大怒，将酒爵掷于案，眉间冷如冰雪，厉声道："此举为修齐鲁万世之好，无须多议！"

齐侯亦以年龄相差太大为由拒绝。

文姜却说："等待二十年再嫁，也不算晚。"

鲁侯只得允诺："谨遵母之命。"

此婚约中的齐女就是哀姜。

齐鲁两国又多了一层姻亲关系，可谓亲上加亲。两国关系总算维持在了一个表面和睦友好的状态。

就在齐侯与文姜频繁相会之时，备受冷落的王姬却恹恹成病，卧榻不起。她怨道："似此蔑伦悖理，禽兽不如！吾不幸错嫁匪人，何其命苦！"不久便香消玉殒。

王姬死后，齐侯讨伐卫国的计划又少了一层约束。

卫侯朔（卫惠公）是宣姜的小儿子，也就是齐侯诸儿的外甥。此人阴险奸猾且贪婪，毫无人情味，齐侯对他全无好感。几年前，太子姬伋的弟弟姬黔牟抢了他的君主之位，他就跑到齐国来寻求帮助，但未获得任何帮助，其中一个原因，就是齐侯当时正想娶王姬，暂时不想得罪周天子。如今，王姬死了，而齐侯又想称霸于诸侯，正好可以打着帮助外甥讨公道的幌子讨伐卫国。

周庄王八年（前689年）冬，齐侯发表伐卫檄文，写道："天祸卫国，生逆臣泄、职，擅行废立。致卫君越在敝邑，于今七年。孤坐不安席，以疆场多事，不即诛讨。今幸少闲，悉索敝赋，愿从诸君之，左右卫君，以诛卫之当立者！"

随即，齐侯亲率五百兵车，迤逦西行，抵达卫境。鲁国、宋国、陈国、蔡国四国之君，也率大军先后赶来。卫君黔牟听说五国的大军压境，马上与公子泄和公子职商议，派大夫宁跪向周天子告急。

周庄王问各位大臣："有谁能替我解卫国之急？"这时周公忌父、西虢公伯异口同声地说："王室自伐郑失败以后，威信大减。今齐侯不念王姬姻亲，纠合四国，以正君为名，可谓名顺兵强，我们恐怕不能战胜他们。"他们刚说完，有一人挺身而出，大声说道："我与二位的看法不同！四个国家的兵虽强，名正言顺实为笑言！"众人回头一看，原来是下士子突。

周公说："诸侯丢了君位，其他诸侯帮助他夺回，何谓名不顺呢？"

子突回答说："黔牟称君之事，已经向周廷禀告，并得到应允。黔牟既然当上卫君，公子朔必然要被废掉。如今二位国公不以周王的命令为公理，却以让诸侯回国复位为名正言顺，令在下费解！"

虢公回答说："军机大事，须量力而行。现在周王室不振已日久。当初攻打郑国的时候，先王曾亲自坐镇，与将士们一同在疆场上拼杀，最后还是被祝聃箭伤，从此不问政事。时至今日，已历二君，还是没能向郑国讨还血债。何况眼下是五个国家的兵力，超过郑国兵力十倍。在这种情况下，我们孤军前去援助卫国，岂不如同以卵击石，白白去送死？如此贸然出兵，除了使我们的威信进一步降低以外，还有什么好处可言呢？”

子突反问道:“凡天下之事,都有公理。周王的命令,就是公理。短时间的强与弱是以力量大小来决定的，而千秋百世的胜利靠的是理。如果没有公理在手却占了上风，又没有一个人去伸张公理，古今的是非标准从此便颠倒了过来，天下将不会再有真正的王道存在了！如此，诸公还有什么脸面再称为王朝的大臣呢？”虢公顿时无话可说了。

周公又问子突：“假如现在派兵去帮助卫国，你可否统军击敌？”

子突回答说：“统军御敌是司马之职。我的职务低，才能差，不敢胜任此要职。如果周王有意援卫，我将不惜一死代司马前去发号施令。”

周公又问：“此去救卫国，能保证成功吗？”

子突说：“我们现在出兵，是公理在手。若大周先王们的在天之灵能主持公道，为我们祝福伐恶，五个国家能后悔失公理而撤兵，方可取胜，这将是我王室的福分。但人心难测，我不敢斗胆说必胜。”

这时大夫富辰说：“子突的话句句在理，我看可以让他带兵前去。这样也可以使天下人知道我周王室还有能人存在，天下仍有公理。”

周公听了富辰的话后，也觉得言之有理，便同意子突领兵前往救援。

可是，周、虢二公，由于担心子突若成事必将功盖群臣，于是只拨给了他二百辆战车。子突并不抱怨，向周祖庙告别后便马上率领部队出发。此时，五国的军队已经攻到卫城城下，情况万分危急，卫国的公子泄和公子职只能坚守不出、昼夜巡视，并经常眺望远方，希望救兵能尽快赶到。

然而，子突的兵马兵微将寡，怎能阻挡得住五国的虎狼之军？结果子突还没有安营扎寨，五国的军队便迎头杀过来，二百辆战车顷刻被消灭。

子突这时悲叹道："我奉王命而战死，亦为忠义之鬼！"于是冲进敌群，勇杀数十人后，终寡不敌众，被敌军包围。面对如此绝境，他忽然大笑起来，吓得围兵停住了脚步。只见子突背依周旗，整理衣冠，对着西南洛邑方向天子行礼。礼毕，昂首而立，横剑自刎。顿时，血流如注，子突终于垂下了头。

五国联军的将士们被震慑得目瞪口呆，城头卫君黔牟、左公子泄、右公子职、大夫宁跪等远远望见此等壮举，不禁泪流满面，一齐向子突躬身行礼。

齐国大夫连称觉得情形不对，当即大声喝道："周师已败！攻入城去，抢夺头功！"齐国的军队从震惊中醒来，接着冲杀，首先登上城墙，随后其他四国的士兵也上来了，联军砸开了城门，让卫侯朔进城。

子突自刎，周师败亡，更令穷途末路的守城卫军胆寒，眼见城池必破，守兵弃城逃命。眨眼之间，城楼失守，而底城门也被撞开，联军蜂拥而入。呐喊声中，卫国城破。

这时，公子泄、公子职同宁跪一起，带领着没有逃跑的零散士兵，保护着卫君黔牟向外出逃。正好碰上鲁国军队，一通厮杀后，宁跪一人逃掉了，而三位公子全被生擒。宁跪逃出来后，自知无力救助三位公子，叹了口气，逃往秦国。鲁侯生擒三位公子后，把他们移交给了卫侯朔，卫侯朔不敢决定是留是杀，又把他们献给了齐国。齐侯即命令刀斧手将公子泄、公子职斩首。公子黔牟是周王的女婿，齐国与周王室还要保持面上的友好，便赦免了他，并让他回了周王畿。

然后，卫侯朔敲钟击鼓，宣布他重登君位，并打开国库，把全部宝玉送给了齐侯。而齐侯说："鲁侯抓住三个公子，功劳不浅！"便把那些宝玉拿出一半给了鲁侯。同时齐侯又让卫侯另外拿出财宝，分别送给了宋、陈、蔡三国。

第三节 因果相依：贝丘惊变

齐侯伐卫、败周天子师后，虽放走了姬黔牟，但终究还是让周王室颜面无存。他担心周庄王派兵讨伐，于是，一边派人到洛邑去赔礼道歉，一边派兵加强国都西边的防卫。他任命连称、管至父为正副将，领兵驻守在距离临淄将近百里的葵丘，以封锁住东南方向的道路，防备不测。

连称、管至父认为自己伐卫有功，而这葵丘是荒芜之地，何况戍边异常劳苦。二人心中皆有不满，都认为自国君继位以来，自己也是屡建功勋，想不通为什么国君将这等吃苦差事委派给自己。因此二人想要把驻守的期限说定。

连称与管至父脱履入堂，拜见齐侯。侍从刚刚切好瓜，盛在笾中，置于案头。

管至父问道："主公，戍守之事，臣不敢推辞，但究竟要守多久？以何日为期？"

齐侯望着那切好的瓜，想的只有这瓜甜还是不甜。

管至父给连称使了个眼色。连称低声说道："主公有命，我们自当效行。敢问国君，臣等戍边，何时为期？"

"这样吧，等来年瓜熟的时候就另派人来换防。望二位不辞劳苦！"齐侯一边啃着瓜一边答道。

"诺！"二将得到了满意的答复，这才踏踏实实地前往葵丘驻守。这年是周庄王九年（前 688 年）。

连称、管至父二将驻扎在葵丘，天子并没有出兵讨伐齐国，也无其他战事。日子过得安逸，时间就过得快，一年光景在不知不觉中过去了，他们只等着齐侯那边快点派人来换防。

然而，超过换防日期一个月了，还没见人来。等待的日子特别难熬，连称心里不是滋味，便问管至父怎么办。管至父说："可能是主公忘了，不如我们派人去问问。"

于是连称选派了一个心腹去临淄打探消息。

此人来到临淄城后，便通过连妃求见齐侯，连妃却说，齐侯不在宫中，自己已数月未谋其面。心腹再三打听，才知齐侯已经有一两个月没有上朝了，整日在外与文姜寻欢作乐。

心腹有些恼火，回来就添油加醋地把情况细说了一遍。连称闻言大怒，嚷道："王姬已经死了，我的堂妹当立为夫人，无道昏君，不顾伦理，却叫我等在这里活受罪！我回去之后，骂也要骂死这昏君！"

管至父劝道："连大夫息怒。既然是没见到主公，也不好发作。不如，我们派个兵头去提醒提醒。如果他依然不许，则军中必然生怨恨，恨则生变，到那时候，更有利于你我。"

连称想了想，说道："管大夫说得有理。"

于是，二人商议一番之后，就挑选了两个好瓜，让一个卒长专程送到临淄去，拜见齐侯。

这个卒长还算幸运，正好遇上齐侯游乐归来，于是他赶紧追上去随车跑至宫门，只说是专程献瓜给齐侯的，不然只怕进不了宫门。

齐侯从外面回来，正口渴，听说有人来献瓜，即传入宫中。齐侯一边吃着瓜，一边赞道"好瓜"，就是不问这个卒长是何人，所来何事。

卒长等了许久，还不见齐侯问话，忍不住说道："驻守葵丘的连大夫和管大夫，派小的前来献瓜，顺便问问……"

齐侯摆了摆手，鼓着腮帮子说："知道了，知道了。"

卒长又小声道："此时正是瓜熟季节，主公曾言瓜熟而换防，不知为何未派人前去？两位大夫都叫小的来问……"

齐侯很不耐烦地说道："知道了，知道了。"

卒长又站了多时，再问道："小的须回去禀报二位大人，以何日为期还望主公明示，问不清楚，小的回去定会被罚。"

齐侯的瓜已经吃完了，顺口说道："好的，既是瓜熟而换防，今年的瓜已快吃完了，那就等到明年瓜熟的时候，寡人再派人去替换他们吧。"

卒长问："主公，先前曾言是今年……"

齐侯大怒，起身吼道："是你说了算还是寡人说了算？回去告诉他们，寡人说什么时候就是什么时候，不必再催！"

卒长无奈，只得回去，如实禀报。连称听了怒从心头起，恨得牙直痒痒，对管至父说："昏君如此失信，杀了他方解心头之恨！管大夫，今天我就发兵临淄，亲手宰了这昏君！"

管至父皱眉道："连大夫莫冲动，若想成事，须谋定而后动。想要诛杀昏君，朝中需有人策应为妥，咱们现在远在边关，对朝中之事一无所知，如何行得如此大事？"

连称冷静下来，说道："无妨，可说服公孙无知为内应。公孙无知是公子夷仲年的儿子。先祖僖公与夷仲年是同母异父兄弟，僖公在时，与夷仲年交善，也很喜欢侄儿公孙无知。公孙无知从小就在宫中长大，所穿的衣物、日常用度，同太子诸儿没有什么两样。诸儿气量狭小，从此便记恨上了他。诸儿即位，竟因为小时候受过公孙无知的气，就想借机报复。有一天，公孙无知又一次与大夫雍廪争吵，此时已为齐侯的诸儿对公孙无知的不谦虚大为恼怒，便对他严加斥责，并把他的官职降了几级。公孙无知早就怀恨在心了，只是苦于无人帮衬，如今我主动和他联络，他肯定答应。就算他不立马答应，我还有一招棋在手。”

“哪一招棋？”管至父问。

连称狡黠笑道：“如今你我共谋大事，不妨告诉你，公孙无知对我堂妹连妃垂涎已久，只是没敢跟诸儿争，让这昏主先得了手。如今公孙无知对连妃依然念念不忘……”

管至父说：“若让连妃拉拢公孙无知，那就大事可成。连大夫此计甚妙。”

连称见管至父态度坚决，很高兴地说：“我马上联络连妃和公孙无知。那我们这边什么时候行动？”

管至父说道：“此事必须耐心等待。那昏君性喜用兵，又好游猎。只要他出城门，则如猛虎离穴，轻易可制！只是我们在这荒郊野外，消息闭塞，连妃一定要事先探听好昏君外出的准确时间，这样才能万无一失。我们现在只能在队伍中做些拉拢人心的事。”

连称叫道：“好！好！这个不难，我堂妹在宫中，失宠于昏君，怨愤已久，叫她暗中监视，一有消息，就密报公孙无知，公孙无知快马传来，星夜我们便可知晓，昏君的性命就掌握在你我手中了。”

这天，公孙无知百无聊赖，步入宫中闲荡，不觉间就走到了五进院的最后面。忽见宫墙边，一片茂密竹林里，有个女子独坐垂泪。无知以为是侍女，女子见人惊讶出声。无知细一看，竟是连妃！这不算巧遇的巧遇，将公孙无知拉到了一场阴谋中。连称曾对妹妹连妃许诺，事成之后扶公孙无知继位，连妃即为夫人。多年备受冷落的连妃已恨透齐侯，便欣然允诺。连妃搭上公孙无知后，将连、管二人的计划和盘托出。

公孙无知自然万分乐意。昔日齐僖公在世时，对自己十分宠爱，后诸儿继位，便削除了自己的权力，并对自己极力打压排挤。他郁郁不得志已久，现在有机会扳倒齐侯，再加上有心仪已久的佳人相伴，何乐而不为呢？

很长一段时间，连妃一边跟公孙无知偷情，一边关注着齐侯的日常行踪。因齐侯依然与文姜打得火热，连妃很难找到时机，日久渐生忧虑。想到必有东窗事发的一天，依着齐侯杀伐果断的性子，若被他发现自己与公孙无知的奸情，自己必会丧命。于是，她让无知在宫中侍卫中收买一些人为己所用。

转眼到了又一个瓜熟季节，这年的瓜长得非常不好。因为齐鲁等国连遭大雨，整整下了一月之久，地里种的麦、黍全都泡在水里。人们想在夏季抢种一些其他作物来补救谷物损失，结果是夏灾连着秋涝，颗粒无收。不少地方的百姓饥寒交迫，四处逃荒。如此灾情，举国愁眉。齐侯却仍然快活着，依旧没有想起葵丘那些早该换防的戍卒，军中更是怨气横生，纷纷扬言誓杀昏主。

经过一年多的准备和等待，连称和管至父终于有了一个好机会。周庄王十一年（前686年）十月底，天降一场雨雪，齐侯没精打采地望着窗外，忽然心血来潮，决定下月去贝丘狩猎。齐侯立即传唤武士侍从首领石之纷如，吩咐说：“传令下月贝丘狩猎，寡人准备在那里多住些日子，多备些相关物品，再选派武士侍卫护驾即可。”连妃又补充道：“国君狩猎，当多准备好鹰好犬，提前吩咐行宫准备食宿。”

时间、地点、随行人数、各种用品等，这一切，都被连妃写进了密信中，快马报与葵丘的连、管二人。

十一月初一那天，齐侯果然驾车向贝丘驶去，踏上了他的不归之旅。

贝丘位于临淄城西北，本是一个不为人知的荒凉地带，后因前几代齐国国君皆喜欢在那里打猎，便在那里修建了行宫，那里也逐渐变成官家猎场。按礼制，齐国国君每年秋天都要狩猎，训练骑射。这片丘陵地，地势开阔，莽莽苍苍，湖泊广布，水草丰茂，飞禽走兽数量不少，正是狩猎的好地方。

齐侯一行到达贝丘后，住进了行宫。当地百姓献酒献肉，齐侯畅饮了一番。天色已晚，便在行宫留宿。

第二天，齐侯一行人驾车前往山中。走到半路，见有一处有着茂密树林和藤萝叠架的地方。齐侯下令停车，到了一个高土丘上，命人放火烧林，然后把这一处包围起来进行狩猎，同时把鹰犬也都放了出去。因风大火猛，狐狸、兔子等小动物被火烤得四处乱窜。

过了很久，大队人马才搜山索林。天色渐晚，一抹霞光已从林梢渐渐淡了下去，齐侯命侍从到远近林莽砍些柴草，准备燃起篝火夜猎。突然窜出一头身形巨大的野猪，直奔高土丘而来。野猪野性十足，本来就是很凶猛的动物，它生长于山林之间，食性甚杂，皮糙肉厚，它在松树上蹭了一层松脂，又在地上滚了一身泥沙，似披着一身铠甲，刀箭不能奈之如何。这黑家伙转眼冲到了齐侯所乘的马车前面。驾车的驭手吓得魂飞魄散，乱作一团。

齐侯忍不住怒斥自己的侍卫孟阳，喊道："你怎么不放箭？快替我射杀这只畜生！"

孟阳也被吓得不轻，大声惊呼："不是野猪，是公子彭生呀！"

彭生是齐侯心头的一根刺。今天，孟阳慌乱之下大喊："此乃公子彭生！"齐侯眯起眼一看，眼前这家伙还真像彭生，身形魁梧，又凶狠野蛮。待定睛一看，却明明是一头野猪。他恼怒地说："彭生怎么敢来见我呢？"

孟阳也回过神来，拈箭搭弓射出一箭，受伤的野猪不逃跑反而向人猛扑过来。

齐侯顿时惊慌失措，夺过孟阳的弓，亲自向那野猪猛射，可是连射三发都没射中。这时那野猪站了起来，放声大叫，声音悲惨凄凉。齐侯因闻彭生名字，本就心虚胆怯，经这一惊吓，魂飞魄散。他大叫一声："吾命休矣！"头一晕便从车上栽倒下来。侍从慌乱地把齐侯送回行宫歇息。

齐侯狼狈不堪地被送回行宫，醒后发现自己蓬头垢面，还扭伤了脚，鞋袜也不知所踪。又想到那头形似彭生的野猪，心中十分恼火，于是找来管理鞋袜的徒人费，责问为何丢失鞋袜，并痛打了费数十鞭。徒人费被抽打一顿后，满脸委屈地走出门去，正巧遇上连称带着几个甲士来打听消息。于是连称一伙人就把徒人费捆起来，问他："昏君现在何处？"费看对方来势汹汹，便说道："在里面卧房"。连称又问："是否已入睡？"费回答："还没有睡着。”连称得到了答案，便要杀了费，费虽受了委屈，可并不想随连称作乱，何况这还是一个护驾立功的良机，于是他连忙说：“不要杀我，我对那个昏君不满很久了，请让我跟随您，我愿为您打探宫中虚实。”连称摇头，表示信不过他。费说：“我刚被他用鞭子抽了一顿，也想杀他泄愤。”然后让连称看他的后背。连称看到费的后背血肉模糊，这才相信了他说的话，便给费松开了绳子，要他做内应。之后，连称派人通知管至父，让他速速带众将士到行宫来，准备杀进宫去。

“不好！遇上宫变啦！连称他们这是要弑君呀！”徒人费一边想着，一边走进宫去，正好碰上了武士侍卫头领石之纷如，便把连称要叛乱之事告诉了他，让他做些应对准备。然后他又跑到卧室，把这消息告诉齐侯。齐侯听后惊惶失措，不知如何是好。徒人费说：“现在事情已经迫在眉睫！如果能让一个人装作君上，躺在床上，君上藏在窗后，贼人仓促间辨认不出真假，这样做或许能逃脱。”近侍孟阳说：“下臣受齐侯之恩，终生难报，愿意以身相替。”随即孟阳便躺在床上，脸向床里，齐侯解下自己的衣袍给他盖在身上，藏到了窗后。

此时，连称的人马已经攻进了大门，连称握剑开路，管至父则在门外守卫，以防有变。徒人费见连称人多势众，来势汹汹，自己避无可避，只好上前一步，举刀向连称刺去，可他哪是连称的对手，被连称一剑刺倒。这时，石之纷如手握长矛来战，与连称战了十来个回合，连称且战且进，纷如却步步后退，一步踏空，也被连称一剑砍倒。

连称闯进齐侯卧房，此时侍从们早已逃之夭夭。在团团的花帐之中躺着一个人，身上还盖着锦龙袍，连称只当是受伤的齐侯，手起剑落，躺着的人便身首分离。士卒举起烛火一照，见此人年龄很小，还没长胡须。连称说："这人不是那昏君诸儿。"马上派人在房中搜查，却没见齐侯人影。

连称自己举着蜡烛四下找寻，忽然发现窗槛的下面，有一只带有丝纹的鞋子露在外面，便知有人藏在窗后。打开一看，只见齐侯因脚疼正在那里缩成一团蹲着。

连称一伸手便把齐侯抓过来摔到房内地上，大声斥骂道："你这没有人道的昏君！你连年征战，祸国祸民，这是不仁；违背父命，疏远公孙无知，这是不孝；兄妹淫乱，违反伦理，这是非礼；不想着边陲的将士，久久不应诺换防，这是言而无信！仁孝礼信，你四种德行全没有，实乃昏庸！你去向僖公述罪吧！"

连称数落完齐侯罪状，挥刀便砍。跟着有两个士卒上来，也连砍数刀，齐侯诸儿当场毙命。

士卒用床单把齐侯尸体包了起来，和孟阳一起草草埋在了窗下。世上善恶，因果相依。造孽在前，必有恶报随后。

第六章 争君位 一箭结仇

第一节 黄粱一梦

连称、管至父和公孙无知密谋在贝丘行宫杀了齐侯诸儿后，便带领叛军，直奔齐都临淄城。公孙无知作为内应，已经收买了守城士兵，命他们将连称、管至父军队放入城中。一切部署妥当后，他们立刻把齐国大臣们叫入宫来，向众人宣布：“我们得到先君的命令，立公孙无知为国君。”众臣面对突如其来的宫中变故，皆不敢出声，低着头拜见新君。东郭牙、宾胥无等忠臣迟疑片刻，勉强做了个拜的样子，也不敢多言。大夫雍廪伏在地上再三磕头，怯声说道：“臣恭贺新君继位，这也是襄公多行不义自食恶果。

想当初僖公在时，给君上的待遇和太子一样，可见僖公早就中意君上。如今君上继位，真是上应天意下合民心。只是臣有罪，曾经得罪于君上，望君上治罪。”众臣更加茫然不解，谁都不知道昔日雍廪和公孙无知有过节。见他如此卑顺，公孙无知也不再计较，依旧任命他为大夫。

公孙无知即位，立诸儿的姬妾、连称的妹妹连氏为夫人，连称为上卿，管至父为亚卿。隰朋、高傒等老臣称病不上朝，公孙无知并不在意，但管至父怕人心不服，君位坐不长，就劝公孙无知广求人才，请能人名士辅佐朝政。管至父想起他本家里有个有才能的侄儿，要是他愿意辅佐齐侯，必大有益处。于是他说道:“臣有一侄，此人有经天纬地之才，晓治国安邦之术，倘得此人辅佐，君上必能使齐国强盛，称霸天下。”这个人就是管仲。公孙无知一直仰慕管仲之才，当年僖公在时，他就想以管仲为师，未被允许。听了这话，他立刻派人带着礼物去请管仲。就在公孙无知派人去鲁国请管仲之时，高傒也暗中派人去了莒国，将齐国的情况告知在那里避难的公子小白和鲍叔牙。

公孙无知自从当上齐侯之后，贪图享乐的本性显露无遗。整日流连于后宫，除了连妃，还与齐侯诸儿的一班妃子们整日饮酒作乐，日子过得很快活，全然不知危险正在悄悄逼近。连称、管至父二人把持朝政，公然在大臣面前指手画脚，众位大臣的怨恨和不服气被雍廪看在了眼里。

过了几日，齐国朝廷上下对连、管二人更为不满。一日，朝退后，雍廪来到大夫东郭牙家里，把自己的想法坦诚相告，想联合东郭牙一起讨伐叛贼公孙无知和连称、管至父。东郭牙是带兵的将领，对政治并不关心。他不明白，在朝堂上雍廪对公孙无知是那般卑躬屈膝，为何一转眼，又要反他。他担心这是一个陷阱，所以并未表态，只顺口说："我天天盼着公子纠来。"

雍廪见东郭牙心存疑虑，便说道："其实，我之前卑躬屈膝，对公孙无知低三下四，实属无奈，我曾得罪于他，我委曲求全，是想做大事。东郭大夫能不能帮助我，共除弑君之贼，复立先君之子？"

东郭牙听了顿时精神振奋，问道："愿闻其详！"

雍廪想了想，说道："高傒在齐国世代为官，德高望重，连称和管至父二位贼人都敬畏于他。如果高傒能宴请二贼，二贼必然欣然赴约，届时诛杀连、管二贼。后再以公子纠伐齐惊吓公孙无知，寻机刺杀。"

东郭牙为难地说："高卿行事一向光明磊落，恐对此计不屑。"转念又一想，说，"不过，若高卿不愿在他家请客的话，可把二贼约到葵丘，只要高卿支持诛杀二贼就可以。"

于是，雍廪便去找高傒商议。果然如东郭牙所说，高傒觉得此计非君子之为，但他也痛恨连、管二人把持朝政，日益跋扈，对刺杀二人之事不作反对。

过了几天，雍廪等人谋划好后，便依计而行。雍廪邀连称、管至父到渠丘邑（距葵丘邑仅八九里）去游玩狩猎，见雍廪言辞恳切，且平时对他们也很恭敬，连、管两人毫不犹豫就答应了。

雍廪与公孙无知的矛盾并不是很深，只是在齐僖公在世时，雍廪对公孙无知恃宠而骄看不惯。由于公孙无知被允许用和太子一样的服饰和车马，所以在齐国，除了僖公和太子，谁的马车遇上他都得先停下，行礼问好，让他先走。雍廪只是个中大夫，遇到公孙无知自然得规规矩矩避让，行礼让路。长此以往，雍廪心里越来越不服气。可公孙无知偏偏得寸进尺，尤其喜欢到处炫耀自己的服饰车马，不把朝臣们放在眼里。

有一次，雍廪出城过护城河桥，不巧遇上了公孙无知。若要避让，雍廪就得退回去。雍廪坚决不退，照常向前走。这惹怒了公孙无知，以后每次遇到雍廪，雍廪往左边避让，他就往左挡，往右边避让，他就往右边挡。雍廪大怒，一拍马就冲了过去，把公孙无知的车差点撞翻。结果，公孙无知就状告到僖公那儿去了。僖公要惩罚雍廪，好在太子诸儿说情，此事才不了了之。

后来，诸儿继位为齐侯，他一向与公孙无知不和，由于雍廪曾对公孙无知表示不满，而对诸儿恭敬有加，因此受到齐侯诸儿的信任，被齐侯诸儿封为渠丘大夫，受到他的重用。公孙无知就惨了，超规格待遇全被收回，他再也没了到处炫耀的资本。公孙无知夺位后，表面上大度，那只是想收买人心而已。而雍廪虽然表面对公孙无知恭敬，但心里依然很是愤恨，并暗下誓言："诸儿待我甚厚，今竟为逆贼所杀，我必杀此贼，为先君报仇。"但要杀掉公孙无知可不容易，那就先剪除他的两个帮凶。

这天，天气晴朗，艳阳高照。连称、管至父各带了几名侍从欣然出发。想到去年驻守葵丘过的艰苦日子，再看今日以上卿高贵身份故地重游，这种身份的落差只有他们自己体会得到。一路上，几人谈笑风生，连称颇有感慨："狩猎游玩真是快事！难怪那昏君诸儿爱好狩猎。"一语未毕，赶紧掩口。想到诸儿最终因为狩猎而丢了性命，忽觉不祥，真怕一语成谶，把自己的性命也给丢了。

雍廪笑道："游玩狩猎本身没错，关键在于度，且诸儿很多事情都做得不妥，岂止是因狩猎送命？"

管至父赔笑道："我们驻守葵丘一年多，离渠丘邑不及十里，可我们由于军务繁忙，还未到渠丘拜访雍大夫。"

雍廪说道："正因如此，我才特意请二位大人去游乐一番。虽没有官家别馆，但猎区吃住还是很舒适的。渠丘山又是上好的猎场，到了山林中，随处可见飞禽走兽，空气中弥漫一片芳香，让人心旷神怡，定会让二位大人满意。"

连称道："原来只听说雍大夫是齐之栋梁，文武兼备，却不知还有如此雅趣。"

"雍大夫深藏不露，令我等佩服不已！"管至父也附和地夸赞着。

雍廪忙道："两位大人过誉了，雍廪只是一介闲人。两位大人才是匡扶社稷的大臣，是国家的栋梁。"

几人说说笑笑，小半天便到了渠丘山。未歇脚片刻，便直接进了山林（后称雍林）。这个猎场没让他们失望，猎物多得让他们没时间欣赏风景，日头落山时，几人都斩获颇丰。

雍廪事先就已吩咐下去，准备佳肴美酒。他们一到山下驿馆便有酒菜端上桌来。酒桌上又是一番举樽相邀，雍廪直到把两人灌得醉眼蒙眬，方才罢休。

这时，雍廪猛地拍掌三声，五个持戟武士破门而入。连称、管至父二人惊得汗毛乍起，醉意全无。连称壮着胆子问："雍廪，你干什么！想造反吗？"

雍廪冷冷一笑，说道："你们深受齐侯之恩，僖公待公孙无知如世子，你等却狼子野心，弑君作乱，为天地所不容，你们才是造反夺位之贼，今日便是你们的死期。"说着，一挥手，武士一拥而上，杀了二人，弃尸荒野。

同一天，在临淄宫中，公孙无知听到传言说公子纠将借鲁兵伐齐，却没有人向他禀报此事，他想找连称、管至父询问到底是什么情况，可让人找了半天也没找着他们，这让他焦虑万分。这时他遇到了高傒，也顾不了礼仪，直接问道："高卿家，有没有见到连、管二人？"

高傒淡淡回道："昨日听闻他们要去渠丘山狩猎游乐，今天他们在哪里就不知道了。"高傒不仅知道二人去了哪里，而且还知道他们肯定有去无回。

公孙无知闻言，眉头紧皱，沉声道："他们倒是会享受，置寡人于不顾。"

当天下午，公孙无知就带了二十多个武士侍卫出发前往渠丘找连、管二人。由于之前雍廪对公孙无知百般尊敬，所以公孙无知并无防备，就没有带领大队人马跟随。到了渠丘邑，天色已暗。公孙无知没见到邑官雍廪，连文吏都没找到，只得让侍从安排住进了渠丘邑最好的客栈。

公孙无知用过晚餐后，正欲就寝，这时，侍卫传报："大夫雍廪求见。"公孙无知早憋了一肚子气，哪里愿意见他，怒道："不见。"

过了一会儿，侍卫又报："大夫雍廪求见，有军情急报。"

公孙无知这才传雍廪进来。雍廪进来后，将一片帛书双手递上，公孙无知伸手来接，雍廪突然从腰间拔出一把短刀，朝公孙无知胸间猛刺过去，这一刀没至刀柄。公孙无知闷哼一声，正要喊叫，雍廪赶紧捂住他的嘴，把他死死地按在桌上，直到他气绝。

雍廪拔出刀，在公孙无知身上擦了擦，正要转身离去，却听得"嘭"的一声，这是公孙无知从桌旁倒地的声音。外面的侍卫察觉里面情况不对，立马冲进来，将雍廪围住。雍廪并不慌张，神色凛然地说："公孙无知弑君篡位，大逆不道，其罪当诛！现反贼已死，你等难道还愿意为他卖命？不想背负骂名就放下手中武器。"

武士们面面相觑，正犹豫间，雍廪的百余人马围了过来，武士侍卫们都做出了明智的选择。

公孙无知谋逆当上国君，总计才一个月零十几天，这须臾富贵如黄粱一梦，如今梦断身死，可怜可叹！连妃听到噩耗，如坠深渊，绝望透顶，也羞愤至极，自知罪责难逃，投缳自尽了。

第二节　一箭结仇

在鲁国，管仲、召忽和公子纠住在一处十分幽静的小院里，两位老师如往常一样教公子纠读经史、习六艺。

这天，召忽正在教公子纠射箭的时候，管仲从外面进来，兴奋地拍着召忽的肩说：“召兄，咱们的出头之日马上就要来了。”

召忽疑惑地问道：“我等困居鲁国多日，何谈出头？还请先生详言之。”

管仲神秘一笑，说道：“齐国大夫宾胥无来鲁国了。齐国大夫至鲁，定是国内生变，公子纠继君位有望啊！”

几人正说着，鲁国大夫施伯带着宾胥无进来，相互行了礼，宾胥无从怀里掏出一封帛书，呈到公子纠面前，说道：“臣与雍廪、东郭牙等大夫歃血为盟，迎公子归齐继位。”

公子纠展开帛书，读完，满心激动。

管仲点点头，拊掌道：“歃血盟书写得好，众位大夫不愧为忠义之士！”

公子纠说：“这公孙无知无能无德，竟谋逆杀我兄长，真是应有此报，我恨不得再杀他一次，以报兄仇。”

管仲对公子纠道：“自周平王迁都洛邑以来，礼崩乐坏，诸侯荒淫无道，诸侯间刀兵相见，君臣兄弟相残，民不聊生。先君襄公不知爱民，荒淫暴虐，致使朝纲混乱，天怒人怨。公子此次返临淄继承君位，一定要上遵天意，下顺民心，肩负起一国重任……”

公子纠说：“可我似乎还未准备好。何况无一兵一卒，何以继位兴国？”

管仲道：“公子可知鲁侯姬同十三岁即位国君，与其相比，公子已成熟练达！”

“你兄既死，无知亦亡，公子当速往齐国继大位！”这时，宾胥无说，“曲阜离得远，我到此已费些时日，而公子小白那边，亚卿高傒也派高伪去了，如想早归，还当尽快决定才好。”

管仲思维缜密，稍加思索，说道：“事不宜迟，日久恐生变故。我们快做准备，禀告鲁侯，速速返回临淄！”

此时文姜已回了鲁国，她先是催鲁侯为齐侯诸儿报仇，后得知仇人已死，又催鲁侯送公子纠回去继位。鲁侯没办法，打算派曹沫为将，秦子与梁子一齐护送公子纠回国。

管仲心中不踏实，归程人多事繁，肯定行走缓慢，如果公子小白有争位之意，必会比公子纠先到。虽长幼有序，公子纠有顺位继承的优势，但如今越矩而行的事例实在太多了。诸事难测，管仲哪能不着急？于是，便对鲁侯说：“现在齐国的另一位公子小白居住在莒国，莒国比鲁国距离齐国近，若他先返齐，那他就是主，我们就成客了。一旦他被立为君主，我们就会成为叛臣了，没有存活的可能。我请求鲁侯把上好的战马借给我，我要前去拦截公子小白。”鲁侯问他说：“你想要多少兵马呢？”管仲胸有成竹，回答说：“三十匹战马就足够了。”

管仲借了三十匹战马，火速从鲁、莒、齐三国交界处横插过穆陵关，在莒国通往齐国的官路上进行拦截。到了即墨，果然得到消息，公子小白在莒国士兵的护送下已从此地经过。管仲火急火燎地在后面追赶了三十多里，正好追上护送齐国公子小白的莒国士兵，他们刚停下车来，正在小河边饮马，准备生火做饭。

管仲先恭恭敬敬向车中的公子小白行了个礼，问："公子这是要往哪里去？"

公子小白自知管仲来意，冷冷地说："赶回国都，为兄长治丧。"

"公子纠乃兄长，理应由他主丧，公子何必这般匆忙呢？"管仲道。

鲍叔牙察觉到管仲的不怀好意，喝道："现在咱们各为其主，你不必枉费口舌了！"

身旁的莒兵们也一个个横眉怒目，好像要与他拼命的样子，管仲担心自己寡不敌众，只得一边答应，一边退了回去。突然，他一转身，拈箭搭弓，对着小白就是一箭，凭自己精湛的箭艺，一击即中。只见小白大喊一声，口吐鲜血，一头栽倒在车中。

周围的人慌了手脚，边哭边喊："不好了，公子中箭了！"

鲍叔牙大惊失色，他知道管仲的箭法出神入化，被他射中的人难有活命的可能。他抱着昏厥的小白哭喊，痛不欲生。

管仲远远地回头望了一眼，断定这一箭射中了，虽非君子之为，但要保公子纠侯位，实为无奈之举。

而此时他的好朋友鲍叔牙，依然抱着公子小白痛哭不已。莒兵从惊慌中反应过来，纷纷上马去追，但管仲的人马早已无影无踪。

这时，小白从鲍叔牙怀里挣脱出来，拔出身上的箭。鲍叔牙一看，不禁又惊又喜。那支箭正射在小白的衣带钩上。这衣带钩是用铜造的，那箭竟然把铜衣带钩射了个窝儿，如果不是衣带钩阻挡，必透射胸口。

"苍天保佑！苍天有眼！公子，你可真是大福大贵之人！"鲍叔牙惊喜出声。

小白说："我知道，以管夷吾那鹰一般的眼睛，若是看见没射中，他会补上一箭，我定无活命的机会，我便咬破了舌头吐出鲜血。"他一边说着，一边打量周围的人。每个人的泪水沾上风尘，在脸上显出道道花纹，他忽然放声大笑。

鲍叔牙连忙问道："公子莫不是吓着了吧，何故发笑？"

小白说道："我笑那公子纠无勇，管仲无谋！公子纠只敢使用如此卑劣下流伎俩，却不敢与我堂堂正正竞争，是他无勇；管仲身为主之家臣，却不会为主上出谋划策，只想凭暗杀夺位，是我高看他了。此无谋无勇之辈，如何与我争锋！"

鲍叔牙说："管夷吾能在此拦截，说明他早看出我们的图谋。若放我等回去，明争，公子纠无必赢的把握，但他有着比你年长的优势，他杀你，很容易找到借口；相反，若是要杀他，则不易找借口，他为何要与你进行一场胜算未知的竞争，而不采取这种简单残忍的方式呢？"

公子小白这才觉得管仲的可怕，他咬牙切齿地说："管夷吾，我不报这一箭之仇，誓不罢休！"

鲍叔牙神色肃然，说道："我担心他们会再次追赶上来，此地不可久留，还是赶快离开这里，快快回国吧！”

于是，鲍叔牙将计就计，制造了公子小白已亡的假象，带着从莒国借来的一百辆战车，风驰电掣般直奔齐都临淄。

第三节　公子小白继位

国不可一日无君。公子小白回到临淄，一场关于立君的争论便在大臣中间展开。能够在这场混乱中活下来的文武大臣，都是与公孙无知和齐侯势力无关的人。宾胥无、东郭牙不参加争论，国氏、高氏势力最强，监国国氏对高傒嘀咕道：“公孙无知一死，按礼制，当迎立在鲁国避难的公子纠即位。”

高傒偏爱公子小白，他说：“公子纠任性古板，做事偏执，不如公子小白。”他态度十分坚决。高傒表态了，他所代表的那一派自然不会有人反对了。而支持公子纠的一派唯一能有一争的依据就是长幼有序的礼制。

鲍叔牙用不可置疑的语气说：“齐国接连发生内乱，接连二位君主被杀，现在局势混乱，非常时机，就需要非常之人，没有贤良的君主，没有治国的能人，就根本无法平定内乱。况且现在公子小白先回国，继承侯位，整顿朝政，是上天的意思。”

国氏国懿仲所带领的那一派人也默认了。至于其他大夫以下的官员，基本没有发言权，只有附和的份。几人议定在高傒府邸宴请大夫以上的官员，请众大夫表态共同尊公子小白为君。

第二天，该来的人全都来了，众人落座后，高傒率先开口道：“众位，齐侯之位不可久悬，今日，我等就必须议出个章程来，以决定迎立谁为国君。”

宗正公孙奉己说道：“立太子要立嫡子，国君亦然。但无知篡位，本不当立。襄公德行有亏，有辱先人。当从僖公的两个公子中选择。立公子纠，还是立公子小白，众位请抉之！”

众人商议到半夜。虽酒桌上讨论激烈，但众臣心中已猜到了结果，高傒最后宣布时，没有人惊讶，也没有反对。登基大典明日举行。

当夜，公子小白等人沐浴更衣，等待明日举行登基大典，祭拜太庙。齐国没有晋国那么多成套的鼓乐，大典在太庙进行。齐都临淄的太庙又有着不同于其他诸侯国的特色，这主要表现在它的前三进院落的布局上：第一进为黄帝大殿，殿内主祀黄帝，配祀太公姜尚；第二进为门朝殿，是计议朝廷大事的处所；第三进为享殿，供奉着除太公之外齐国历代国君的神主灵位。这样的布局，无疑强调了两个方面的内容：一是先祖黄帝的至高无上的地位，二是凡朝廷中的重大事项都要在黄帝面前处理、重大决策都要在黄帝面前颁布。这也正是齐国的太庙又被称作“太庙之门朝”的原因。

这一天，门朝布置一新，尤其是黄帝大殿与享殿更是被装点得金碧辉煌又不失庄严。大殿里华灯照耀，香烟缭绕，摆放着各种供品和祭品。所用牺牲，名之曰“白牡”“骍刚”，都放置在特制的巨大尊俎之上；入夜之后，依照典礼官的吩咐，太庙庭院的各处燃起了庭燎，直照得每个角落都亮如白昼。

公子小白身穿绣有麒麟瑞兽等图案花纹的锦袍，头戴九旒诸侯冠冕，等待着那激动人心的时刻的到来。当天微亮，祝官宣布吉时到时，祭祀跪拜就开始了。大臣们在外陪跪。然后，唱吟祝祷辞，赞美祖宗的功德，祈祷祖宗保佑。

称颂完祖宗们的功德后，新国君公子小白便仿照鲍叔牙所说先例，举起事先准备好的祭器——豆笾，大声呼道："寡人定当与众卿追随黄帝、太公等先君，矢志不移！"接着，新君率领着朝廷的所有臣子，迈入门朝殿，登上国君宝座，俯身接受了分列两班的文武大臣的朝贺，继齐侯位，史称齐桓公。

就在临淄城内推举新君，举行即位仪式之时，曹沫带领鲁国护送公子纠的队伍也在往临淄城赶来。进入齐国后，管仲就发现了情况不对，但他没有把自己的疑虑告知公子纠和曹沫，他希望是自己判断错了。

第二天，公子纠进抵都城稷门（西门），此时，他激动万分，流亡国外一年之久，终于回来了。他不顾众人劝阻，亲自下车，用脚踩着临淄城外的厚土。

然而，让他不解的却是此时城门紧闭。管仲看了一眼，心里就有了不祥的预感。他们在城下大声喊开城门，喊了很久也没见动静。

又过了一会儿，忽见城墙上随风飘动着一面战旗，旗上有个大大的"齐"字。旗下站着一个老者，他高声道："公子纠来迟了，我等已拥立公子小白为齐君。你等速速离去，勿要刀兵相见。"

此人就是上卿高傒，他的身边公子小白默然而立。

公子纠见此情景，眼前一阵发黑。镇定之后，他远远指着齐桓公，怒斥道：“论年岁，我为长。谁当立为齐国新君，岂能由你等专擅定夺？”

这时，齐桓公也来到城头，随即答道：“你既为兄长，为何不顾兄弟情分，派管仲等人在关口截杀我？还不快快交出管仲以谢罪！”即喝令左右，“立刻拿下公子纠和管仲！”

齐军从四面掩杀过来，挡住了公子纠一行的去路。此时，临淄城门大开，里面也跑出一队人马，为首的战车之上，便站立着齐桓公与上大夫高傒，其余数架战车则呈雁翅形排开，护卫在左右。

鲁军这边，曹沫、管仲、召忽等人见势不妙，遂一面令弓箭手放箭，阻挡住齐军前进，一面保住公子纠，且战且退。

齐军并没有追赶，显然城中的兵马不多。鲁军退出十多里后，放缓了脚步。管仲劝慰公子纠说：“事已至此，公子莫要伤心失望。事情或许仍有转机。公子小白初登君位，国内势必人心不定，此时整顿人马，迅速强攻入城，然后联络倾向于立你为国君的那些大夫，我们还有胜算。”

公子纠一听顿时火起：“老师平日箭法如神，为何此次却大意失手？我倒是听说你上过三次战场，三次逃跑，没打过一次胜仗，难道你现在就有必胜的决心吗？这城墙有多坚固你不知道吗？仅凭这些人马，能攻进城吗？”他把气全都撒在管仲身上，管仲的脸一阵红一阵白，缄口不言。

召忽本来也觉得管仲的计划不错。此时奋力一搏，事情或许会有转机，但当公子纠毫不留情面地对管仲进行指责时，他也只好说道："若不然，我们派人回鲁国，请鲁侯再派大军来援。我等先驻军在离城三十里之外，以待鲁公的援军。如何？"

公子纠本就对管仲失手不满，又觉得召忽说得比较稳妥，合乎他的心意，采纳了这个计划，立刻派人回鲁国，禀报鲁侯。

第四节　齐败鲁师于乾时

公子纠没有选择直接进攻临淄，而是选择了退走。管仲又对召忽说："齐国人心未定，现在应该一鼓作气攻入齐都比较好，即使死，也要抓住这个时机。如果等双方都投入大量兵力，那就将是一场惨烈的对决，又会使众多无辜者遭殃，这是你我都不愿看到的。"

但是，召忽可没有做出任何决定的权力。而曹沫身为鲁将，显然不想让自己的部下为了齐国两位公子争位去送死。这让刚刚继位，还没能笼络人心的齐桓公和鲍叔牙等人长舒了口气。既然公子纠暂时退避，就会让齐国的士大夫们以为公子纠的实力不够，不足以前来争夺君位，也就不会冒着巨大风险去支持他。这也意味着齐桓公有了时间整顿内政，调兵遣将。

这时，鲍叔牙向齐桓公献计说："公子纠向鲁求助，鲁侯已亲率大军向齐进发。现在鲁军还没有到达，我们应该未雨绸缪，预先做好应对准备。”同时，鲍叔牙派仲孙湫立即启程，在途中迎接鲁侯姬同，告诉他齐国已经拥立了新的君主，鲁国完全不必节外生枝，新君愿与鲁国世代交好。

鲁侯在路途中接到通报，得知公子小白没有被管仲的利箭射死，不仅好好地活着，还成功地当上了君主，心里很是愤怒，大声责问仲孙湫说：“按照礼制，应该立长子公子纠为君，公子小白不论长幼，抢占君位，无疑有违礼制，为世所不容。寡人不能就此善罢甘休，定要向齐国讨个说法，拼个你死我活。”

鲁侯态度极为强硬，仲孙湫费尽口舌也没有劝退鲁侯，只得返回齐国，如实禀报。齐桓公听到禀报，心里很是犯愁，就召集大臣们商议说：“现在鲁国军队有备而来，来者不善，你们认为如何是好？”

鲍叔牙说：“敌军到来，我们就派兵迎战，严加布阵，以逸待劳，定打得他们片甲不留！”

齐国立即采取军事行动，任命王子成父为右将军，宁越为副将军，东郭牙为左将军，仲孙渊为副将军，鲍叔牙遵照齐桓公的命令，亲自率领中军，任命雍廪为前敌先锋。齐国派出五百乘战车，信心满满地前去迎战。

这时，东郭牙建议：“鲁国君主是一位聪明人，他一定会考虑到我们有所防备，必然不会长驱直入。鲁国驻军处有一地名曰乾时，那里水源和粮草充足，是驻军迎战的好地方。我们如果提前行动，抢先到达那里，设下埋伏，等待敌军到来，然后趁其不备发动袭击，就一定能够攻破敌军，大获全胜！”

鲍叔牙闻言，非常赞赏，点头说：“这真是一条妙计！”随即命令宁越、仲孙湫各自率领本部人马，火速奔赴乾时，分兵两路埋伏在那里，等待时机，伏击敌军。又命令王子成父和东郭牙两位战将，从另一条道路，抄近路绕到鲁国军队的后面，以截断敌军后路。雍廪作为前敌先锋，与鲁国军队交战，诱使敌军进入乾时设伏地。

在齐国紧锣密鼓地准备迎战敌军的时候，鲁侯也率领军队，护送着公子纠到达了乾时。时值夏末秋初，齐军到达乾时那一天，已经是午后了。许是因为下过了几场雨，原本干枯的时水河中已经是流水淙淙，开阔的河面在斜阳映照之下，就像一面大镜子，熠熠地闪着白光。

这时鲁侯下令，在乾时安营扎寨，稍作休整。鲁侯的军队安排在前面，公子纠的军营安排在后面，两支军队相隔二十里的距离，首尾根本无法照应。第二天鲁军突然接到斥候报告说：“齐国的军队已到，先锋战将雍廪前来挑战。”

鲁侯接到军情报告，立即下令：“全军出战，速击退齐国军队，挫伤齐军锐气，让城中的敌人心惊胆战，引发内乱。”他求战心切，率领着秦子和梁子两员大将，驾驶着战车，一马当先，冲在队伍前面。对雍廪大声喊道：“雍廪，你们杀了公孙无知，求我送回公子纠，现在却立公子小白为君，是何用意？信义安在？”

鲁侯一边责骂，一边挽弓搭箭，准备射杀雍廪。雍廪故意装着羞愧难当的样子，把脸一扭，带领士兵，掉转方向，仓皇而逃。鲁侯立即命令大将曹沫率领士兵，赶着战车追赶过去。雍廪毫不恋战，继续逃走。鲁将曹沫在后面穷追不舍，奋力追杀。正当他紧追敌军的时候，鲍叔牙率领大军飞速赶来，将他团团围住。曹沫立即陷入敌军重围，即便左冲右突，奋力拼杀，也无法脱身。他在拼杀时，身中两箭，强忍疼痛杀出一条血路，才得以逃出敌军重围，脱离了险境。

在曹沫与齐国敌军死战的同时，鲁国大将秦子和梁子担心曹沫有闪失，正准备前去接应，忽然听见阵地左右的山谷里，鼓声齐鸣，震耳欲聋。是仲孙湫率领的齐国伏兵，他们闪电般地从密林里冲杀过来。鲍叔牙也率领齐国中军，像乌云一般席卷过来，将鲁军包围。鲁军三面受敌，士兵恐慌不已，立即丧失斗志，纷纷后退，四处奔逃。

鲁将秦子听到齐军的呼喊，飞快冲上前去，扯下绣着大字的鲁侯军旗藏起来。梁子看到这种情景，迅速拉起旗帜，插在他自己的战车上，秦子问他为什么要那样做，梁子回答："我也是为了误导齐军，扰乱他们的视线，保全鲁侯。"鲁侯见军情紧急，当机立断，跳下战车，换乘另一小战车，换上士兵服装，混在士兵之中，仓皇逃窜。鲁将秦子紧随其后，挥舞着锋利的长枪，左挑右刺，掩护鲁侯车驾杀出敌军重围。

鲁将梁子看见齐军飞速追来，镇定自若，处变不惊，他不慌不忙地脱下头盔，露出笑脸，对齐将说："我是鲁国大将，我们的国君早已离开，你根本无法追上了。"齐将即命令士兵，冲杀过去，将梁子生擒。齐军主将鲍叔牙见齐军已经大获全胜，立即鸣金收兵，停止追击敌军。

管仲等人照看着军事辎重、后勤物资，听说先锋部队被打败，便叫召忽与公子纠在后面看守军营，自己率军来接应先锋部队，正好遇到败退下来的鲁侯，他们合兵一处，一边与齐国追兵激战，一边护送着鲁侯向后撤退。鲁将曹沫也率领着残兵败将，驾着残破的战车，逃了回来。

此战鲁国惨败，军队折去七成。管仲指挥着残兵撤退，第二天，在路上又遇到齐将王子成父和东郭牙的伏兵，鲁将秦子迎战王子成父，曹沫迎战东郭牙，双方厮杀惨烈。管仲保着鲁侯，召忽保着公子纠，夺路逃脱。秦子则战死于乱军中，曹沫负伤，好在只是伤了一只胳膊。齐军趁胜攻入鲁境，占领了汶阳。

第五节　鲍叔牙救才，管仲为卿

乾时之战后，齐鲁双方展开谈判。九月，齐国派隰朋出使鲁国。鲁侯姬同接见齐国使臣。他身着朱红色礼服，头上戴着冠冕，中气十足地说道："不知贵使远来，所为何事？"

隰朋想了想，说道："齐国和鲁国曾在先君襄公时结盟，现在鲁国趁齐国内乱，进犯齐国，新君派我前来问罪于鲁！"

鲁公和施伯尚未回话，席上鲁国的公子偃跳起来了，说道："齐和鲁有盟约不假，鲁国从未背弃盟约。前有公子纠来到鲁国避难，鲁侯念及情分收留了他。齐国没有国君，按照礼法，本应该立年长的公子纠为君，且齐派人使鲁请公子纠回齐继位。后齐不守诺言，改立公子小白为君，岂非戏耍鲁侯？我等岂能容忍？隰大夫所言鲁趁乱犯齐，简直荒谬！”

隰朋反驳道：“鲁国送公子纠返齐时，新君已然即位，这是我齐国上下商议而得。鲁国何故干涉齐国内政？先君在位时曾和鲁公会盟，要以齐国为伯（大），不知鲁公还愿不愿意遵守盟约？”

谈判期间，双方火药味十足。

第二天，隰朋直截了当提条件：“鲁国必须杀死公子纠，送还召忽和管仲，来交换鲁国被俘的两位大夫和五百甲士。”鲁侯已不想再陷于齐国之事。经乾时一战，鲁军损失极大，便答应了隰朋之请。

这时，谋士施伯在一旁插话说：“杀死公子纠，算是给齐侯一个交代，但要把召忽和管仲活着带回齐国，又是何必呢？这二人也是罪魁祸首，不知将二人召回是何用意？”他对齐国人的这一动机起了疑心。

隰朋闻言，心头一紧，以为施伯看出来召忽和管仲的价值，有意要将他俩杀死，但他定下心神面不改色地说道：“这是我家主公的意思，召忽是公子纠的谋臣，管仲更是曾亲身刺杀主公，如此大逆之人一定要处死于临淄之市，让齐人看看胆敢冒犯国君的下场。”他的话说得滴水不漏。

不过，施伯的怀疑并没有消除，只因国君已经答应，他不好当面反悔，但难保他不在背后做手脚。隰朋希望鲁侯尽快兑现诺言，让他速返齐国，以免夜长梦多。

得知齐鲁谈判的结果后，管仲对召忽说：“或许可以派人去刺杀齐使，齐使一死，齐鲁两国势必再度开战。鲁国必然大乱，我们便可趁乱逃走。”

召忽说道：“在曲阜刺杀齐国的使节，本来就不容易。即使成功了，也势必会触怒齐鲁两国，派人擒杀我们是必然的了，鲁国再也不会庇护我们，何况……”他话未说完，鲁侯就派人来捉拿他们了。召忽即刻手持长剑，拦在公子纠的面前。一场厮杀在所难免。

这时，公子纠突然笑了，对前来之人说道：“纠承蒙鲁侯收留，已是感激不已，怎会难为你们呢？只是我死后，望能放过召忽与管仲两位老师。”

来者摇头道：“齐侯要将他二人押回齐国，于临淄处死，我无法答应你。”

公子纠无奈，长叹一声，道：“两位老师，纠无能，连累了你二人，如今情势所迫，纠身死而无憾，只愿二位老师能逃过此劫！”说完，便拔出宝剑自刎。

得知公子纠死后，隰朋立马向鲁侯告辞，要将管仲和召忽带回齐。在将要进囚车的时候，召忽仰天痛哭道：“为子者死于孝，为臣下者死于忠，这是人的本分，今我主已死，我岂能独活？”说完一头撞在囚车柱子上，倒地而死。

管仲眼看多年生死挚友死于眼前，心中万分悲痛，虽想随召忽而去，但转念一想，如此一来，公子纠与召忽岂不被定论为叛贼，遗臭万年了吗？管仲自知使命未完，他说：“自古有死臣也有生臣，我要入齐为公子纠申冤。”说完，便径自走入囚车之中。

隰朋叫人给他戴上手铐脚镣。

囚车出了曲阜城，隰朋这才向管仲透露，是鲍叔牙嘱托要把他与召忽安全带回去，并要提防施伯派人半路截杀。

管仲明白了鲍叔牙的良苦用心后，又想起昔日自己与召忽、鲍叔牙泛舟而谈，立誓永不相负，而如今已物是人非，不禁再次泫然而泣。回齐国不仅在鲁国有很长一段路要走，还要经过嬴、牟两国，这两国算是鲁国的附庸。而施伯堪称鲁国的智囊，是一位极富智谋的人物，不可小觑，管仲与隰朋仍处险境。

果然不出管、鲍二人所料，鲁侯与施伯等人商议之下，意识到让才智超群的管仲平安回国，将成为鲁国巨大的威胁，立即反悔，连忙命令公子偃召集骑兵，快马加鞭，前去追赶，但是为时已晚，管仲一行已入齐境，他们只得无功而返。

管仲见已经进入齐国境内，平安脱险，不禁仰天长叹，对士兵们说道："真是苍天有眼，让我今日重获新生！"

囚车刚刚行至临淄城下，鲍叔牙就飞奔而至，扑上去将管仲身上的绑缚物亲手取掉，二人一番痛哭，泪水如雨。

管仲说道："我与召忽共同侍奉公子纠，既没有辅佐他登上君位，又没有为他死节尽忠，实在惭愧！"

鲍叔牙诚恳地对管仲说："你是个睿智而有远见的人，怎么会说起糊涂话来？做大事的人，常常不拘小节；立大功的人，往往不需他人谅解。如今齐侯正在广揽人才，你有治国的奇才，齐侯有做霸主的宏愿，如你能辅佐齐侯，日后不难成就大业。你毕生理想如今终有机遇施展，莫再轻言生死！"管仲听了鲍叔牙的言论，默然不语。

鲍叔牙把管仲留在城外堂阜休息，自己急忙赶回临淄，拜见了齐桓公。他对齐桓公说："今日之事，当先吊后贺！"

齐桓公不禁问道："你要我吊唁什么呢？"

鲍叔牙面带忧伤地答道："公子纠是你的兄长。君主为国灭亲，采取非常手段，完全是迫不得已，如今大事已成，兄长已死，岂能不吊唁？"

齐桓公微微点头，又问："你又向寡人祝贺何事呢？"鲍叔牙喜形于色地回答说："管夷吾是天下奇才，非叔牙、召忽等人可比，臣已经把他平安地迎接回来了。君主获得一位奇才，我又怎敢不庆贺呢！"

齐桓公听到管夷吾这个名字，脸色顿时变了，压住心头的怒火，缓缓地问："老师明知我与他有一箭之仇，此血仇不能不报，难道老师要我重用一个仇人吗？"

鲍叔牙正色道："君上，如果您只想治理好齐国，有高傒和我就足够了。如果您打算称霸天下，那就非管仲不可。管仲在哪个国家，哪个国家就强大，您不该因昔日的仇恨而失掉这样的人才，失掉称霸天下的机会啊！"

齐桓公沉吟一会，突然问鲍叔牙，说道："我从太公那儿得到教导，又有你们的辅佐，还比不上管夷吾一人吗？"

鲍叔牙闻言说道："君上，现在您赦免管夷吾的罪过有三利，君上可愿听？”

齐桓公余怒未消，冷冷道：“老师且讲。”

鲍叔牙说道：“这第一利，是能显示君上心胸宽广，能容人，一个差点杀了您的人您都愿意原谅，这不是证明您有宽恕的美德吗？您说，这不是一个好处吗？”

齐桓公语气和缓地说：“是个好处，能赚个好名声，第二利呢？”

鲍叔牙接着说道：“君上置绢帛于台，重赏东野叟，高其位，美其职，世人皆知君上在广罗人才。而若您连要杀您的管夷吾都重用，这不更显得您求贤若渴吗？这个消息传出去，难道还担心有才学的士人不来效忠您吗？”

齐桓公闻言，面露喜色，说道：“妙！赦免一人而得众士效忠，可取。那第三个好处呢？”

鲍叔牙道：“以上两个好处虽然对您和齐国都很有帮助，但我认为还不如这第三个好处大。”

齐桓公不由好奇起来，忙说：“是什么好处，能超过前二者？”

鲍叔牙神色肃然，说道：“是任用管夷吾为相的好处。若任用他为相，则齐国必得大治，您也许可以重见昔日太公盛世，再创丰功伟绩！”

齐桓公问道：“老师，这管夷吾过去的所作所为，你我可都是一清二楚，并无丰功伟绩，也无奇谋伟略。为什么您还认为他是个奇才呢？”

鲍叔牙慷慨激昂地说道：“君上，如我前面所说，世人都把因循守旧之辈当成人才，却不知道求变的重要性。管夷吾却极善求变！他之前表现得不尽如人意，是未逢其时，未遇贤主，如今您想成霸业，他为霸业而生，那些庸碌之辈，都不可能给他机会，只有您才可以。若您能像周王重用太公一般重用他，那他必是太公一样的人物。”

齐桓公闻言，有些心动。他把姜太公与这个管夷吾进行了比较，觉得二人没有多少相同之处，但听鲍叔牙一番话，又觉得不用管仲的话，会是一大损失。就像人们手里拿着一块玉石，无法判定是瑰宝还是废石，难以取舍。

齐桓公被这道难题搞得一夜无眠。到了第二天，他猛然醒悟：放下仇恨，试一试不就知道该如何取舍了？于是他决定马上召见管仲。

三日之后，在临淄城门之外，齐桓公身穿朝服，头戴冠冕，腰悬玉佩、长剑，和众位卿大夫一起，专门前来迎接隰朋和管仲一行人。

当管仲一下车，看到齐桓公迎接自己的阵仗，心中着实吃了一惊，但他很快平复了心情，上前俯身下拜，说道：“罪人管夷吾，见过君侯。”

齐桓公欲扶管仲起身，管仲坚持不起，说道：“君侯，管夷吾曾于穆陵行暗箭刺君之事，深知自身罪大当诛，若君侯想治罪，那就将我赐死。我又听说君侯正在寻觅将相之才图谋霸业，若君侯想称霸天下，仲愿以毕生之学辅佐。管仲生死就在君侯一念之间。”

一班大臣闻言，都以为管仲出言太过狂傲，只有听取鲍叔牙劝导的齐桓公一脸惊喜，笑道：“管夷吾正是我所求之才！”一边说着，一边拉着管仲的手同车回城。

第二天，在朝堂上，齐桓公授封管仲为亚卿。

第七章 惜良才 金台拜相

第一节　长勺之战

齐桓公任用管仲为亚卿的消息传到了鲁国，鲁侯姬同大怒，说道："悔不听施伯的话，应该杀了管仲以绝后患！齐桓公逼我杀掉了公子纠，又占地抢人，这般欺辱鲁国，鲁国的颜面何在？"鲁侯越想越气，想再次发兵攻打齐国，报乾时之仇。他立即下令，修理战车，搜集战马，随时准备发动一场战争报仇雪恨。

齐桓公得到消息，决定先下手为强，打到鲁国去。正好管仲新上任，可以去问问他的意见，也可考察他是否有真才实学。于是连忙召见管仲，焦急地对他说："我刚刚继位，本来不愿意发动战争，但现在鲁国准备报仇雪恨，向齐国开战，我想率先出兵，先发制人，现在就准备采取行动讨伐鲁国，不知卿意下如何？”

管仲劝说道：“现在国家的局势还不稳定，军事力量也不强大，还不是出兵的时机，不要盲目开战。”

齐桓公只是试探，其实他主意已定：如今刚刚即位，此战势在必行，通过战争显出他比公子纠更有才能，也好让大臣们臣服于他。第二天他在朝堂上侃侃而谈：“二百多年前，周天子封先祖太公望于齐，派召康公传周天子命令‘五侯九伯由齐国负责征伐，以辅佐周室。东面至海，西至黄河，南至穆陵，北至无棣，凡有不尊周天子者，伐勿赦’。今寡人虽新立，却当效法先贤，让四方诸侯知我大齐兵车之勇，让天下知道我齐国才是霸主！”他抬眼一扫众人，继续说道，“齐鲁毗邻，本应和睦相处，可鲁侯屡屡挑起事端，寡人不能不出兵好好教训一番。不知众卿有何高见？”

王子成父奏道：“鲁国一直是齐国手下败将，攻打鲁国，手到擒来，胜券在握。”

宦臣竖刁急于讨齐桓公欢心，赶紧出班奏道：“君主英明，雄韬伟略，英才盖世，中原霸主，非君上莫属，兴师伐鲁，必获全胜！”

齐桓公听得高兴，点头赞许。其他人也附和，只有管仲没有发言。最后，齐桓公决定任命鲍叔牙为主将，率领齐军五百乘战车直接进攻长勺。

齐国的出兵再次激怒了鲁侯，他没想到齐军敢抢先打上门来，愤怒地对谋士施伯说："齐国欺我太甚！速速出兵，迎战！"

施伯奏道："臣以为，齐侯野心勃勃，不是善辈，而今齐军士气正盛，贸然出兵于我不利……"

没等施伯说完，鲁侯把目光投向司马曹沫，曹沫轻叹一声，说道："齐强鲁弱，乾时一战，我军元气尚未恢复，如果再战，恐怕……"

鲁侯见他们都一副丧气的样子，大怒道："鲁国难道就没有一个能打仗的人了吗？"

施伯急忙说道："我推荐一个人，若君上重用一定能战胜齐国。"

鲁侯一听，极为兴奋，急忙问道："你准备推荐何人呢？"

施伯说："我认识一位军事奇人，姓曹名刿，现在隐居在东平乡，从未出仕做官。若我们请他出山，或许能助鲁一臂之力。"

听了这话，鲁侯又有点泄气，打仗非儿戏，领兵统帅历来都是名将勇士，一个山野村夫会打仗吗？但鲁侯实在没有别的办法，决定先请来再说。

就在这时候，侍从禀报说，外面有一乡民请见鲁侯，说有胜齐军之策。鲁侯愣了一下，即刻宣他进殿。来人衣衫褴褛，蓬头垢面，赤着脚就进来了，他正是施伯说的那个曹刿。

鲁侯问曹刿说："齐强鲁弱，此战我们能打赢吗？"

曹刿不答反问鲁侯："请问鲁侯自认做了哪些事情，能让百姓和您同心同德前去和齐作战呢？"

鲁侯说："衣服、食品这些养生的东西，我不敢独自专有，一定拿一些分给臣子。”

曹刿摇摇头道：“小恩小惠没有遍及于老百姓，老百姓是不会听从您的。”

鲁侯又说：“用来祭祀的牛、羊、猪、玉器和丝织品，我不敢虚报，一定按照承诺的去做。”

曹刿再次摇摇头说：“这点儿小诚意，不能被神信任，神不会赐福的。”

鲁侯想了想，又说：“轻重不同的案件，我即使不善于明察详审，一定依据实情处理。”

曹刿终于点头道：“这是鲁侯尽了本职的事情。如果能做到这点，我们可以与齐一战了。”

鲁侯还不放心，进一步问：“我们用什么方法才能战胜齐国呢？”

曹刿说：“打仗要根据战场的千变万化随机处置，决不能事先凭空决定采用什么固定的战法。我愿和君主一同率军前去作战，根据实情判断谋划。”

鲁侯认为曹刿讲得有理，虽有些担心，还是决定冒险一试，同曹刿一起带领大军迎敌。曹刿看出了鲁侯的心思，提醒道：“君主要满怀必胜信心，全力以赴！”

到了长勺，鲁军安营扎寨，远远地对着齐国的兵营。

长勺山清水秀、风光秀美，如今却成为战场。两国军队的中间隔着一片低洼平地，像是一条干涸的大河，两边的军队像是高大的河堤。

鲍叔牙因一路进军顺利，有轻敌之心，他见鲁军已至，首先下令击鼓进军。齐军呐喊着向鲁军阵地冲来。鲁侯一听见对面的鼓声似阵阵惊雷，也想令鲁军击鼓助威。曹刿连忙制止说："等等，齐军现在士气正盛，此时出去，正合了他们的心意，不如在这儿等候战机。"并要求鲁庄公传令全军严守阵地，不得骚动喧哗，擅自出战者斩。齐军随着鼓声冲过来，可鲁军没有迎战，而是保持阵型不动，齐军不明所以，就退了回来。

待了一会儿，鲍叔牙又下令第二次击鼓进攻，齐军重振精神，再次向鲁军阵地冲来，鲁国阵地仍然岿然不动，齐军又一次退了回去。

鲍叔牙见鲁军两次不出动，以为是怯阵，他说："鲁军怯战，也许是在等救兵。再次冲杀，不管他们是否出战，直冲过去，一定能胜利。"于是，他下令第三次击鼓进攻。

这时，曹刿果断地告诉鲁庄公击鼓冲锋。顿时鲁军的鼓声"咚咚咚"响起，声震四野。随着鼓声，鲁军潮水般冲杀过来，像冲出笼的猛虎，势不可挡。齐军被杀得七零八落，丢盔卸甲，狼狈溃逃，公子雍也被射杀。

鲁侯见齐军败退，正要下令立即追击。曹刿忙说："别急，待我查看一番。"他仔细察看了齐军逃走的车辙，又登上战车前横木向齐军逃跑方向瞭望了一阵，这才要求鲁庄公下令全力追击。鲁军追杀了三十余里，斩杀、俘虏了许多齐军兵士，缴获辎重无数，全胜而回。

回军途中，鲁侯问曹刿："前两回他们击鼓，你为什么不让我们击鼓呢？”曹刿说：“打仗靠的是士气，击鼓可以提升士气。第一次击鼓能够振奋士兵们的精神，第二次击鼓士气就开始低落了，第三次击鼓士气就耗尽了。他们的士气已经消失而我军的士气正盛，所以才战胜了他们。”鲁侯又问：“为什么齐军逃走了，你不让我军即刻追赶？”曹刿说：“大国之间交锋，虚虚实实，齐军虽退，也要特别提防有诈。后来我看到他们车辙的痕迹混乱，望见他们的旗帜不齐，断定齐军是真的溃逃，所以下令追击他们。”

鲁侯佩服地说：“你真是个精通军事的将军。”此后，曹刿就被鲁侯收入帐下。

从齐军出发的那天起，管仲就一直关注着齐鲁两军交战战况，虽然他早预料此战会有这样的结果，但还是被震惊到了。他生病躺在床榻上，心神不定，食不甘味。齐桓公刚愎自用，听不进忠言，好大喜功，急功近利，如此下去，即使姜太公在世也帮不了他。

可是，齐桓公是另一种想法。他没有把这次失败归咎于自己操之过急与决策失误，他认为只是鲁侯被逼急了，被迫任用了一个乡野村夫领兵，而恰巧乡野村夫把齐师打败了，这纯粹是运气好而已。

没过多久，朝中好事者奏请齐桓公再度出兵教训鲁侯。齐桓公当然愿意，他不信鲁国还有这样好的运气。他又派使者前往宋国，请宋国出兵相助。宋公捷曾与齐襄公诸儿共举兵事，听说公子小白即位，正想派使与齐结好，见齐请宋合兵伐鲁，很爽快就答应了。随即定下出兵之期，兵至郎邑相会。随即，两国开始调兵遣将，宋国以南宫长万为将，猛获为副将；齐国仍以鲍叔牙为将，仲孙湫为副将。他们将各统大军，分头而进。

在齐军出发前，管仲拖着病体去看望鲍叔牙，为他壮行。鲍叔牙问管仲："你是不是有话要交代？"管仲说："没有。我听说宋军主将是南宫长万，此人性情淳厚憨直，以勇力著称，是宋国的第一猛将。而兄长你是个文士，两军阵前要多加小心，莫要恋战，当退则退。"鲍叔牙不明白管仲此话何意，也不好多问。兄弟俩又聊了一会儿，管仲便起身告辞。

六月初旬，齐宋两国军队先后进逼鲁国的郎邑，郎邑临近鲁国国都。消息传来，鲁国上下一片紧张。鲁庄公姬同于朝堂之上与众臣商量对策，问大臣们："鲍叔牙有备而来，又有宋兵相助。据说南宫长万有触山举鼎之力，鲁国危矣，宋齐两军并峙，成掎角之势，何以御敌？"

大夫公子偃进言："鲍叔牙前次上当后必有戒心，军容甚整，不可轻视。那南宫长万自恃其勇，以为无敌，凭我对其队伍行动杂乱的观察，倒是可以智取。"

鲁侯摇摇头："你实非南宫长万的对手啊。"

这时，曹刿说道："公子偃可把话说完。"

公子偃："我带支精兵悄悄从雩[①]门（鲁都城南城的西门）出去，趁其不备偷袭，先败宋军。宋军一败，齐师自不能独留。"

曹刿说："此计甚妙，我也正有此意。"

公子偃上前一步对鲁侯说："请让臣一试。"

---

① 音 yú，古代求雨的祭礼。

鲁侯当堂应允。退朝后，朝堂上只有公子偃与曹刿时，鲁侯悄悄对公子偃说："如果你真想去冒此险，寡人自会命人暗中接应。"公子偃闻言，信心倍增。

鲁军赶来郎邑时，齐宋两国之兵已在郎城会集，齐军列阵东北，宋军列阵东南，显然抢占了先机。公子偃自知与宋齐两军力战行不通，于是避实就虚，精心布置了虎马阵。黄昏时分避开人们的视线，悄悄用虎皮百余张，蒙在乘骑身上，乘骑四蹄均用软席片包上，以使行走不发出声音。天黑后，雩门悄悄打开，这支披着虎皮的乘骑，借着月色朦胧，悄悄逼近宋营。这时，公子偃下令全军举火，一时鼓声、呐喊声震天。火光之下，全无防备的宋军远远看到一队猛虎咆哮而来，无不战栗，惊惶四散。

南宫长万虽然勇武，无奈军队已溃散，也只得驱车后退。鲁侯率大军从后掩杀过来，连夜追击。追至乘丘，南宫长万见后面追兵甚猛，迫不得已对猛获说："今日必须死战，没有退路。"猛获应声而出，与公子偃搏杀。公子偃眼看不敌，这时候，鲁侯让戎右颛孙生出战，戎右是鲁侯战车右边负责警卫的人，他连自己的贴身护卫都派出去了，足见其拼死一战的决心。颛孙生也是一个威猛勇士，可他仍不是南宫长万的对手，见状，鲁侯对左右说："取我金仆姑（强弩）来！"乘二人激战之际，鲁侯拈箭搭弓，飞射一箭，直穿南宫长万右肩骨。南宫长万吃痛，颛孙生抓住机会，一戟刺穿南宫长万左股，南宫长万倒地，被颛孙生与众军士一拥上前擒住。

猛获见主将被擒，弃车而逃。南宫长万肩、股被创，尚能挺立，毫无痛楚之态。鲁侯大获全胜，鸣金收兵，因敬佩南宫长万骁勇，以厚礼待之。

宋军战败了，消息传到北边的鲍叔牙军中。鲍叔牙想到行前管仲的嘱托，而今齐军孤掌难鸣，只好撤兵。齐桓公听闻再败，十分恼怒，怒火又无处可发。

第二节　筑台拜相

齐桓公连着打了两回败仗，这才想起管仲的话，也终于意识到自己的错误，再也不提打仗的事了。他本想当面向管仲认错，却放不下脸面，但他很快想到了一个主意，叫上一众大臣去狩猎，管仲作为亚卿不能不去，那样就有机会和管仲私下交谈了。

第二天一早，宦臣竖刁按齐桓公的吩咐，立刻安排好车马，十几个大臣、几十个武士侍从，簇拥着齐桓公，出城向西北而去。

这时正是打猎的好时机。庄稼都收完了，广阔的田野一望无边。齐桓公坐在车上，他还在想着齐鲁之战为何两战两败，难道仅仅是因为有个曹刿吗？

齐桓公叫驽手停车，让竖刁把鲍叔牙叫到他的车上来。片刻，鲍叔牙便来了，问道：“君上传臣来，不知有何事？”

齐桓公让车子继续前行，然后才说道：“我思来想去，还是觉得老师任相国比较妥当，老师的才能不在任何人之下，而我对老师的信任和依赖又在所有人之上，除了老师我不知还有谁更合适。”

对齐桓公的任命鲍叔牙已经推辞过两次，没想到齐桓公如此执着，他对齐桓公说：“国君想施加恩惠给臣，对此臣诚惶诚恐，万分感激！然叔牙才疏志短，只要有吃有穿，不被饿着冷着就心满意足了，我现在衣食无忧，这就是国君你对我的最大恩惠！至于托付重任，治理国家，我确是力有不逮。两次为鲁所败，已经证明我才疏学浅，文不能治国，武不能安邦，毫无能力担当相国的重任。”

齐桓公听了微微皱眉，继续说：“两败于鲁是我的错，这些天来我深思此事，是我太冒进了。恩师不必过谦，不要再推辞了。”

鲍叔牙苦涩一笑，说道：“君上也许知道我做事小心谨慎，遵循礼法，我也不过如此。这只是大臣应当尽到的本分，并不代表我具备治理国家的才能。要想治理好国家，就得内安百姓，外抚四夷。为国家建立丰功伟业，使国家像泰山一样安宁稳定，使君主无忧。建立丰功伟业，刻录在碑石之上，永垂史册，名扬千秋，这才是辅佐王侯的治国英才，我怎么能够胜任呢？”

齐桓公听了鲍叔牙的一番话，不禁靠近前去，与鲍叔牙促膝交谈，询问鲍叔牙：“当今天下，真有如此的治国高人吗？”

“当然有。管夷吾就比我强许多倍。”鲍叔牙很肯定地说，“我与管夷吾相比，至少在五个方面不如他——心地宽柔，真诚爱民，我不如夷吾；治理国家，不激起矛盾，我不如夷吾；忠诚守信，让百姓信服，我不如夷吾；建立礼仪制度，让四方遵守执行，我也不如夷吾；在军队中发号施令，设立战鼓，树立军威，使士兵英勇作战，毫不退缩，我更不如夷吾。只要君上给他足够的权力和信任，这些方面他定会做得很好。”

齐桓公听了鲍叔牙三荐管仲，将信将疑，回答说：“恩师言过其实了，管夷吾非此英才。而且我已经任用他为亚卿了，这还不够吗？”

闻言，鲍叔牙解释说：“我听说‘贱不能临贵，贫不能役富，疏不能制亲’，国君如果想真正重用管夷吾，就非得把他任命为相国不可，给他丰厚的俸禄，以父亲长兄般的高贵礼仪尊重他。如果随随便便给他一个官职，那就是轻视他，对他不尊重。如今朝中别说亚卿，就连上卿都有五六位，夷吾身为亚卿，能干得了什么事情呢？”

齐桓公听了鲍叔牙之言，若有所思，正要说什么，突然竖刁喊了一声：“君上，快看，一只大野猪！”

齐桓公定睛望去，这里就是猎场。只见东西南三面尘土飞扬，竖刁高举令旗指挥，把野猪围堵到齐桓公车前。

齐桓公眼疾手快，弯弓搭箭，“嗖”地一箭射去，正中野猪腹肚，野猪带箭向前逃窜，齐桓公让竖刁和鲍叔牙下车去，然后命驽手驱车追赶。齐桓公从十岁起就开始学狩猎，射箭的功夫连武士侍卫都比不了。可那受伤的野猪竟从他眼皮子底下跑掉，左拐右拐不见了。

这时候，前面传来一声虎啸，齐桓公吓得身子一抖：这里怎么会有虎呢？他朝前望去，是一个猎人在学虎啸，声音浑厚有力，还真像虎声。猎人这么一叫，那只跑丢了的野猪居然又跑回到齐桓公这边来了。野猪见退路被堵，便不顾一切直冲过来。

齐桓公镇定下来对准野猪脑门猛地射出一箭，野猪一声嚎叫，乱蹦乱窜，驽手惊惧，车都驾不稳了。突然，从十几步开外飞来一柄青铜叉，将野猪叉翻在地，野猪哼哼几下就不动弹了。

齐桓公惊奇地看着迎面走来的猎人，问道："请问壮士是何人？从哪里来？"

猎人跪地叩拜道："乡野之人乃卫国猎人开方，叩见齐侯。"

齐桓公一听心中生出一团疑云，卫国人怎么跑到这里来打猎呢？于是问道："卫国猎人，为何远道来此？"

开方看一眼竖刁："听说齐国出了一代贤君，小人特来投靠。但久未寻到门径，只得暂在此打猎以维生计。"

"你又是从何处听闻到寡人的名声？又怎么知道能在此遇见寡人？"

这时，竖刁喘着粗气，插嘴道："君上初登君位，便名扬四海，传遍中原。"

开方说："草民对齐侯崇敬至极，但因投靠无门，便四处求教，有人指点说齐侯常会来此狩猎，草民便在此苦等，已经两年，今日真是幸运。"

齐桓公见开方豹头环眼，虎背熊腰，有些喜欢，又问："你有何本事？这把青铜叉看上去可不轻，那就是你打猎的工具吗？"

开方回道："这叉重七十七斤，是草民用来对付较大野物的。"

齐桓公点点头，对开方说："看你心诚，又会打猎，寡人就收下你，往后专陪寡人打猎。"

竖刁忙道："还不快谢君上！"

开方道："多谢君上，草民定当忠心效劳。"他也是个聪明人，叩头改称君上。

这段小插曲给齐桓公沉闷的心情带来一丝快意，三天狩猎之后，齐桓公一行打道回府。他已想好要向管仲认错，于是让管仲与他同车而行。为了不使气氛过于紧张，管仲一上车，齐桓公就说："此次狩猎，我收获一宝。"

管仲微微一愣，马上反应过来："您说的是那个大力士猎人吧？恭喜君上喜得一宝。"他心里在想，这君侯家还真是爱打猎，只怕是祸非福。

接着，齐桓公艰难开口："齐国两战皆败，错在我没听从管卿你的劝告，急于求成了。鲁侯能胜，在于他重用了一个村夫，而我对管卿这样的奇才却不重视，如今我想拜您为相，安定齐国。"

管仲尴尬笑了笑，说："鲁侯若不是被逼无奈，也绝不可能重用曹刿。君上若不是为时局所迫，也不会急于与鲁开战。齐原本是一方霸主，今却不保；而君上还有更大的雄心壮志，不能不急。然而，世上很多事急不来，君上您一人急更不可能成就霸业，您需要多重用人才。"

听管仲如此说，齐桓公心里轻松多了。于是问："对国君而言，什么才是最宝贵的？"

管仲回道："应该是天吧。"

齐桓公仰起头望着天，颇为不解。

管仲解释道："天者，非谓苍苍莽莽之天。为君者，要把民众当作天。民众亲附，国家就可安宁；民众辅助，国家就能强盛；

民众反对，国家就很危险；民众背弃，国家就要灭亡。若民众怨恨国君，国君却不能改过自新，这样的国，哪有不灭亡的道理啊！”

齐桓公点点头，又问：“齐为千乘之国，先僖公威服诸侯。襄公继位，政令无常，国势渐微。今寡人初为国君，国内人心浮动，国力不强，应该先做什么呢？”

管仲回答：“礼、义、廉、耻，此为国之纲常。今欲强国，必先从这些方面开始。”

齐桓公问：“若如此，可以安定社稷吗？”

管仲答道：“君图霸业，社稷定；君不图霸业，社稷不定。”

齐桓公说：“我并无如此雄心，只求国家安定。”

管仲说：“不图霸业便不能安定国家。昔日您免我一死，实为我幸。而我当初不随召忽和公子纠赴死是因为想要谋求大业，让齐国真正强大起来。而今您不谋求大业，又令我掌管齐国政事，我宁愿随召忽、公子纠而去。”说完，管仲便起身要下车。

齐桓公忙把管仲拉住，对他说：“如你所言，齐必图强图霸。”

管仲说：“君上如此，仲愿秉承君命，执掌相位。”

齐桓公深深点头，说道：“我知道该怎么做了。”

第二天，齐桓公令人筑拜相台，由鲍叔牙亲自督造，数日后台成。齐桓公又与隰朋商定了拜相的吉日良辰，并决定行拜相大礼前，斋戒三日，不饮酒，不吃荤，戒除欲望，以示对管仲的敬意。

拜相吉日很快来临，鲍叔牙和隰朋一左一右扶管仲登上辇车，然后请齐桓公亲手扶着辇尾，推着辇车前进三步。

隰朋一招手，仪式开始，顿时鼓乐齐鸣，齐桓公于太庙三叩六拜，焚香祭告先祖。随后，齐桓公在拜相台前见管仲，行国礼。祝官宣读敬贤书，吟诵祝祷文。之后，齐桓公面南而立，管仲面北而立，开始君臣对策。

继而，管仲朝北面跪下，双手高举从高傒手中接过的齐桓公亲笔写的相国治国目标：富民强国，德服天下，成就霸业。

最后，齐桓公亲授管仲宝剑和相国大印。

管仲跪拜，高声道："臣既受君命，定尽心勠力，肝脑涂地，在所不辞，以报君上知遇之恩。"

拜相台下，民众欢呼雀跃，对齐国美好的未来充满期盼。

第三节　首合诸侯

任相国后，管仲便开始忙碌起来。新官上任三把火，这三把火该从何烧起，是管仲当下之急。治理一国，千头万绪，先得把这个"头"找到。一连三天，他没出家门，终于拿出了一套初步的设想。

管仲想稍稍放松一下，于是，拿出锦瑟，伏于矮案前，一边拨动琴弦，一边低吟：

彼黍离离，彼稷之苗。行迈靡靡，中心摇摇。知我者，谓我心忧，不知我者，谓我何求。悠悠苍天，此何人哉？……

一曲未了，他眼前又显现出母亲的音容笑貌。母亲为晋国姬氏，一生平凡而悲怆，然而，她却是世上最伟大的母亲……想着，想着，两行清泪从眼窝悄然滑落。

管仲又想起了缯氏，她没名没分陪伴母亲生活了五六个年头，如今派人去颍上寻她，却打听不到她的下落……

就在这时，鲍叔牙来了，他刚进门便说道："今日琴声如此优雅和谐，是不是治国方略已经写就？"

"不是。我吟唱的还是哀声。"管仲说。

"那也一定是治国方略已写就，以此缅怀母亲，告慰亡灵。"鲍叔牙严肃道。

管仲愣愣地看着鲍叔牙，好久才叹道："生我者父母，知我者鲍叔牙也。"

二人会心大笑。

一番闲叙过后，鲍叔牙认真说道："君上前日向周王室请求联姻，周王已经答应了，但仍然照老规矩，需要鲁侯出面主婚。齐与鲁昨日还是兵戈相向，今日又怎抹得下情面请鲁侯出面？"

"这正是一个契机。"管仲说，"正好可打着周王室的旗号，多邀请几家诸侯共谋大事，这有什么难为情的？"

鲍叔牙惊喜地说道："你是说由齐主盟，邀请诸侯结盟，包括鲁国，这样就可请鲁侯主婚。妙，我想君上会同意的。"

这段时间，齐桓公经过自我反省，也重新审视了一下对外政策。过去的郑、鲁、齐三大霸主地位已不复存在，想让齐国重振雄风，不立威怎么行？所以他一上位便想靠战争来树立自己的威望，可是残酷的现实给了他当头一棒，他不得不接受管仲的尊王理念，亲兄弟之国，先做一方霸主，再徐图天下霸主。这是一条漫长而艰难的路。路要慢慢走，那就先把王姬娶回来再说。

周庄王十四年（前683年），周天子派鲁侯姬同主婚，鲁侯自然是求之不得，因为齐桓公要想把王姬顺顺利利地接回去，不向鲁国低一下头肯定是不行的。齐桓公听从管仲的建议，不仅赴鲁国迎娶来自周王室的新娘（平王孙女），还让徐、蔡、卫的君侯各以其女人齐作为陪嫁。婚礼空前盛大而隆重，齐桓公满载美人归，成为一时佳话。

鲁国因有主婚之劳，齐、鲁又重新修好，并盟誓为兄弟之国。当然，这只是暂时的。

同年秋天，宋国发生严重水灾，鲁侯心想，既然已经和齐国和好，也没必要再跟宋国敌对，于是派人到宋国协助赈灾，宋公捷也很感动，派人道谢，还请求放回大将南宫长万。鲁庄公同意，自此，三国和好。

同一年，谭国不听号令，齐桓公听从管仲建议，发兵攻伐，谭国本来就很小，力量十分微弱，齐国没费力气就消灭了谭国，其国君逃到了莒国。

从这年开始，每当国与国出现争端，齐国就敢于出头，召集众诸侯商讨对策，必要时，还会放弃本国的一部分利益，树立威信，争取诸侯们的拥护，这都是管仲之策。

齐国初现大国之风后，齐桓公耐不住性子了，对管仲说：“这会儿齐国兵精粮足，能不能会合各国诸侯？”

管仲说：“会合诸侯要有理由，咱们眼下凭什么去会合诸侯呢？周天子虽说式微，但到底是列国诸侯共同的首领。君上奉天子的命令，才能够把天下的诸侯都会合起来，大家才能商量办法，订立盟约，共同保卫中原，抵抗外族；惩治那些不听王室号令者、叛逆者；以后谁有困难，大家帮助他；谁不讲礼仪，大家惩治他。到了那时候，君上就是不做霸主，别人也得推举您。”

齐桓公问道：“你说得对。可是眼下怎么着手呢？”

管仲说：“先把我们齐国的基础打牢，有了强大实力，机会会有很多。”

齐桓公又问：“兵力强大了之后，就可以征服天下诸侯了吗？”

管仲回答说：“不可以。征伐他国，要有正当的理由。不过眼下正好有个机会。”

管仲所说的机会，便是宋国发生内乱，大将南宫长万杀死了宋公捷，另立公子游为国君。公子游是宋公捷的叔伯兄弟，宋人不服，又杀了公子游，立宋公捷的亲弟弟公子御说为国君，但宋国依然处于混乱之中，情况难保不会继续恶化下去。

此事说来是宋公捷惹起的。因在郎邑之战中，南宫长万被鲁国抓去，当过俘虏，被鲁国放回宋后，宋公捷就常常冷言冷语地讥笑他。大夫仇牧劝他不要这样做，但宋公捷依旧我行我素。有一天，宋公捷跟南宫长万比戟，宋公捷输了。他不服，又跟南宫长万下棋，说定了谁输一盘，罚酒一大樽。南宫长万连着输了五盘，喝了五大樽。宋公捷得意扬扬地说：“你虽勇猛过人，仍是常败将军！”旁边的侍从也都笑了。南宫长万万分难堪，却没有说什么。

正巧，周庄王姬佗殡天。南宫长万便对宋公捷说：“君上可否派我前去为周王吊唁？我还没去过洛阳，也好叫我见见世面。”宋公捷说：“难道宋国就没有人了吗？怎么可能派一个俘虏去当使臣呢？”在场的人都知道这是成心羞辱南宫长万，忍不住都跟着大笑。南宫长万实在忍无可忍，加上又多喝了几樽酒，顿时大声地说道：“你这昏君！你知道俘虏也能杀人吗？”宋公捷也恼了，怒道：“你这囚贼，简直胆大包天。”说着就抄起戟来刺向南宫长万。南宫长万眼疾手快，拿起棋盘，一下子把宋公捷的脑袋砸破了，后又补上几拳，宋公捷一命呜呼。侍从侍女们吓得四处乱窜。南宫长万又顺手拿了一支长戟冲出来，正碰见大夫仇牧。仇牧问他：“君上在哪儿？”他说：“早被我杀死了。”仇牧一听怒气冲天，明知道不是南宫长万的对手，却冲过去跟他拼命。南宫长万伸手刺出一戟，把仇牧也杀了。后南宫长万逃至陈国，被陈国设计抓获送回宋，被剁成了肉酱。

虽南宫长万已死，公子御说继任国君，但宋国政局动荡，各派势力仍有相互仇杀下去的危险。因此，管仲建议，立即派人去洛邑，一是吊唁周庄王姬佗，恭贺新王（周釐王）姬胡齐即位；二是说服周王下旨，由齐桓公出面会盟诸侯，稳定局面。

本来，诸侯国定期朝贡，是周王室重要的收入，但因各国争霸，周王室式微，再加上周桓王与郑国交战大败而归，周天子威望尽失，各诸侯国也不那么尊敬天子、定期朝拜了。周天子不仅失去了天子之威望，还连带失去了诸侯朝拜的收入，成了又穷又弱的傀儡天子。尽管如此，有些表面文章各诸侯还是照做。

管仲正是看中了周王室这块招牌对齐国成就霸业的重要作用，所以提出了“尊王攘夷”的口号。齐桓公听从管仲建议，派隰朋出使洛阳，并带了大量礼物。这会儿，周王姬胡齐刚即位，看见齐国派使臣来朝见，如此尊重周王室，十分高兴，立即下旨，同意齐侯所请，以齐为主，会盟诸侯。齐桓公奉了这道命令，大大方方地通告宋、鲁、陈、蔡、卫、郑、曹、邾（邹）八国，约他们于周釐王元年（前 681 年）三月初一到北杏来参加会盟，一起商议处理宋国的事情。管仲想借着这次会盟，让齐桓公奉天子之命确定宋桓公御说的君位。

齐桓公首次邀诸侯会盟，为此，他可谓做足了准备，命狄牙为会盟准备高规格的八盘五簋宴。这是宴请诸侯的最高规格。

会场也布置得非常特别，宫女侍从全都衣着华贵艳丽，举止温文尔雅，向各国诸侯展现出齐国的人文风采。

齐桓公问管仲说：“为保证会盟诸侯的安全，我们需带多少兵车？”

管仲说道：“君上，虽然此次会盟是我齐国主持，但说到底我们还是奉王命行事，带兵马前去会让远道而来的诸侯们心有顾忌，不如就当是举行一个衣裳之会（不带兵车的和平会议）。兵甲为凶，还是不用为好。”

齐桓公听从管仲的建议，即命陈完负责在北杏修建祭坛。祭坛高达三丈，左边悬钟，右边设鼓，还设天子虚位于上，以示对天子的尊敬，也不会让与会诸侯心生反感。祭坛下面设立数排反坫，玉帛器皿摆放整齐。会盟的一切准备，都围绕一个“礼”字，丝毫不僭越天子之礼。

到了月底，宋桓公御说先到了，他对齐桓公施礼说道：“齐侯遵周天子之命召集诸侯会盟，帮寡人安定君位，寡人感激不尽。”

齐桓公满脸微笑，说道：“要感激就感激周天子吧，我们都是周天子的臣子。”

第二天，陈宣公杵臼、蔡哀侯献舞、邾子克几位诸侯也先后来到北杏之地。他们一看齐国居然没带一辆兵车，又见祭坛上设天子虚位，被齐桓公的坦诚打动，便把自己的兵车撤到二十里开外去了。

齐国通知了八国诸侯，结果只来了四个，齐桓公直皱眉头，稍稍有些不悦，想将会盟改个日期。管仲说：“三人为众，如今已经有了五个国家，也不算少了。要是改了日期，倒显着齐国失信。”于是，五个诸侯就依照原定的日子开会。作为会盟发起人，齐桓公首先说道：“诸公，这些年周王室衰弱，天下混乱。寡人奉周天子之命，会群公以匡周室，今日之事，应当首先推举一人为主，然后才可以实施周天子的旨意。”

诸侯们闻言议论纷纷。论地位，宋国是公爵国（一等诸侯国），齐国是侯爵（二等诸侯国），宋公的爵位理应比齐桓公高。但论实情，宋桓公御说的君位还得齐桓公来定，推举他似乎不大可能。

众人还没商议出结果，陈宣公站起来说：“周天子托付齐侯会盟诸侯，就该推举他为主，这还用说吗？”他一锤定音，众人也顺水推舟，纷纷赞成。于是推举齐桓公为主，下面依次是宋桓公、陈宣公、蔡哀侯与邾子。

在宰杀牛、羊、马之时，齐桓公操刀割下了牛耳取血，所谓“执牛耳”，成为地位最高的人。

按着排好的顺序，诸侯们纷纷登上祭坛。顿时钟鼓齐鸣，众诸侯先在天子座位前行礼，然后诸侯互相交拜，落座共叙兄弟之情。

隰朋双手捧着约简，在天子位前跪读道：“周釐王元年三月一日，齐小白、宋御说、陈杵臼、蔡献舞、邾克，以天子命，会于北杏，共同议定，扶助王室，抵御外侮，济弱扶倾，平定内乱。有违反盟约者，列国共伐之！”

诸侯拱手受命。礼毕以后，管仲说道：“诸位公侯，鲁、卫、郑、曹四国未来会盟，故违王命，此乃不尊王，也不可不讨。”

陈宣公、蔡哀侯、邾子同声应道：“愿听齐侯差遣。”

当天晚上，宋桓公御说对同来的人说道：“齐侯自以为是，我们宋国是公爵诸侯国，地位却在二等诸侯国之下，实欺人太甚。我们这次来是要他们定我的君位。现在君位也定了，不宜久留！”他的臣下也都附和，于是，没等天亮，宋桓公御说一班人就偷偷地走了。

第二天，齐桓公听说宋桓公御说不辞而别，十分恼火，便要出兵去追。管仲说：“宋背盟而归，其罪当伐，但他可以无信，我们不能无义。我们是替周天子召集诸侯，宋公是背叛了周天子。因此，需周天子发令讨伐，这样才师出有名。”

齐桓公冷静下来，说道：“相国所言极是，是寡人心急了，那接下来寡人应当怎么做？”

管仲说：“宋国远，鲁国近。要打先打鲁国。打鲁国就要去其两翼，先攻鲁国的附庸国遂国。”

齐桓公采纳管仲建议，先灭遂国，第二年又将兵锋指向鲁国。

第八章

定国策　德服诸侯

第一节　德为基，民为本，理顺政纲

这一日上朝，众臣又劝齐桓公借战争缓解国内经济窘境。散朝后，齐桓公把管仲、鲍叔牙留下了来。他开门见山地说："留下两位老师，是想先听听二位对今日堂上议题的看法。而寡人见二位闪烁其词，并未有定论，不知何意？"

管仲说："朝廷之上，我与鲍卿都不能先发言，因为很多人都知我俩曾在宫中为师，如今又备受君主重用，若我们先说话，就堵了别人的嘴了。"

"说得有道理。"齐桓公对管仲说道，"我的老师在荐你为相时，曾说过你能‘德以治政，理顺朝纲，权谋安稳；惠以爱民，体恤民情，取信于民；制定礼仪，风化天下；整治军队，勇敢善战’。而今你身为国相，这都是你当考虑之事，不能要我这个国君代劳吧。”

管仲说道:“这当然是国君考虑的事,我仅为君上分担而已。”

齐桓公说：“寡人想使国家富强、社稷安定，要从什么地方做起呢？”

管仲回答说：“必须先得民心。”

“怎样才能得民心呢？”齐桓公接着问。

管仲说：“要得民心，至少做到三点。一是君上当爱民。国君能够体恤民情，爱惜百姓，百姓就自然愿意为国家出力。二是富民,民贫则危乡轻家,危乡轻家则凌上犯罪,凌上犯罪则国难治。三是重伦理，尚礼仪。民所以生，礼之为大，节事天地，侍奉神灵。君上若能做到这些，百姓就会服从您的统治了。国君是百姓所效法的榜样，国君不做的事，百姓又怎么会去做呢？”

齐桓公问：“何以富民？”

管仲回答说：“重农重粟，开发山林，开发盐业、铁业、渔业，以此增加财源。发展商业，取天下物产，互相交易，从中收税。这样财力自然就增加了，也即民富则国强。”

齐桓公问：“若国家强大了，是不是就能以战平天下了呢？”

管仲说道：“非也。战是迫不得已的行为，害及生灵，若天下生灵万物都遭到破坏，还何谈一‘平’字？有位高士曾言，‘亲兄弟之国，外抗夷敌，内安诸侯，德服天下。’这才是最高的境界，君上当可效仿之。”

齐桓公面露惊讶之色，说道：“而今天下乱成一团，仅靠德行，怕是不够。”

管仲忙道：“此乃正道，德服天下，确实可谓道阻且长。”

“好，这事以后再议。”齐桓公继续问，“眼下，国内也是一团糟，如何着手治理呢？”

“事务繁杂，三言两语哪能说得清楚？”管仲想了想，接着道，“简要而言，首先当把治理国家的阶层、区域划分出来，从都城到野外，从官吏到兵民，各守本分，各从本业，才可做到繁而不乱。”

齐桓公说：“你能讲得更具体点吗？”

管仲谋划已久，随即侃侃而谈：“将郊野之地从低到高分为邑、卒、乡、县、属五级，全国共设五属，五位属正，五位属大夫，直接听国君差遣。将国都从低到高分为轨、伍、里、连、乡五级，共二十一乡，其中六个为‘工商之乡’，十五个为‘士人之乡’。”

“君上亲掌五个乡，上卿国子和高子各掌五个乡（合称三国），并实行军政一体。再把朝中分为三部，实行三官制度。官吏有三宰。工业立三族，商业立三乡，川泽业立三虞，山林业立三衡。郊外三十家为一邑，每邑设一司官。十邑为一卒，每卒设一卒师。十卒为一乡，每乡设一乡师。三乡为一县，每县设一县师。十县为一属，每属设大夫。如此，全国即有五属，设五大夫。每年初，由五属大夫把属内情况向君上禀报，由君上亲督其功过。全国则形成统一的整体，像渔网一样，纲举则目张。”

“那军队呢？”齐桓公插问一句。

“因实行军政一体，军队方面，便可寓兵于农，战时为兵，平时务农，既能够保证兵源的长期稳定性，又减轻国库负担。管理上，都城、乡野五家为一轨，每轨设一轨长。十轨为一里，每里设里有司。四里为一连，每连设一连长。十连为一乡，每乡设一乡良人，各掌其级军令。战时组成军队，每户出一人，一轨五人，五人为一伍，由轨长带领。一里五十人，五十人为一小戎，由里有司带领。一连二百人，二百人为一卒，由连长带领。一乡二千人，二千人为一旅，由乡良人带领。五乡一万人，立一元帅，一万人为一军，由五乡元帅率领。”

齐桓公听得入迷了，管仲停下来后，他似乎还沉浸其中，过了一会才说：“先生所讲寡人闻所未闻。还有其他吗？”

“当然，还得要立法定规，这样才能保证各地标准一致，行为一致。不仅要制定国内法，还要制定对外法。”管仲强调说。

齐桓公说：“讲得对，有了规矩才好办事。”

管仲接着说：“眼下最要紧的，是要鼓励发展工商业，工商业发展起来后，还要将国民分工进一步细化，分为士、农、工、商四大类，并严格区分国都与郊野的界限。让他们各守其业，这样百姓就安定了。这样业业相连，家家相连，百姓之间的关系就密切了。还要赦免罪犯，轻刑罚，少收税，让百姓尽快富足起来。”

齐桓公点头道：“这办法不错。”

齐桓公站来，说道：“那就有烦仲卿把今日跟我所讲的，还有你想讲而未讲的，稍加整理，日后将增设讲堂，让文武大臣都来领教。”

管仲没在意齐桓公说的开讲堂的事，随口应了一声："遵命。"

出了大堂，鲍叔牙问管仲："你有没有觉得国君心诚意切？"

管仲说："我也是在想，如果他能以襄公、公孙无知为戒，当可成为一代明主啊！"

鲍叔牙说："国力衰微，民生凋敝。当务之急是起用懂得富国之道的人才，担当富国强民的重任。他显然是要你多物色些人才。"

第二天，管仲发现齐桓公还真给他安排好讲堂。当管仲走进这间宽敞明亮的大屋时，精神为之一振。齐桓公笑盈盈走过来，问道："仲卿，在这样的地方讲授你的轻重之术，是否得当？"

管仲高兴地在屋里绕了三圈，然后站在屋中央，挺直了腰，大声说："君上，这个地方适合让天下有学术之长的名士传道授业。别的国家没有做到，我们要先做到。如此，齐国不就拥有无数名士了吗？"

齐桓公连连击掌叫好，说道："你将齐国要实施的政策，都制成简策，悬于稷门，问策于民。"

齐国的"三国五鄙"行政区划法一实施，举国震动，不仅政事逐步步入正轨，农业也发展迅速，流动人口也相对稳定下来。

不久，管仲又进行进一步改革，周有大府、玉府、内府、外府、泉府、天府、职内、职金、职币九个职务，皆为掌财币之官。管仲在此基础上，提出了"轻重九府"的概念。他认为治民有轻重之法，治理经济也该有轻重之分。管仲强调经济的治理，要建立在对货币和粮食的认识及利用上，并把这两者作为控制经济的两个基础。他提出："币重则万物轻，币轻则万物重"，意思是说，货币购买力高则商品价格低，货币购买力低则商品价格高。因此，管仲将铸币权和货币发行权牢牢掌握在了国家手中，以轻重九府来管理货币和粮食的流通，权责分明，效率极高。数年来，在充分发挥这些部门职能的过程中，管仲本着"重农辟地、通货积财、富国强兵"的原则，及时颁布了垦荒开地的新政策，解决了众多压在平民头上的问题，齐国百姓对齐侯和管仲无不感恩戴德。

第二节　亲兄弟国，以诚信取信于诸侯

自三月的北杏之盟以来已有八个多月，齐桓公早就按捺不住要带兵出国讨伐了。本想先讨伐从盟会上擅自逃离的宋桓公御说，但齐与宋之间隔着鲁国，且鲁国也是未遵王命、缺席北杏结盟的国家之一，显然讨伐鲁国更为紧要。

这天早朝，齐桓公问众臣："寡人已经有了一支比过去强大数倍的军队，是不是该一雪郎邑战败之耻了呢？"

管仲抢先说道："臣以为，郎邑战败之事已经过去了，君上应宽大为怀，不再计较，当务之急仍是振兴齐国国力。"

此话一出口，多数大臣表示赞成，因为齐国以此为由出兵无论胜负，都需要耗费巨大财力、物力与人力。现在国库还不充裕，无力支持一场大规模战争。

齐桓公笑了，自信满满地说道："谁说国库不充裕？如今齐

不仅财力大增，军力也大增，以齐之国力，别说是打赢鲁国，就是与宋、鲁同时交战也不在话下。”

管仲摇摇头，说：“臣之意，并非言齐之国力不强，而是言名之不顺。鲁奉天子之命帮君上迎娶了王妃，君上不思报恩也就罢了，还要去寻仇。君上现今需要做的是打着尊王的旗号，与各国诸侯建立友好关系，使他们心悦诚服，这样君上的盟主地位才能确立。”

齐桓公觉得管仲说得在理，想了想，说：“有道理，但具体该如何做呢？”

管仲回答：“臣以为可从这两个方面人手，凡齐国所占邻国的土地，要全部退还，以示诚意。齐国要多帮助邻国解决困难，且不计回报，四邻国家对齐就一定会亲近起来。君上可以派出八十名人员，多带钱财礼物，到各诸侯国去走访结交，了解情况，对有困难的国家予以扶持，对朝纲混乱、弑君篡位之徒以王室礼制从严惩处。做好这几件事，君上的威望就会建立起来，天下诸侯，就会听从君上的调遣了。如此，君上的霸主地位就不可动摇了。”

齐桓公再问：“那我们去与鲁结交，还需出兵吗？”

管仲回道：“当然要出。先礼而后兵，这才是最具实效的交友之道。”

齐桓公欣然接受管仲的建议，一面派人往洛邑向周王姬胡齐请旨，一面调集军队准备向鲁国开拔。其实这两项都是虚的。自从周桓王姬林与郑国开战，在繻葛战败后，周王室威信大失，便不爱管诸侯们的闲事了，而如今越来越强大的齐国站出来重新树立起天子的旗帜，周王姬胡齐又怎能不感动？他对齐国几乎是凡请必应。如此一来，齐桓公的意志便转换成了周王的旨意。

在齐国的军队刚集结完毕正待出发之时，鲁国便得到了消息。鲁侯姬同马上召集众臣商议对策。堂上，施伯说："不如请和吧。齐侯奉了天子的命令叫我们去会盟，我们不该不去。"多数大臣认为，既然齐桓公是代表天子来问责的，那就当赔礼，否则就是与天子为敌，于鲁不利。大司马曹沫却说："不灭齐威，焉能立于世间？"以他为首的主战派认为齐国还没有强大到让鲁人不战即降的程度，兵来将挡，水来土掩，只要做好应对准备，鲁国就可与齐国较量。两派争论了很久也没有定论。

当晚，文姜夫人把鲁侯召去。她已返回鲁国几年了，时常插手朝中政务。她对鲁侯说："齐鲁为兄弟邻邦，怎么能不和睦相处呢？况且，国君你与齐还有婚约在。"

鲁侯听了母亲的话，想反驳却又没勇气，只得接受了母亲的建议。第二天，他召施伯进宫，吩咐道："施上卿，马上修书一封，回复齐侯，就说那时寡人身体抱恙，未能赴北杏会盟。齐侯以不遵王命兴师讨伐，寡人自当知过认罚，且愿意将遂地永久割让齐国。然而，齐兵若兵临城下来签订盟约，寡人断然不能接受，齐若退兵至柯地，寡人则可携带玉帛前去请罪入盟。"

鲁国派使臣面见齐桓公请求入盟，齐桓公让隰朋宣读了鲁国国书，心中十分得意，马上下令退兵到柯地，等待鲁侯前来谢罪。

柯地处在济水之西一处向阳的高坡上，是齐、鲁、卫三国交界缓冲之地。齐桓公退兵至此，便开始筑坛。祭坛设在高地中央，坛高七层，四周无遮。坛前布置庄严，两边大旗招展，甲士列为长阵，十分威武。

鲁侯姬同带着曹沫等一行人马，按期到达柯地请罪入盟。当鲁侯踏上齐国的土地，从沿途所见，明显感受到齐国近些年来发生的巨大变化，田野的庄稼呈现出丰收景象，齐人的精神面貌也流露出无比的自信。他也听闻这都是管仲之功，这让他后悔当初没听施伯之言，放走了那个不该放走的人——管仲。而今，鲁国若与齐国交战，确实不是明智之举。但如果两国就此和解，自己又不能要回丢失的国土，无疑是一种莫大的耻辱，自己将来有何面目去见列祖列宗？

鲁侯坐在车中还在思索，车队已经来到了柯地。为了安全起见，鲁侯虽然没有带作战部队前来，但是有百余名带甲武士保驾护航，大司马曹沫陪在鲁侯身边寸步不离。鲁侯让带甲武士在离盟坛五十丈开外列阵以待，自己与曹沫从齐国侍卫阵列中间穿行而过，大步走向祭坛。

至祭坛前，隰朋见曹沫身上有佩剑，连忙上前劝阻说："今两国国君歃血为盟，各方只许一君一臣登坛，且不得携带武器。"曹沫不听劝阻，"嗖"的一声拔出剑来，狠狠瞪着隰朋。这时，不远处双方的武士侍卫也纷纷亮出武器，随时准备战斗。走在齐桓公身后的管仲向将军东郭牙摇了摇头，东郭牙会意率先收起了剑，又示意手下侍卫收起武器，紧张气氛这才缓解。

鲁侯、曹沫和齐桓公、管仲双方君臣四人登坛。曹沫面无惧色，穿甲戴盔，全副武装，如果齐桓公稍有不良居心，他就将以命相搏。管仲目测了距离，如果发生意外曹沫动手，任何一个侍卫以最快速度冲上来，也无法制止曹沫。他只能装作若无其事的样子，给齐桓公以信心。

四人在坛上站定，齐桓公深施一礼道："鲁侯，一路辛苦。"

鲁侯赶紧还礼道："只因当日寡人微恙，未能参加北杏会盟，有辱王命。今齐侯如此大度，给寡人补救机会，甚感惭愧！"

依会盟例行程序，双方互施国礼时，巫祝应该出场，先进行祭天等一连串活动。场上祝师一直没有出现，便省略掉了诵祝祷词等环节，直接由齐、鲁二君拈香祷告。待祷告完毕，二人将香火插入香炉，再对拜，便算礼成。

接下来便是最为关键的环节，歃血立誓（结盟者在嘴旁涂牲畜的血，表示诚意立誓）。这时，一人端着装有牲口血的铜钵走上坛来，二位国君正要伸手从钵中取血，曹沫突然拔剑而起，一个箭步冲上前去，左手抓住齐桓公的衣袖，右手持短剑直逼齐桓公。这一突如其来的情况，把坛上坛下的人全都吓到了，齐桓公的侍从不敢贸然出手，双方一下子僵持住了。

此时的管仲显得格外沉着冷静，迅捷插进齐桓公与曹沫中间，用身体保护住齐桓公，双目直视曹沫，问道："曹将军要干什么？难道要再陷齐鲁两国于水火吗？"

曹沫正色道："齐强鲁弱，大国侵略鲁国，欺人太甚。现在鲁国城破墙毁，又被齐占去多城。"曹沫的行为虽有胆气，但也多鲁莽，齐桓公若是稍有不妥切的言行举动，后果将不堪设想。

齐桓公一听曹沫似乎有什么想法，便又问道："阁下是否有什么要求？”

曹沫道：“乾时之战时，齐夺我鲁国汶阳之田，至今不退还。齐若答应归还，鲁侯才能与齐桓公歃血为盟；如若不然，你我君臣血溅祭坛！”

齐桓公闻言，冷哼一声，转身欲走。管仲冲他摇头示意，齐桓公很快冷静下来，显示出王者风范：“区区汶阳小城，寡人答应你便是。”

曹沫还不放心，要与管仲签订归地条约。齐桓公说道：“何须多此一举，寡人直接与你盟誓。寡人立誓，天地可鉴。”

诺约草成，曹沫收剑徐步回位，平息如初，谈笑如故。

坛下，齐桓公侍卫收回指向鲁国武士的戈矛，鲁国武士也还剑入鞘，气氛复归平静。

齐桓公、鲁侯这才同时伸手在铜钵中取血涂于嘴上，以为血誓。

会盟结束后，鲁国君臣顺利回国。齐国君臣却愤愤不乐，想违背盟约，攻打鲁国雪耻。齐桓公觉得，自己堂堂一国之君竟被一个鲁国大夫要挟，被迫接受其无理要求，正所谓“要之盟，神不听”，神灵是不会庇佑要挟来的盟约的，就算违背也无可厚非。

管仲坚决不同意毁约，劝说齐桓公：“君上，如今齐国的目标是称霸诸侯，如果只顾眼前利益，图一时之快，就会失信于诸侯，我们答应了就不能反悔。如果强占鲁地，天下的人就都不会信服我们，到时候齐国可能会变得孤立无援，称霸大业会难上加难；让回那块地，反可以让诸侯们看到齐国的诚信，让天下的人都信服我们。”

管仲的话让齐桓公恍然大悟。他对支持毁约的大臣们说：“还是仲卿想得深远，绝不可以因小失大，毁掉齐国的霸业。”

最后，齐桓公按照盟约规定，归还了鲁国的失地。鲁国本来比较强大，然而接连被齐国打败，诸侯国都服从齐国，不服从齐国的遂、谭两国被齐国消灭；而且鲁庄公亲眼见到如今齐国在管仲治理下已十分强盛，此时鲁国却百废待兴，不宜再起冲突。所以也屈服了齐国。

不仅如此，陈宣公、卫惠公、郑厉公等诸侯先后遣使前来，请求与齐结盟。

第三节　举火授爵，宁戚游说

齐桓公与鲁国结盟后，便想一鼓作气，去收拾宋国。他将几万大军驻扎于济水边，将大本营设于堂阜官驿。不少人对管仲的软弱退让十分不满，而管仲不想与那些人做无谓的争辩，于是去齐国各地考察民情了。

这天晚上，齐桓公正在驿馆重新翻阅几国诸侯送来的国书，突然听到一阵低沉的歌声从馆外传来，歌声中夹着敲击牛角的声音。齐桓公顿感奇异，忙放下手中的书简侧耳静听，一遍又一遍，齐桓公终于听清楚了这人所唱之词：“南山灿，白石烂，中有鲤鱼长尺半，生来不逢尧与舜，短褐单衣馋至骭，从昏饭牛至夜半。

长夜漫漫何时旦？” 他当即对身边的一个侍从说：“能作此词之人定非比寻常，为奇人也！”为了证实自己的判断，他让侍从去把这个唱歌的人传来问话。

歌者是一个不修边幅、衣衫破旧的农人，名叫宁戚。齐桓公温和地问宁戚：“你刚才唱的什么歌，如此动听？”

宁戚笑道：“哪有宫中的歌姬们唱得好。”

齐桓公故作严厉地问道：“你是什么人，竟敢在这里讽刺王廷？”

“我是卫国牧牛之人。我只知道唱民谣，哪敢讽刺王廷？”宁戚淡淡回道。

齐桓公早看出了他的用心，也不揭穿他，笑道：“既然你无意讽刺王廷，为何歌中要说未逢尧舜，又说这天下如长夜般难见黎明呢？”

宁戚听他这么说，并不慌张，沉着地说：“国君会盟诸侯，有的君臣半夜逃跑，有的整军待战，尧舜时代是这样吗？年年征战，老百姓妻离子散，叫苦连天，能说老百姓全都安居乐业吗？大王借周天子的名义东征西伐，又吓唬弱小诸侯，能说是天亮了吗？”

齐桓公笑道：“此言差矣。当今天子在上，各路诸侯都服从于他，百姓安居乐业，天还是尧舜时的天，你怎么说‘不逢尧舜’，还说‘长夜不旦’，这不是讥讽吗？”

宁戚知道这位齐桓公并非浅薄者，赶紧施礼说道：“我是个小人物，怎么敢讥讽呢？然宁戚五年来，一直寻找能够展示自己的用武之地，可惜这世间没有识人的慧眼啊！”

齐桓公说：“世间人心都是一样的，只是有人修炼得好，将慧心用到了观察上。这样的人并不多，但你自己也还没修炼好啊。如果你修炼得好，你也可以发现伯乐，或者自己去推荐自己！所以，你不能怪别人，要先从自身找原因。”

宁戚说道：“我虽一介乡野村夫，没见过先王们的政绩，可是听说过尧舜的时候，十日一场风，五日一场雨，百姓种田吃饭，打井喝水，称作‘不识不知，顺帝之则’。现在法纪不强，礼教不能在世上通行，而您说还是尧舜的天，我虽是一个小人物，却实在无法认同。我还听说尧舜的时代，所有官吏都行得正做得正，诸侯都真心服从，消除四凶后天下平安，君主不用多言因有信义，不用发怒就有威严。现在您这开明的君主第一次会盟就有宋国中途退出，第二次又出现鲁人要挟。连年打仗，百姓疲劳不堪，齐之财力愈发下降，而您却说百姓安居乐业，这又是小人所不理解的。小人还听说尧放弃让他的儿子丹朱继位而让舜继位的事，舜跑到黄河南边，百姓追到南边，舜不得已才登了帝位。现在您杀兄得位，又借天子令来调动诸侯，我不知道这结果将会怎样！”

齐桓公闻言大怒，喝道：“村夫出言不逊，简直是反了！来人，把宁戚绑去斩首！”

宁戚当即被武士们绑起来，但他毫不恐惧，仰天长叹一声，笑道：“夏朝的桀杀了敢于直谏的忠臣关龙逢，商朝的纣王杀了屡次劝谏他的叔父比干。今天大王杀了我，我就成为第三条好汉了！”

隰朋见此情景，对齐桓公说：“这个人不怕强势，不惧威严，又熟知古今之事，绝不是寻常山野村夫，可堪大用，望您恕他死罪！”

齐桓公神色一转，竟然转怒为喜，下令马上松绑，把宁戚叫过来说：“我只不过试一试你，看来你确实是个好汉。”说着，便让他进驿馆详叙。

宁戚根本没想到齐桓公这样平易近人，才华出众，说出的道理要胜过那些所谓的名士，赶紧再次施礼，并拿出了一封引荐信。

齐桓公摊开信看了一遍，信上写道：“臣奉命考察民情，碰到卫国人宁戚。君上切勿轻视此人，此人乃当今稀有之才，望您能留下辅佐您。如果他辅佐邻国，您会终生后悔！”落款之人是管仲。

齐桓公看完信后说：“你既然有仲卿的信，为什么刚才不呈上来呢？”

宁戚回道：“臣听说‘贤君择人为佐，贤臣亦择主而辅’。您如果厌恶直言而喜欢听奉承之言，便不值得我效力，如此我宁死也不会拿出相国的信来。”

齐桓公听后非常高兴，要为宁戚加官晋爵。

侍者竖刁说：“卫国离齐国不远，为什么不派人去打听一下此人呢？假使这人确实是位贤才，再封爵也不晚。”

齐桓公摇摇头，说道：“不用去问了，问的结果不是说此人的缺点，就是说一堆无关的问题。既然要用他就得相信他！况且有相国推荐还不够吗？”

当晚，就在烛光之下，齐桓公封宁戚为上大夫。宁戚叩首谢恩。

宁戚跟着齐桓公的大军到了宋国的边界上。这时，陈宣公杵臼、曹庄公谢姑、周单子的兵马先后赶到。相见之后，大家共商攻宋的计策。宁戚说："君上奉了天子的命令会合诸侯，以武力取胜不如以智取胜，必须要用武的话，也得先礼后兵。臣虽不才，愿前去劝说宋公御说，只要能让宋国自愿加入齐国联盟，我们的目的就达到了，不动兵戈也罢。"

齐桓公的最终目的并不是要消灭宋国，诸侯的真心臣服和信任才是他所需的，于是他说道："宁大夫果然有胆识。寡人即命你为使，速往宋国，若游说不成，再举兵攻宋。"随即传令在边界上安营扎寨，让宁戚一人先进宋国。

宁戚于是乘一辆小车，带着几个随从直接来到睢阳，要见宋桓公御说。宋公问戴叔皮："宁戚是什么人？"

戴叔皮对宋公说："宁戚以前是一个放牛的村民，最近刚刚被提拔。想必他是来游说的，等会他开口，如果言语有什么不当之处，我们就可以杀了他。"

宋公说："如何做才稳妥呢？"

戴叔皮说："您让他进来，不要以礼相待，看他的反应。如果他开口就有不当之处，臣便以拉衣带为号，让武士把他抓起来。"

宋公点头同意，随即让武士做好准备。

这时，宁戚穿着宽大的衣服，拖着长长的带子，抬头挺胸，走了进来，向宋公作了长揖。宋公视而不见，并不理睬他，宁戚仰天长叹说："啊！宋国真是万分危险之地啊！"

宁戚见宋公不理睬他，知道必须要让宋公开口才能继续谈下去，而要让对方开口搭话，那就要说他最敏感最关心的事，对国君来说，最痛的事莫过于亡国。宁戚说宋国有危险了，宋国君主必然不会再充耳不闻。

宋公惊了一下说：“我身坐上公之位，位置在诸侯之首，有什么危险？”

宁戚说：“宋公与周公相比，哪一个更有本事？”

宋公说：“周公是圣人，我哪里敢和他比啊！”

宁戚说：“周公在周朝强盛时，使天下太平，戎狄蛮夷皆归服，尽管如此，他还是广招天下豪杰。而今宋处在群雄角逐之中，已显颓势。而宋公又背离会盟，失信于天下，就算是仿效周公对有志之士以礼相待，他们还不一定来呢。何况您现在如此狂妄自大，怠慢贤德之士，即使贤士有良言又怎么能在您面前说呢？这不是非常危险吗？”

宋公急忙从座上站起来说：“我继位时间短，未听过宁大夫的教诲，不知有何高见？”

戴叔皮在一旁看到宋公已被宁戚说动，不断拉衣带，宋公却置之不理。

宁戚说：“如今天子失去权力，各诸侯国散乱，君和臣之间没有差别，弑君之事才常有出现。齐侯不忍心看着天下这样乱下去，奉了天子的命令，在北杏会盟，确定了您的君位，订了盟约。这对宋国、对天下都有好处。可您却不守盟约，中途退出，这不等于您的君位并未确定吗？现在天子大怒，特派齐侯带领各路诸侯大军，前来讨伐宋。您违背王命在前，抵抗天子军队在后，不用交手，臣已经预料到谁胜谁负了。”

宋公忙问：“依宁大夫之见，如今又当如何呢？”

宁戚回答：“依臣之愚见，不如道歉赠礼表达心意，再与齐国等诸侯国签订盟约。这样对上不失作为周天子之臣的礼仪，对下可博得盟主的欢心，贵国不动一兵一卒，就可安稳如泰山了。”

宋公又问：“我一时失策，中途退出会盟，现在齐国与诸侯联合，以重兵压我，怎么会接受我的道歉和礼物呢？”

宁戚说：“齐侯一向宽大为怀，当初管夷吾放冷箭伤他，他还让管夷吾出任相国。鲁国也一样，柯地盟约后，齐国尽数归还鲁国汶阳之田。何况您毕竟参加过会盟，哪有不收之理呢？”

宋公再问：“那要拿什么礼物呢？”

宁戚说道：“齐侯是以礼仪与邻国和睦相处的，总是给别人多，索取得少。宋国就是送一点干肉也可以，能表达宋公诚意即可。”

宋公闻言十分高兴，立即派使者随宁戚一起到齐军向齐桓公讲和。

宋国使者见了齐桓公，先代表宋公认错，然后请求再次入盟，并献上白玉十块、黄金千镒。

齐桓公说：“天子有令，我怎么敢自作主张？必须转奏给天子才可。”

齐桓公把那份礼物交给天子的使者单伯，向使者转达宋公要讲和入盟的意愿。单伯说：“如果齐国都宽宥了宋国君主，天子又怎么会反对呢？”

于是，齐桓公答应宋国再次加入盟约，又让宋公给周天子写了一封信，表达歉意，一切妥当之后，单伯告别齐桓公带兵回去了。齐军和陈、曹二国的军队也都各自回国。

齐桓公觉得“拉大旗作虎皮”的办法远比自己直接出兵更有效，于是，在这年的冬天，他拉着周天子的使者单伯，邀请宋、陈、卫、郑四国国君一起在鄄地再次会盟。各国看到周天子支持齐国，于是共同推举齐桓公为盟主，齐桓公的霸主地位自此确立，威望开始日渐提高，齐国也稳步走上霸业之路。

第九章　官山海　安定民生

第一节　官山海之策

管仲德服诸侯的计策初见成效，那些认为他软弱无能、媚于他国的流言也戛然而止。齐桓公见管仲之才能足以托国，遂尊称他为“仲父”。

年初的一天晚上，齐桓公派人传召管仲入宫。管仲以为有急事，便匆匆入宫，结果齐桓公只是要他陪着喝酒。管仲前段时间受非议，齐桓公也没为他辩解，请喝这顿酒，有赔礼之意。二人对酌两樽后，齐桓公说：“鲍大夫曾言，仲父有钟鸣鼎食之愿，今不知仲父想不想真正体验一番？”

管仲尴尬地笑了笑说道：“此愿是往昔臣与母亲一起忍饥挨饿时的愿望，只是为了孝顺母亲，而今母亲已逝，这个愿望也随母亲而去了。如今臣只愿国家富强，百姓丰衣足食。”

齐桓公问：“如今国库已相当充实，粮食囤积如山，算不算国家富强？”

管仲摇了摇头说：“不算。只有全国百姓都富裕了，才称得上国家富强。”

齐桓公又问：“如今已有多个诸侯国与齐结盟，并一致推举我为盟主，算不算霸业既成？”

管仲仍摇头说：“不算。必须要恢复了周礼，又确立了新的规则，并能让各诸侯国自觉遵循，那才叫霸业既成。现在只是打下了基础，还未实现。”

齐桓公说：“如今有鲍大夫和仲父两位栋梁，何愁霸业不成？”

管仲回道：“若成霸业，非管、鲍二人可为；大海广阔，并非两条溪流能够形成。无论是改善社会民生，抑或是树立礼制典范、建设法治国家，都有一个遵循规律、循序渐进的过程，这需要大量人才。君主想尽快成就霸业，那就必须重用五杰。”

齐桓公闻言，给管仲行了一个师礼，问道：“五杰为谁？”

管仲恭敬回道：“精通礼仪，思考得失进退，善于邦交言辞，臣不如隰朋，请立为大司行之官。”

齐桓公点头表示赞同。

管仲又说：“开垦荒地，种植庄稼，按时收种，尽地之利，宁戚可谓精通农事，请立为大司田。”

齐桓公点头道："宁戚刚入齐便有突出表现，是个奇才，堪当此任。"

管仲接着说："运筹帷幄，决胜千里，有勇有谋，善于激励将士，臣不如王子成父，请立为大司马。"

齐桓公微笑道："仲父与寡人想的一样。"

管仲继续道："审案断案，明察秋毫，不杀无辜，不诬无罪，臣不如宾胥无，请立为大司理。"

齐桓公说："这正是宾胥无所擅长的。"

管仲道："对君上忠心耿耿，敢向君上提逆耳之言，不惧死亡，不怕权贵，臣不如东郭牙，请立为大谏之官。"

齐桓公连连点头赞同："这五人，均德才兼备，有口皆碑，全合寡人之意，官职安排皆依仲父所言。"

两人又痛饮一樽。

第二天，朝堂上，齐桓公将管仲所荐五人一一拜官；又拜鲍叔牙为亚相，尊为太傅。

随后，相国管仲呈奏将相府原来杂乱重叠的机构裁撤掉，重新设置轻重九府（即大府、玉府、内府、外府、泉府、天府、职内、职金、职币。后来根据国情，逐渐将九府的各自职能分解划改为太常、太仆、卫尉、都尉、大司行、大司田、大司马、大司理、中谢九府），负责对国家的货币、料民（统计）、准绳（计量）、粜粜（贸易）、平准（物价）、盐铁等行使管理职能。同时，提出"官山海"之策，对盐、铁资源实行国家垄断专营，任何人不得私采经营。另要大开边关，广招天下客商，与诸侯国互通有无。

齐桓公还想听听众臣的意见，以做最后决策，于是让人把奏章高声宣读一遍，可奏章还未宣读完毕，堂上已是议论纷纷。年迈的上卿高傒不屑地说道："这不是周厉王姬胡的改革吗？他任用荣夷公实行特权，以国家名义垄断山林川泽，使天下共愤，诸侯群起，此等祸乱，就是他引发的。教训还不够深刻吗？"

鲍叔牙说："不是一回事！周厉王将国家资源私入囊中，自然激起民愤。管仲是为民富国强！利于民，民众能不高兴吗？我国濒临大海，有鱼盐之利，土地富饶肥沃，百姓安居乐业，因之而成东方大国。而今山海资源仍是民生经济支柱，上山采矿，将冶铁业收归国有；下海煮水为盐，将制盐业收为国有，这两大产业足以使国库充盈。"

国懿仲说："将山之铜铁、海之渔盐，以及国君所用之金、玉、币、帛、皮革、珠宝等，统一由轻重九司府掌管，似乎只扩大了相权，有益于朝廷，对百姓又有何益呢？"他和高傒都是齐国公族，在"三国五鄙"中占据重要地位。

管仲见"天子二守"都有不同意见，于是解释说："齐人口众多，能组织起庞大的人力物力，生产大量食盐，并有余力向各国贩卖，尤其是展渠占有天时地利，产盐众多，齐算是天下最大的食盐输出国。而食盐不贩运他国，物多价必廉，盐民获利小，国家税赋也难征齐。所谓'盐铁专卖'，不是将盐铁的生产全部收归官府经营，而是百姓依然有生产的权力，只是产品不能私自出售，而由官府收购，统一运转销售。如此，既能保证盐民的利益，也是管理国家经济的重要手段。"

国懿仲问：“对山矿进行管控，又怎样利民呢？”

管仲答道：“凡金银铜铁等矿藏，其所有权统归国家，任何人不得私占。齐之矿产开采业不够发达，而矿产需求量却非常大，因此，鼓励组织民间力量去开采经营，与官府分利，三七开，民得其七，国家得其三。所制各种器具，全由官府通过指定的官贾销售，按户籍供应给农家。”

闻言，高傒笑道：“我总算是搞明白了，‘官山海’不就是由民间生产再由官府统一购销吗？”

管仲也赔笑道：“不错，上卿完全可这样理解。”但还有一句话，他没敢说出口，那就是高、国两大家族的利益怕是要受不小的损失了。

这时，宁戚出班说道：“管相国，治国之道，以农为本。仲父置农本于不顾，却要直接掌管轻重九府，把工商财货作为第一要义，这不是舍本逐末吗？”

管仲道：“我历来主张‘本末并重’。齐之临海地区，土地盐碱化严重，并不宜种粮，只能靠种点桑树和养蚕来发展丝织业，也算是农桑互补。”

“那今春的农事作何安排？”宁戚问。

管仲看了宁戚一眼，说道：“你是大司田，一切与农事有关之事物，自然都由你来负责，统计今年应当耕作的土地面积，了解国人今年春耕所缺的种子和农具的数量，还有疏通沟渠之事，你都得安排好。国君给了你足够大的权力，尽管放心去做。”

接着，宾胥无出班奏道：“开放边关暂不可行。边关一开，天下客商云集齐国，难免会有各国奸细和歹人混入，不仅我们齐国的一举一动尽为诸侯所知，且都城的秩序也会混乱起来。”

管仲说：“越是人多热闹的地方，越没有秘密可言。我齐国敢对外开放，正表明我们是光明正大的，没有任何见不得人的诡计。至于治安，那是你这个大司理的本职工作。”

宾胥无不再说话，王子成父出班奏道：“相国实行‘关市讥而不征’，凡出入关口只盘查不征税，这又是为何？”

这个问题是得解释一下，管仲想了想，说道：“商人远行为商，坐地为贾。开放关口就是要吸引那些行商来齐交易，如果还未入关就要交税，有多少行商愿意来齐？没有商人就没有交易，也就没有税收。所谓‘日中为市，致天下之民，聚天下之货，交易而退，各得其所’。工商不兴，钱财从何而来？商人可通天下之利，既能贩走我齐国的盐、铁，也可运来齐所需的货物。富国利民，不可弃商。”

齐桓公听着管仲的对答，不时地点点头，见堂上再没有人站出来说话，又问了一声：“哪位还有话要说？”

众大夫相互扫视一眼，纷纷说道：

“管相国之言有功于国，有利于民，应该实行。”

“相国已将官山海之策讲透彻了，我等完全赞同。”

“仲相所奏乃振兴齐国之大计，君上应恩准，立即施行！”

齐桓公已经跟管仲讨论官山海之策多次，今不需再多言。于是，齐桓公站起来说道：“仲父所奏官山海之策，寡人准允颁行，明日张榜公示！”

第二节　相地而衰征

仲春的一个早晨，太阳刚刚从东方出来，管仲带上一个文吏和两个侍从轻装简行，去考察农税征收情况。一行人渐渐远离临淄，沿一条小河而行。此时农夫们已经开始下田忙碌，划分田土，修整耕地，开挖沟渠，准备今年的春耕。

行至晌午，他们见河边田头有几个老农在树下歇息，便也凑过去。管仲向其中一位老者问道："请问老丈，这条河叫什么名字，你们几位是哪个村子的？"

老农仔细打量了一下管仲，见他既不像官，也不像商，更不像乡野之人，便只简答："这条河叫淤泥河，我等都是系村的。"

管仲又问老者道："老丈尊姓大名？"

"我叫青，我们是世居于此的系上氏一族。"老者答道。

系上？管仲想了想，觉得可能与这条河有些联系，于是又问："老丈您说这条叫淤泥河，是不是因为没有水的缘故呀？"

老农说："一看就知道你们不是本地人。这条河原本是四季有水的，叫乌河，后来上游的一个大户人家把乌河的水截流了，这河便只有夏季才有水，其他时候只能见到淤泥。"

"那你们平常从哪里取水灌溉庄稼？"管仲问。

老农用手指了指天，道："靠它呀，若它大发善心，就可保收成。今年的春耕就耽误不了，雨水又充足，粟谷的收成应该还可以，交完税赋后当有点剩余吧。”

管仲又问道：“那税赋是怎么交的呢？”管仲见老农用疑惑的目光打量着他，于是又补充道，“我想在此地买块地耕种，所以要打听细致一点。”

老农闻言，又有了兴致，说道：“我们这儿在乡野中属于中等富裕地区。在我们这里买得起地，就绝对饿不死人。不过呢，你钱多的话就买河南的熟地，那样你的收成便会更多，而且那里的田赋无论官田还是私田均按田亩计税，所以说，买熟田可以多收几年，比较划算。”

管仲想了想，官府好像没有按田亩计税的政策，这是不是约定俗成的呢？他觉得按田亩收税是合理的，突然又想到最初来临淄投宿的尚东客栈，那个店家是按客人消费档次收取车马寄养费的，那还真是高明之举。管仲想到这儿，又问：“河南这一大片良地是谁家的？”

老农回道：“是伯大老爷家的，他的亲戚可是专管农田的大官，人家的地能不好吗！地下六尺就是水，旱涝都不怕。”

管仲闻言，立刻想到被宁戚取代的前大司田宁越的表弟伯氏。早听说他拼命反对新政，阻挠新政的实施。田赋改革也必将受到他们攻击和抗拒。管仲便把这个伯氏记在脑子里了。他又问几位老农：“请问，你们几位觉得这样收税合理吗？”

几位老人闻听此言，也只是呵呵一笑，说道：“合不合理又不是我们说了算，管那么多干什么？今年应该有足够的陈粟可以吃到明年秋收了，只希望王侯们不要像往年一样大兴劳役啊！”

人们对劳役的恐惧甚于虎，管仲忍不住问道："你们这些务农之人不是不用服兵役，只需要缴纳赋税和承担劳役吗？"

系青老人长叹一声，说道："每当国君兴兵役，征召国人去打仗，我们农人也要跟着去服劳役。虽不用亲自上阵，但也要负责修筑边邑的垣墙，砍柴伐木，运输粮草，甚至捐献车马。今年战事较少，所以才有了点空闲时间打理自家的田！乡野之人，四季忙碌，就为了糊口。"

管仲又问："除了耕地，你们就没有别的收入了吗？"

说到这里，老农伤心起来，说道："农人随农时春种秋收，农闲时，又得服劳役，哪有空闲挣其他收入？男人们偶尔上山狩猎，得来的狐毛皮草只能卖给有钱人，妇女们采桑养蚕，纺织丝麻，所织绢帛售价也极低，而绢帛也只穿在贵人身上。"

管仲听罢，心情也变得沉重起来。问老农们："依你们看来，亟须解决的问题是什么？"

闻言，几个老农面面相觑。管仲的身后文吏知道他们为什么会有这副表情，连忙说道："你们面前的这位贵人就是当朝相国管大人。"

管相国的大名几个老农都有所耳闻，正是他的一系列举措，让他们有了些存粮，又免于服役。他们吓得匍匐在地，连声道："请管相国恕罪，方才我等都是一派胡言。请相国大人莫跟乡野村夫一般见识。"

管仲上前将几位老农扶起来，说道："今日本相正是为帮助你等解决困难而来，只要你等所言属实，便是有功无罪。"

几位老农颤颤巍巍站起来，却不敢再说什么。管仲把目光投向系青老人，系青老人将其他人扫了一眼，说道："既然是相国管大人要咱们说，那咱们就实话实说。依我看，最大的问题就是劳役和田赋。"

受到系青老人的鼓励，另一个人说："还望官府帮助解决灌溉难题，大户此等断水取利，于我等寻常百姓实在不便。"

"希望官府改进农具用品的供给方式。"

"希望官府提供好种子。"

几位老农你一句我一句，提了不少需要解决的难题，管仲让文吏一一记录下来。直到下午，管仲几人才辞别几位老农，继续东行。管仲发现，越向东进入原纪国的地盘，农田土壤越差。管仲心中开始酝酿一个新的农田税赋方案。

几天后，管仲回到临淄，把调查的情况与亚相鲍叔牙、大司田宁戚讨论。综合来看，齐国南方是泰山，山地丘陵众多，土层贫瘠，很难耕种。北部沿海地区多是平原卤泽，土地盐碱化严重，也难以耕种。只有临淄附近水系众多，土壤肥沃，算是沃土。土地贫瘠的地方，供养不了太多人口，而税收也没减少，人们便开始四处流徙。

针对以上情况，管仲与鲍叔牙和宁戚制定了土地租种和税收新法。新法一："均地分力"，即把公田分配给农户耕种，变集体劳作为分散的一家一户的个体独立经营。新法二："与之分货"，就是按土地质量测定粮食产量，把一部分收获物交给国家，其余部分留给生产者自己，并实行"相地而衰征"的税收政策，也即按土地的肥瘠、水利等条件给土地分等级，从而确定租税额。

同时，执行开垦荒地的新政策：谁家开的荒，就是谁家的地，不管你是平民还是奴隶，都可以得到官方认可，开荒多的奴隶还可以摆脱奴隶身份，且五年不征税。

“相地而衰征”的新政很快就在都城政令公示台上张贴出来，围观者看到布告内容，顿时沸腾起来。无地的平民更是欢欣鼓舞，拍手称快。新政一经颁布，临海多山、耕地稀缺的齐国掀起了开垦荒地的热潮。

当然，改革大潮中，难免会有小股逆流。过了几月，在政令公示台上又张贴出一张新布告——大司田令。

布告写道，经查实，临淄城南伯氏，公然反对国君意愿，强力对抗相地衰征新政，拒不相地，拒不缴纳田赋。经请示国君，依法没收伯氏骈邑三百户的封地，特此严惩，以儆效尤。

伯氏受到严惩后，不敢有怨言。而原来紧跟其后反对新政的大户们都老老实实地请田官相地定税，不敢有敷衍。

第三节　惩治高利贷

在“相地而衰征”新政颁行后没多久，管仲又提出“九惠之教”新政，即一曰老，二曰慈，三曰孤，四曰疾，五曰独，六曰病，七曰通，八曰赈，九曰绝，其主旨是通过各种不同的措施，对鳏、寡、孤独和老弱贫残之人，给予抚慰和照顾。但他很快又得到一个不好的信息：不少地方流行高利贷，害人匪浅。于是，管仲立刻派宾胥无去南方，隰朋去北方，鲍叔牙去东方，宁戚去西方，分头调查地方放贷与借债情况。

一个多月后，去南方的宾胥无率先回来，报告说他调查的地区民众主要以上山砍柴制作轮轴、采集小栗制作食品为生，也有一些人专门打猎。放高利贷为生的大户不多，但他们放出去的多达千万钱，少的也有六七百万。

管仲问："高利贷利息是怎么算的？"

宾胥无答道："贷出一百钱，收利息五十。许多贫民还不起钱，只能用儿女去抵债。一个十六岁的女孩子只能抵一百钱。"

管仲叹道："那真是民不聊生啊。"

宾胥无说："不仅如此，还有几起死人案件，都是女孩子卖到不好的人手里，活活被糟蹋死掉的……"

管仲刚听完宾胥无的报告，宁戚又来告诉管仲说："我去的地方是依济水、靠黄河的区域，这里草茂水丰，民众靠捕鱼、打猎和砍柴为生。放高利贷者相对较少，但放贷数额较大，最多的一家就达千余钟。"

第二天，鲍叔牙也回来了，汇报说："东方的民众，依山靠海，有土地却常被海潮入侵，潮退后的滩涂被太阳一晒，留下白花花一片盐碱，草都不长，更不会长谷物。乡民在农闲时靠晒盐维持生计，但这个行当已经被大户丁氏、高氏、国氏占了。他们用放高利贷来制约无生计的民众替他们义务晒盐。"

管仲问："那里没有专业盐民吗？"

鲍叔牙说："基本没有。另外一部分是靠上山伐木或者下海打鱼为生。不管靠什么生存，当地百姓都在那几家大户的控制之下。大户放高利贷放得多时有五千钟，少的也有三千钟。他们贷出一钟，收利五釜。因利息高，不少负债者沦为奴隶。相国一定要整治这种现象……"

管仲问："靠借债为生的民众人数多吗？"

鲍叔牙说："不仅人数多，而且还有因逼债害死几条人命的。其中丁氏一族害人最多，国氏只怕也有。"

管仲说道："看样子还不只是高利贷的问题，我们应该先惩治高利贷者，再专门去惩治盐霸。"

鲍叔牙说："那我过几天再去调查盐霸情况。"

去调查的人中只有去北方的隰朋没有汇报情况。一打听，原来隰朋病得很重，都起不来床了。管仲便立刻赶去隰朋府上探望。隰朋还没来得及起身，管仲已经进来了。管仲直接走到隰朋床边坐下，给他把脉，诊断出是风寒所致，立刻又起身外出寻草药，然后亲自给他煎药，待药煎好滤出，又亲手端药喂隰朋服下。隰朋感动万分，要起身致谢，管仲将他按住，嘱咐他好好睡一觉，发发汗便会好起来。管仲起身正要走，被隰朋叫住，请他先听汇报。病榻上的隰朋欠身靠在床头，把自己调查的情况细细道出，情况同样不容乐观。

管仲听完后，把全部情况归纳汇总，报告给齐桓公。齐桓公听后，神色十分沉重，思索良久，问道："仲父可有良策？"

管仲心中已有一个方案，但还有一些顾虑。因为涉案人员有高氏、国氏两大家族的人，他们都是扶持齐桓公登基的有功之臣，若对两大家族的人惩治过轻，就起不到震慑作用；惩治过重，又担心齐桓公于心不忍，以及两大家族的人报复。

管仲很为难，最后想出一招：双管齐下，恩威并施。管仲向齐桓公建议："以秋祭炎帝神农的名义，把四方的大户都邀请到国都来，君上隆重地在城郊接见他们并设宴款待，在宴上把奖惩的标准宣布，让他们知道，宽与严，皆在君上一念之间。"

齐桓公转忧为喜，笑道："这样的主意只有仲父才想得出来。但如何宽，又如何严呢？"

管仲说："严，就是严惩直接凶手。宽，就是君上设宴款待他们，倘若他们想赎罪，您就宣布只收织有乐器与兵器花纹的美锦。"

齐桓公不解，说道："这种美锦，市上哪有啊？都在我的国库里呢！"

管仲说："正因如此，君上可将这些库中美锦多估数倍价格，与这些大户换来券契，他们必不敢违命，我仍有办法将这些美锦收回。"

这天大清早，正巧多日阴雨后天空放晴了。都城临淄的大街小巷显得格外热闹，四方大户，个个趾高气扬，目空一切，排着队走进都城西郊的宴会场。

在高台上，中置神龛，右有钟鼓，左有琴瑟。

过了一会儿，齐桓公与相国管仲、大司理宾胥无等满朝文武登上高台在两边就座。这时，一轮旭日斜照过来，每个人的身上都镀上了一层金色，偌大的宴会场显得神圣而庄严。

祝官手握钟槌，从台下缓步登台，双手舞动着，做着请神的动作。他来到洪钟边，展臂高高地扬起手中的钟槌，在半空划出一道弧形，随着那两槌的落下，洪钟发出悠远而高亢的声音。随即鼓乐齐鸣，犹如风唱梵音。

齐桓公站起来，拈香走向神龛。众臣和台下大户也全都起立，满脸肃穆看向神龛。齐桓公敬香叩拜完毕，又奉上祭品。

随后，祝官开始诵读祭文。

“皇哉始祖，伟绩丰功，始创耒耜，肇启农耕……”他向炎帝发愿，希望国泰民安，风调雨顺。

祭文诵读完毕，即大礼告成，但齐桓公又朝着周天子的方向再叩首，口中念念有词：“感谢周天子的恩泽，让齐国能有这么多的大户相聚在都城，让我看到了齐国日后之富强……”所有参加者也效仿齐桓公叩拜、祷告。

仪式结束后，宴会才正式开始。没有祝酒词，齐桓公只将满樽高举，邀众臣和大户们共饮一樽。然后，管仲、宁戚也先后邀众臣和大户们共饮一樽。酒至半酣，台上的大鼓被敲响，发出闷雷般隆隆咚咚的声响，鼓声撞击着人们的心窝，似与人的灵魂碰撞，谱出庄严神圣的乐章。

在场的所有人都停下了饮酒的动作，神色肃穆，将目光投向台上。

管仲走到了台前，直言正色道：“方才的祭文，大家都知道是什么意思。倕作耒耜，以垦草莽，然后五谷兴助，百果藏实，兆示国安民富。伟绩将千古垂存。”他双目扫视全场，接着说道，“乡野之人耕作千辛万苦，而在座的土地大户也当明白农作之艰，民耕之苦。可有些奸人却从不去想民间疾苦，反而借放贷勒索百姓，甚至害人性命。岂不知，民有四欲四恶，从其四欲，则远者自亲；行其四恶，则近者叛之。官府也必究其罪而罚之。”

这时，大司理宾胥无走上前台，大声命令司刑武士将一台高大绞架推到宴会场。见此情形，全场气氛紧张到令人窒息。众人又将目光投向正被押上绞架的三个命案犯，他们被五花大绑着，尽管嘴被堵着，仍然呜呜地不停喊叫着。

台下的人纷纷站起来，想看清楚那些被五花大绑的到底是什么人。管仲大声说道：“各位安静坐好，请大司理宾胥无将他们所犯罪行一一通报宣判，每判一人，案犯所归属大户的主人也要上台来。”

紧接着，大司理宾胥无便宣判第一案犯：某高氏，假借高氏家族名望，给秦氏老汉先后放贷一千钟，每贷出一钟，收利五釜。因利息高，秦氏老汉无力偿还，某高氏便借催债之由，逼奸秦氏老汉二孙女。一女抵抗不从，被某高氏活活掐死，另一女被其卖作他人妇。如此情节，依大周律例判处绞刑。

大司理宾胥无宣判完后，卿士高氏依然没有上台去。齐桓公阴沉着脸，点名把他喊上台去。高氏一边往台上走，一边辩道：“此案犯虽也属高氏家族，但只是一个远旁支，与我嫡系高氏并无关系。”

管仲说：“高卿士，惩治罪犯不行株连。只是请你上来向君上说明，如何杜绝类似的事件再发生。”

高氏红着老脸，连连点头称是，然后又对齐桓公说：“请君上治老臣失察之罪。”

齐桓公淡淡说道：“高卿年老功高，若真知过而改，还请约束族人，多行善举。”

宾胥无接着宣判第二个案犯。卿士国氏不敢迟疑，立刻跑上台去，跪在齐桓公面前。他没有辩解，只说了句：“罪臣失察，全凭君上责罚。”

第三个案犯是丁氏家族的，丁氏见两位卿士都不敢有任何申辩，吓得两腿直颤，跑上台，双腿一软，“咚”的一声跪在齐桓公面前，喊道：“请君上宽恕！”

齐桓公厉声道：“此案中，丁氏情节最重，你作为丁氏家族族首，纵容族中重要成员放贷勒索，害死数条人命，按律应与罪犯同罚，死罪无恕。然今管相国倡导重教化，轻刑罚，我就把你的案子交给管相国全权处置。”

管仲说：“凡治国之道，必先富民。民富则易治，民贫则难治。你们纵容族人放贷勒索，不仅使众多百姓生活雪上加霜，穷困潦倒，也坏了君上尊王攘夷、成就霸业的大事。依周律，你等都得上那边的绞架！但齐国正走上‘德服天下’的强国之道，当然也希望能以德感化你们。但三名案犯罪无可恕，必须依周律处决，以顺民心天意。另外，按国家推行的新政对你们进行处罚，你们服还是不服？”

国氏、高氏、丁氏三人一听，头点得像小鸡啄米似的：“服，服，全凭相国大人处罚！”

齐桓公面对台下众人，带着几分酒意发表讲话。他说：“寡人自登基以来，励精图治，上行天道，下顺民意，平内乱，合诸侯，定国策，安民生，唯恐愧对先祖社稷，有负黎民百姓。然而，至今公侯贵胄及少数大户巧取豪夺之势难抑，朝野贫富差异日增，新制伊始，举步维艰，贫民越发穷困潦倒，甚至丧命。寡人深感无能和愧疚，尤其是对那些枉死的冤魂，于心难安。为此，寡人愿将积藏珍品锦缎全数捐出来，为贫苦民众偿还借贷的本息。在座的各位意下如何？”

这些精明的大户岂能听不出齐桓公的弦外之音？纷纷下跪叩拜：“君上如此体恤民众，我们岂能薄情寡义。我们愿意献出借贷券契，彰显恤民之心。”

齐桓公激动地说：“寡人甚慰，只是你们还要用自己的钱财帮助穷苦民众春天耕种，夏天耨锄。你们如此体谅我，而我却不能给你们任何回报，所以，这些美锦你们还是收下吧！”

大户们再次跪地叩拜，齐声道：“感谢君上恩赐！”

于是，侍从们从早已准备好的十多辆役车上，把美锦搬过来，将原价每匹百二十钱的美锦以一千五百钱抵偿借债。按大户上报的借贷额，一一配发完毕，只用了不足三千匹，便把各地贫民的借贷券契全部收回。而且，因为这些美锦是宫中专用品，民间不得使用，到了进贡的时候，宫中又只收这种图案的美锦，那些大户还得乖乖把美锦送还回来。

第四节　打击盐霸

就在管仲设计惩治高利贷者的同时，鲍叔牙又一次东行，专门调查盐霸的问题。如果真有盐霸存在，那么，管仲推行的盐铁专卖之策就要落空。

前一段时间，盐场收卖点的收入明显减少。据了解，是盐民逃亡导致减产。盐民为何逃亡，一直没查清楚。鲍叔牙调查高利贷案件，至东边沿海，已掌握了初步线索。且鲍叔牙与齐桓公在莒国避乱之时，就见识过莒人是如何生产食盐的。更早的时候，鲍叔牙还曾贩卖过盐，知道其中的一些门道，让他去调查取证最为合适。本来管仲想到盐场去看看，可鲍叔牙说管仲要处理高利贷案件，由他先去盐场了解情况更合适，管仲答应了。

人必须吃盐，食盐与其他生活必需品不同的是，食盐只能买，老百姓自己产不了。沿海百姓因耕地碱化，种粮收入有限，不得不利用农闲时间到海边煮盐换得柴薪。官府设有专门管理山林的人，不允许百姓随便砍伐。当然了，秋冬之时也会允许民众上山砍柴伐薪，当作燃料过冬取暖，这叫“弛禁。”盐民正是利用弛禁期间伐薪煮盐。食盐生产的最佳时间是每年十月至次年正月，鲍叔牙正是在这个时候，来到了齐国最大的产盐地区展渠。

可是，鲍叔牙这一走，半个月多了，音讯全无，管仲心里隐隐感觉到不妙。又过了十多天，还是没见鲍叔牙回来，管仲终于沉不住气了，向齐桓公禀告一声，便带上两个贴身侍从准备上路。这时，管仲之妾婧要求同行，管仲甚宠婧，于是几人便乘两辆马车乔装成盐商一路东行。

几日后，他们便来到了海湾。时值深秋，天格外蓝，好像和大海连在了一起，海岸上空无一人，枯黄的芦苇在风中摇荡，远处几只海鸥起起落落，似在云海间嬉戏。

管仲对婧说：“我这才知道，展渠并非一个盐场的名字，而是指几乎整个海湾。如此大的区域，要找到鲍叔牙，真不是一件简单的事情。”

婧劝说道：“老爷不必太过忧心，以亚相的智慧，定能化解各种困境，会平安无事的。妾以为，若想尽快找到他们，只有两个办法，一是到附近官府问清楚这一带有哪些盐场，最好让他们派人带路，从最大的盐场找起；二是我们分两路，沿海一路向北，一路向南，分头打听。”

管仲微微点头，说道：“第一个办法不可行，找地方官府反而麻烦；第二个办法可行，只是我们人员太少了，怎么分呢？”他把侍从叫过来，问他们有何妙法。

两侍从低着头不敢说话。本来两人保护相国安全都成问题，若再分散，谁也不敢保证不出事，何况这一带本来就是东夷活动频繁之地，危机四伏，若有差池，难以交差。

无奈，管仲只能四人一起先向北，碰碰运气了。

好在是坐马车，向北走了不到半个时辰，他们就见到海边有一片用荆条和芦苇编成的篱笆院落，一看就知是盐民或渔民居住的窝棚。他们下车走近第一个窝棚，门口有两个男子正坐在草垫上聊天。

小伙子见有几个陌生人到来，感到诧异。他抬眼望向管仲等人，问："几位是从外地来的吧？不知有何贵干？"

管仲打量了一下小伙子，不像盐民，便随口答道："我们是外地盐商，打听一下今年的行情。"

闻言，小伙子凑过来说："我虽然只是个揽盐工，但若想打听行情，找我就对了；若想买盐，你等只能去易老爷家的盐场。"

管仲说道："那请你讲讲现今是什么行情？"

"官盐一钟二千钱，私盐一钟二千二。"小伙子道。

"官盐比私盐便宜，那私盐又怎能卖得出去呢？"管仲问。

小伙子狡黠一笑："见你是个本分人，不妨告诉你，因为根本就没什么官盐可卖，这一带大小数十个盐场，只有易老爷家的盐场可对外售盐。"

"官府不是设有盐司吗？"管仲再问，顺手递过去两个布币。

"官府先后派了好几个盐司过来，都待了不到一个月就跑了。现今是易老爷兼盐司，他又是最大的私盐商人，这一带的盐，差不多都出自易老爷的盐场……"

"你这小子又在这里胡说，小心被易老爷家的家丁抓了去。"这时，一个大块头男子过来打断了小伙子的话。

小伙子讪讪笑道："我本就是靠胡说混饭吃，哪像你陈大，吃水能煮盐，吃山会打猎，一身的本事。"

"我哪有什么本事！今日我给易家盐场送两挑盐过去，每挑二百斤，可到那里过秤，每挑才一百二十斤，这不是他秤上有鬼吗？”陈大恼怒地说。

管仲说：“这位陈大，我们能谈一下吗？”

陈大把管仲从头到脚细细打量一遍，又看了看婧和两个侍从，说道：“这位先生还真像个生意人，不过呢，若是谈生意，那我们就不敢谈了。难道你不知道如今官府不许私自买卖盐吗？前不久，刘老汉把盐偷偷地卖给了一位姓马的盐商，结果姓马的盐商被痛打一顿，扔进海里。刘老汉不仅被罚没收盐产，还被打成重伤，至今仍躺着呢！”

管仲气愤出声：“竟有这样的事情！难道官府就放任不管吗？”

陈大说：“如今易老爷就代表官府，告官，还不是告到他那里去，这不就是找死吗？前几天，有主仆二人说是盐客，在这一带打听，易家的巡盐家丁认为他们可疑，立刻就把他们抓走了。”

难不成是鲍叔牙？管仲的心一阵狂跳，忙问道：“那盐客长什么样？”

陈大回忆了一下，说：“与你相比，个头稍显矮胖，皮肤较黑。哦，他的脑袋看上去挺圆，说话挺硬气，我看也不像盐客。”

听到这里，管仲基本可以判定这主仆二人就是鲍叔牙和他的侍从，他们只怕是身陷险境了。他面不改色地问道：“那你知不知道他们被抓去哪里了？”

陈大正要说什么，突然看见两个大汉走过来，忙话锋一转说：“你一个盐客，莫问是非，少管闲事。”他向管仲摇头示意莫再多言。

来人正是易家巡盐家丁头儿易七和家丁打手。“你等是何人？来这里是不是搞私盐买卖呀？”易七说。

陈大忙说：“瞧七哥说的，我煮的盐不才送到易家盐场去了吗？他们只是向我打听去那里的路。”

“但我觉得他们很可疑。”易七说，“还是先跟我们走一趟，去盐司审查登记。”

管仲警惕地注视着二人的举动，说了声“好”，朝后一招手，两个侍从便同时一个箭步，分别扑向易七和家丁，制住了二人。

众人惊愕不已，易七吓得脸都白了。管仲一把揪住他的衣领，厉声问道：“你们前几天是不是抓了自称盐客的主仆二人？”

“是易老爷下令抓的。他们不是盐客，是探子。”

“那两个人姓什么，叫什么？现今关在哪里？”管仲急切询问。

易七向管仲瞟了一眼，说道：“那人只说姓鲍，不知名。最初关在盐司，昨夜移到易府暗室去了。”

“陈大，快拿两根麻绳来，把这两恶徒绑起来！”管仲招呼正在发愣的陈大说。见他迟疑不动，管仲又说：“你们别怕，我们是官府派来惩治这些盐霸的。”

易七一听，反倒乐了：“哈哈哈，原来是官府的，我们是自家人……”还没等他说完，扭住他的那个侍从便一大巴掌抽过去，骂道：“泼皮无赖，谁和你是自家人？”将他打得六神无主。侍从对惊愕不已的盐民喊道：“相国大人的命令，谁敢不从！”

两个盐民惊恐万状，不知是该先叩拜还是先找麻绳。还是那个小伙子精明一点，麻利地找来两条绳子将易七和家丁绑了个结实。然后，又战战兢兢地问："您可是当朝相国管大人？"

管仲点点头。两个盐民齐齐下跪："拜见管相国！"在他们心目中，管相国可是个了不起的人物。

管仲让他们起来，说："现在不是讲礼节的时候，你等把这两个歹人看好了，若是跑了，拿你们是问。"

管仲又对一个侍从说："你持相府令牌，快马加鞭赶去北鄙，让北鄙大夫亲带三十车精兵，火速前来，不得有片刻延误！"

一场惊变，竟没有把婧吓倒，她缓步过来问管仲："老爷，眼下我们该怎么办？"管仲也在思考这个问题。让他心乱如麻的是鲍叔牙随时都可能有生命危险，他却不知如何施以援手。易家在展渠这么大的地方独霸海盐销售几十年，足见其根基深厚；几个官派盐司也被他挤走，易荣自己当了盐司，且对外来盐商，凡不按他的规矩办的，都施以暴力，足见其势力庞大，手段残忍。鲍叔牙来此这么久，肯定搜集到不少易家作恶的证据，若他只承认自己是商人，充其量就是被打一顿，没收钱财后赶走；若他亮出了自己的官方身份，情况会更糟。如果让鲍叔牙把易家犯罪的证据上报，易家的家产肯定会被没收，易荣甚至会被杀头。杀了鲍叔牙灭口是最好的办法。由此推想，管仲急得如热锅上的蚂蚁。

忽然，管仲眼前一亮，想到一条拖延之计，那就是扮成北鄙的官员到易府去谈生意，以此拖延探听。主意拿定，管仲想先送婧回驿馆，但婧坚持要与管仲一起去。"老爷带着女眷去谈生意，这不是更容易取信于他吗？"婧说。

管仲说："这事很冒险，一旦败露，不仅我们有杀身之祸，还会把亚相也给连累了。"

"奴妾不过贱命一条，老爷和亚相都不怕死，何况奴妾呢？"婧的态度很坚决。

于是，管仲让侍从留下接应北鄙的人马，约定好暗号和行动方案，他带上婧去找易荣谈"生意"，以拖延时间。

当天傍晚，北鄙大夫带着三十车人马匆忙赶来，按约定，往易府抓捕易荣，然后逼着易荣释放鲍叔牙二人。这时候，鲍叔牙和他的侍从已经被装进麻袋，被五个家丁抬到暗室外的木栏边，往下十多丈便是波浪滔滔的大海。见到北鄙大夫的人马，易荣惊叫一声，管仲立刻从一个士卒手中拿过弓箭，三箭齐发。五个家丁倒下三个，另外两个扔下麻袋转身便逃。

管仲不理会逃走的家丁，冲上前去，亲手解开麻袋一看，里面正是鲍叔牙。管仲为他松绑，一把抱住他说："受苦了，鲍兄！"

兄弟俩紧紧相拥，老泪纵横。

救出鲍叔牙二人后，官兵迅速对易府、盐司、易家盐场进行清缴。一夜间，便将易荣的大小爪牙百余人全部抓获，官兵几乎无一伤亡。

第二天上午，大小数十个盐场都贴上了朝廷的布告，宣示盐铁专卖新政。同时，在易家盐场召开审判大会，让盐民揭露以易荣为首的盐霸的罪行。

管仲与鲍叔牙互通了情况之后，让北鄙大夫审理此案，北鄙大夫为难地说："此地属于东鄙管辖，我审理似乎不合适。"

管仲说："正是因为此地属于东鄙管辖，所以才让你审理，这样能做到公平公正，何况盐司直属朝廷，本相指定你审，有何不妥？"

下午，审判大会开始了。十多个盐民和商人代表递交了诉状，最终，罗列出易荣等人二十余条罪状。北鄙大夫宣判盐霸易荣处枭首之刑，罚没收全部家产，十余名从犯分别处劓刑、鞭刑、黥刑。

鲍叔牙有些担心地说："盐司是大夫级别的官员，易荣还是易牙的弟弟，只怕要奏报齐侯裁夺。"

管仲说："一个冒牌盐司，罪行累累，祸害一方，未追究易牙罪过，已属开恩，难道易牙救得了他吗？"

大盐霸易荣被处决，盐民们欢欣鼓舞，拍手称快。展渠一带的盐场重新焕发生机。齐成为最早实行盐铁专卖的诸侯国，而食盐成了齐国财政的强大支柱。

第十章 广开源 增强国力

第一节 商业战争

易牙听说弟弟被枭首，辗转反侧，一夜无眠，对管仲恨得咬牙切齿，再想到自己将来的处境，更是惶恐不安。据说他为了留在宫中，重新获得齐桓公的信任，烹子献糜。齐桓公不顾管仲的劝告，把易牙留在了宫中。

一天清早，管仲入宫请见齐桓公，对齐桓公说："君上，临淄城里有一样东西您没吃过，臣特意来请您去尝尝。"

齐桓公虽然不相信，但还是随管仲来到了大街闹市。街上人来车往，熙熙攘攘，临淄的国人们又迎来新的一天。时值秋末冬初，小阳春的天气正适合人们外出活动。齐国几年没有兴兵役和劳役，农夫们趁着天气晴好，将上山打的柴草挑来街上卖掉，或换些东西回去。而百工们则纷纷早起，前往官府的作坊，用一天的辛劳换取衣食。商人们天不亮便早早起来准备好货物，在店肆里招呼客人。

看到这番景象，齐桓公满心欢喜，但他还惦记着他没吃过的美味。管仲领着他不紧不慢地走到一家做早点的酒肆，叫上几樽酒，一盘肉脯，然后再上一大碗豆花，慢慢地享用早餐。这一家的豆花做得比较稠，口感细嫩、柔软、润滑。管仲问："君上，猴脑的味道如何？"

"什么？这是猴脑？"齐桓公闻言大惊，接着说，"什么猴脑，是豆腐脑！"

管仲哈哈笑起来，叫来店主说："店家，国君给你做的豆花赐名'豆腐脑'，还不谢恩？"

店主赶忙过来叩拜："谢君上隆恩！小人的店肆要发财啦！"

齐桓公夸赞道："你这豆腐脑如此美味，是怎么做出来的？"

店主回答："由于菽在过去主要是用作战马饲料和庶民救荒所用的杂粮，而为了轮耕肥田又不得不多种一些菽，所以菽的价格很低，但是，取菽中精品，磨制成豆花之后便溢价十倍。又有幸君上赐名，溢价怕是会再翻倍。"

果然，国君齐桓公品尝过豆腐脑后，这种美味很快便在临淄市民之间流行开来。

所谓"上有所好，下必甚焉"。一来二去，齐国的国人中便流传起豆腐的传说来，豆腐颜色雪白，香气扑鼻，是大贵族们才能享用的好东西。豆浆、甜豆花、咸豆花、豆腐、豆干……时间一长，豆制品便成为临淄的一种特色食品，就连其他诸侯国来的商人也一定要品尝一下。一时间，这种廉价的食物竟出现供不应求的现象。

以此为借鉴，经过长时间的酝酿，管仲准备发动几场“商战”。

齐桓公平时喜爱穿紫色衣服，但上朝时不穿，因为紫色在周礼中是杂色，有身份的人是不会穿杂色服饰的。这天早朝，管仲给齐桓公送来一套紫色鲁缟朝服，齐桓公不解地问：“上朝穿这种颜色的袍服不合适吧？难道仲父有何奇计妙策？”

管仲笑了笑，说道：“我知君上对柯地发生的不愉快并未完全释怀，也知鲁侯并没有真正服气。我想与鲁展开商战，让鲁侯真正屈服。”

“商战？”齐桓公一愣，说道，“我虽不知你计策，但一切依仲父。要我如何配合？”

齐桓公按管仲的建议，接连数日穿紫衣上朝。众臣一见，皆心领神会。自此开始，每每上朝的时候，从齐桓公到文武百官全都穿着紫色朝服，殿堂上下一片紫色，在阳光照射下，泛起一片紫光。

文武百官都穿紫色衣服，影响到都城内各行各业的人，他们也都换上了紫色衣服。城里人穿紫色衣服，乡下人向城里人学习也都穿上了紫色衣服，一时间紫色衣服盛行于齐国。

一时间，齐国各地的商店里、作坊里，紫色布匹、紫色衣服供不应求。紫色布匹的价格也一天比一天高，甚至五匹白布顶不上一匹紫布。齐国商人为从中获利，开始从鲁国、梁国买入紫色布匹。

转瞬又已入秋，一场蒙蒙细雨过后，飒飒秋风摇曳着那青黄斑驳的叶子，树叶怀着几分不舍飘向大地。身在鲁国的文姜夫人又想家了，派使臣请求齐桓公准许她回齐国。

依礼制，出嫁的女儿如果父母都在，是可以回家探望父母的。父母不在了，只能派人前往问候兄弟们，如果兄弟们允许她回家看看，她才能回家。齐桓公觉得此事若处置不当，会影响齐鲁两国关系。于是，他问管仲："鲁夫人所请之事，仲父你看如何处置妥当？"

管仲说："鲁夫人是想回齐长住，此于礼不合。何况她还参与鲁国朝政，肯定会招致鲁国君臣非议，不如婉拒了她，但对她派来的特使要热情招待，要让特使知道君上对鲁国夫人是重视的，君上十分在乎骨肉亲情。而且这样也许能使这场商战更顺利。"

十天后，齐桓公按管仲吩咐，穿上了一件用鲁国绵绨做成的精美袍服，以最高规格的礼仪，接见鲁国特使。当特使出现在齐国朝堂前时，举目望去，一下子怔住了，他以为回到了鲁国。只见朝堂上所有的齐国文武官员以及侍卫们，身上穿的都是鲁国生产的绨绸，这是一种厚实而光滑的丝织品，人穿着也很精神。

特使不解，问管仲："在下有一事不明，请管相指点。齐国一向都以纨的薄软和飘逸著称于世，怎么突然改用我们的鲁绨制作朝服了呢？这似乎不合齐国习俗啊？"

管仲笑道："适时而就，因势利导，就不存在什么合不合习俗的事。之前齐国上下流行紫服，而鲁绨多为紫色。近来，鲁绨的价格低于齐纨，一匹齐纨可换五匹鲁绨，而且天气渐凉，一层鲁绨顶三件齐纨，齐国应该多买一些你们的鲁绨。再说，国君对特使格外尊重，特意让朝中官员如此穿着。"

鲁国特使被管仲的一番话唬住了，半天才回过神来说："鲁绨不光鲁国生产，梁国也生产！"

"现今国君带了头，穿鲁绨已成为一种时尚，齐地货源紧缺，不管哪里产，我们有多少进多少。"管仲说。

鲁国特使如坠云里雾中。离开齐廷后，鲁国特使专门从稷门出城，在稷门，他又看到了悬于稷门城墙上的告示。那上面清楚地写着，朝觐周天子所用服饰全部改为鲁绨制作。

特使很感动，说回国后一定转达君上。

鲁国特使回曲阜后，便向上卿施伯报告自己的所见所闻，然后一起去见鲁侯姬同。施伯说："君上，据报齐国上下大兴紫服之风，全国上下都买鲁绨做的衣服，鲁绨价格上涨，而我们又有大量绨布，赚钱的机会来了。"

鲁侯细问特使出使始末，半晌，大笑起来，说道："祖先保佑，让寡人等遇上这种好事。这真是天佑鲁国呀。"

施伯说："鲁绨虽充盈，但依臣了解，怕是还满足不了齐人的需求，还得加快生产。"

鲁侯很兴奋，立刻说道："命司农扩大绨丝的生产。田间地头、房前屋后，凡是空地都种上桑麻。"

施伯突然面露忧色，担忧地说：“君上，老臣以为，这既是机遇，也可能是陷阱呀。”

鲁侯问：“施卿为何会有这种担忧？”

施伯无言。他确实说不出理由，只是隐隐的直觉。

鲁国特使的行为自然也引起了各国在齐都的细作们的注意。一时间，鲁国、梁国等地风传开齐国盛行鲁绨的事。响应最为直接的自然就是鲁侯。他下令加快生产鲁绨，以满足齐国的需要。鲁国有很多人本来就以织绨为生，如今看到这行业有厚利可图，更是积极投入，连很多原本从事耕种、畜牧等行业的人都纷纷改行织绨。

消息传来，管仲立刻派人抓紧买入鲁绨，这更让鲁国、梁国等地民众丢下最忙的农活，去生产鲁绨。

在齐国，穿绨织的衣服很快在全国流行起来。虽然绨的需求量猛增，仍是供不应求，但管仲下令本国人不得生产绨织品，而是一律从鲁、梁两国买入，理由是绨是鲁、梁两国的特产，品质优，价格也便宜。

随后，管仲召集鲁、梁两国的商人，对他们说：“你们为我织绨十匹，我给你们三百斤铜；织百匹，我就给三千斤铜。”商人们也判断，这股鲁绨风潮至少会持续几年。而这几年正是鲁国送给齐国与管仲的宝贵时间，管仲可以腾出手去做更重要的事。

入冬，隰朋奉命出使鲁国。鲁侯带着施伯和负责邦交、农业、商业的重臣，按齐桓公接待鲁国特使一样的规格接待了隰朋。

礼仪毕，隰朋开门见山地说：“国君，近日贵国所产绨丝质量参差不齐，而且价格一路走高，我此番前来正为此事。”

“鲁和齐有着深厚的友谊，我们是姻亲之邦。”鲁侯笑道，“本国愿意确保鲁绨的质量以供贵国使用。”

“谢国君，价格上还望能便宜些。”隰朋说。

“隰子，绨丝经过复杂的工艺制作，用人、用工多，制作复杂啊。”鲁侯说。

“贵国绨丝确实不错，但三百二十斤铜千匹的价格还是无法让人接受。”

“隰子，你当知道，为了满足贵国对绨丝的需求，寡人已命国人不惜误农时赶织精绨，这付出的代价可不小，所以不能再便宜。”鲁侯说。

隰朋沉吟半晌，说：“希望国君让我可以交差，三百斤铜千匹，如何？”

“隰子不仅是一个邦交高手，还是个精明的商家呀。那寡人就做此让步，以示寡人对齐的友诚之心。”鲁侯最后同意了。

完成使命后，隰朋坐着马车走在曲阜郊外，抬眼望风光如画，鲁国百姓皆忙于栽种桑树；路途中，运送绨丝的车辆络绎不绝。隰朋的嘴角露出一抹微笑。

回到临淄，隰朋向齐桓公和管仲汇报了与鲁侯的谈判情况。

管仲点头，说出了真实意图：“用鲁绨替代齐纨，就是为了使鲁、梁两国盲目追求眼前利益，从而忽视种粮的季节，导致粮食产量锐减。与他们相反的是，我们鼓励开垦，甚至开了奴隶开荒的先例。这几年，齐国可耕面积骤增，给邻近诸侯各国的心理造成很大压力，而我齐国粮食丰产已成定局！”

次年春，春汛泛滥成灾，一些城邑与民众都受了损失，但鲁国上下仍自信满满，因为桑麻长势良好，桑蚕丝毫没有降低吐丝的节奏，蚕丝甚至更为洁白绵长。

十个月后，管仲派人调查，鲁、梁两国的庄稼几乎颗粒无收。正所谓，人误地一时，地误人一年。两季庄稼没有收成，全国所织的绨却堆积如山，百姓顿时陷入了饥饿。

深秋，齐国大地，阵阵夹杂着稻香的秋风迎面吹来。人们在田地里挥洒着汗水，收获一年的劳动成果。

管仲对齐桓公说：“君上，请您穿回正常衣服，让百姓不再穿绨，同时断绝与鲁国的经济往来。”

齐桓公心知肚明，但还是问道：“要下一道命令吗？”

管仲说：“不用。只要君上稍稍改变一下喜好就可以了。”

齐桓公看看管仲那平静的表情，心里倒也安慰了许多，他对管仲说：“只要对国家有利，寡人就听仲父的。”

这一天，齐桓公下了早朝，两个近臣跑过来凑到他身边想对他说事。齐桓公不耐烦地看了一眼，说道：“退后一点，我厌恶紫色鲁绨衣服的气味。”

堂上众臣闻言莫不瞠目结舌。几天之后，紫色衣袍在临淄城便消失不见，流行一时的鲁绨衣料开始被人们厌弃。

在鲁国曲阜，深秋的雨打在人们的脸上，灰暗的乌云，低低地压着大地。

施伯慌忙入宫见鲁侯。“君上，齐国已经下令不买鲁绨，禁穿绨衣。”他说。

鲁侯闻言，微微一愣，稍顿，说道：“我们不是钱都赚到手了吗？传令下去，退桑还田。”

施伯无奈地说：“还田哪那么容易？今年全国没什么收成，眼下百姓可是急着等米下锅了。”

鲁侯道：“那就快去产粮国购买呀！”

“据报宋国、卫国、徐国、莒国等国已经不卖粮食给鲁国了。只有齐国有多余粮食可卖，但价格高得出奇。”施伯说。

鲁侯这才意识到上了管仲的当了，问题十分严重。

鲁、梁两国的织绨卖不掉，赋税绝收，老百姓陷入缺粮、无业的贫困中。两国国君只好令百姓还农。但为时已晚，庄稼不可能在短时间内有收成，饥饿的人民把种子都吃掉了。于是，鲁、梁谷价暴涨，鲁、梁的百姓从齐国买粮每石要花上千钱，而齐国的粮价每石才十钱。

很快又一个春天来临，大地重新披绿，给人新的希望。然而，许多鲁国的百姓忍受不了饥饿，也看不到希望，纷纷逃到齐国避难去了。

鲁侯气急败坏地说：“齐国欺人太甚，寡人要同齐国开战。曹将军愿意出战吗？”

曹沫低头不说话，堂上死一般的沉寂。

庆父说：“国中无粮，士兵也无力应战呀。”

施伯说：“君上，为今之计还是和谈为好。”

半晌，鲁侯无奈地说：“遣使往齐国递国书，寡人要亲自与齐侯和谈。”

数日后，鲁侯请求和谈的国书便送到齐桓公手中。齐桓公问管仲道：“仲父，这场商战我们赢了，接下来当如何做？”

管仲说：“在国邦交往中，仍应照周礼行事！我以为，当以‘尊王’为外交和商战的主要思想。只要姬同愿意低头，我们就可施以援手。商战也是战争，要控制诸侯各国进入齐国的货物涨跌无序的状态，处理好齐国与莒国、莱国、梁国、鲁国的关系，使我们无须作战也能控制各国。”

于是，齐桓公在商谈中树起了“尊王”大旗，这不仅让鲁侯难作辩驳，也使梁国、莒国、莱国等国更加认可齐国作为盟主的权威和地位。

第二节 设立女间

为了更好地施行“通货积财”新策，齐桓公接受了管仲的建议，开始修建适合商旅居住和从事商贸活动的新城。这一天，管仲巡视新城后返回临淄，齐桓公便派人来传他入宫。

管仲当是急事，没回家便直接入宫去。他走到二进院，看见齐桓公与宾胥无坐在院中的石桌边。刚要施礼，齐桓公便朝他直摆手，说道：“仲父无须多礼，快过来坐下议事。”

管仲坐下，问道：“君上，不知有何急事？”

没等齐桓公开口，宾胥无抢先道：“近两日，城中发生两起案件，都与宫中有关，我一时拿捏不准，便请君上裁夺，君上便请你也来议一议。”

“难道是很复杂的要案？”管仲疑惑。

宾胥无说：“两个案子都简单明了。一个是宫中的侍卫闯进妓院寻快活，之后又不给钱，还在那里打砸闹事，结果人家找到宫中来寻个说法。另一个是前几日宫中一官员的外甥女被几个乞丐强暴杀害，现已将全部乞丐抓捕，这官员现要君上下令将乞丐全部处死。”

管仲想了想，说道：“案情既然简单明了，那依法处置不就好了，大司理何须为难。”

齐桓公说：“我们先说第一个案子。侍卫如何处置，没有法律条文可依。而仲父你又一再向我提请设‘女闾’，保护娼妓。此事已经闹得人尽皆知，如不给个说法，恐有损官府形象。”

管仲说：“我以为，侍卫寻欢之事，如是双方自愿，并谈好价钱，事后却不给钱，这只是人品信誉问题，令其结钱并赔礼道歉，再依律条对侍卫进行责罚当为妥当；若是侍卫强逼，则自当按强暴民女处置。”

宾胥无说：“那第二个案子，依仲父看要不要将那些乞丐全部处死呢？”

管仲问宾胥无：“大司理，按律致人死亡应如何判罪？”

宾胥无答道：“按律主犯当诛，从犯判为世代为奴……”

不待宾胥无说完，齐桓公便嚷道：“一群乞丐而已，害人死亡自当以死抵罪，全部杀了，看谁还敢如此为非作歹！”

管仲沉思片刻，说道："君上，砍几个乞丐的头很容易，但要制止类似的犯罪却难。因为人皆有七情六欲，天性所致，想灭天性、禁人欲，那是不可能的。"

齐桓公说："不可禁，那就放任不管了？仲父常说要让齐国成为尊王守礼的典范，又怎能不严刑峻法，严惩恶徒呢？"

管仲说："君上说得不错，我一向主张严刑峻法，但法的制定也是要以人为本的，峻法不是要对人性进行禁灭。先贤大禹治水获得成功，这件事让我借鉴的不仅是治水之法，还从中领悟到处置世间各种事物的道理。禹改变其父阻水之法，而以疏导之法引水入海，从此不再为水患发愁。它启示我们对许多事都可以改阻为疏，或者疏阻并举。就拿人如何满足情欲这事来说，我们没办法禁灭人们的情欲，但可先让人们知道如何做才合法合理，这不仅需要我们教导他们，更要他们自觉遵守。君上要颁布法令，让天下人都知道，虽说人的欲望无穷无尽，但要满足各种欲望也都得在法的规范之下。"

齐桓公说道："仲父说来说去还是想要我承认娼妓之业合国法呀。大司理，如今天下有没有哪国有官设妓院的？或有没有哪国以法保护妓院？"

宾胥无思索了一下，说道："妓院各国都有，为此立法的至今还没有。不过，臣以为，立这方面的法规，肯定对维护社会治安有益处。"

齐桓公说："如此说来，这还是件好事。那仲父开设'女闾'又有什么益处呢？"

管仲说道："既然人之天性不可禁灭，与其暗中伤风败俗，不如让他们在阳光下正常运作，国家用税收的办法管理起来，使之成为合国法的经营活动。我思考如何成立女闾已久，这样做的益处至少有三点，一是可将大量隐藏在民间的私娼聚集在女闾之中，进入女闾之妇受到国家的保护，国家可以通过向女闾征税来增加财政收入；二是可缓解及调和社会矛盾，保护良家妇女不受骚扰和侵犯，可减少国内一些犯罪行为的产生；三是可招揽到各方游士，网罗人才，还可增加商旅往来，令他们沉醉于软玉温香之中。"

齐桓公思虑许久，说道："你虽然说服了我，但那么多大臣、贵族未必肯信服。此事还是朝议吧。"

管仲早料到齐桓公会这样说，也知道朝议前该做些什么。他先召集轻重九府主官交谈沟通，并在他们中指定一人做堂上陈述。然后，又与隰朋、宁戚、王子成父、宾胥无、东郭牙交换意见。得到这五位重臣的支持与赞成，官设女闾的朝议一举通过。

几天后，城中政令台上正式公布了官方设置女闾的规定。其中规定入女闾的条件是无主且美貌的女子、战争被俘获之妇、处斩抄没官之女眷、为娼之女、奴隶、无主或被弃之女，自愿者均可进入"女市"做正常交易。同时，规定女闾由官方发给证照，正常经营，官府从中收税。凡进入女闾之妇均受官府保护。

此规定一经公布，临淄城顿时沸腾起来。相国管仲纳娼妓婧为妾的消息，此前早已人尽皆知。现在，宫中要开女闾的消息更是令全国轰动。那些腰缠万贯的大户，谁都想抢得头彩！

这天管仲刚回到家中，婧劈头便问："相爷，你纳我为妾，已经是冒天下之大不韪，我上街，人们指指点点，倒也算了。现在又听说你真要开女闾，可有此事？"

管仲坦承："没错，是我极力主张设置女闾的。但我这样做，是要用法令将杂乱的娼妓之业管起来。就好比我们城里的污水，能让它们随意流吗？挖明渠，加以引导，污水就被管住了。设置女闾也是这个道理。"

婧无话可说，但他们的一个邻居带着一伙人闯上门来。这人称为芈子，子便是对德高望重和有学识者的尊称，其在临淄城的号召力非同一般。芈子在相府前痛责管仲是伤风败俗的祸首，要管仲谢罪，废除女闾。同他一起来的这伙人拿石块向管仲砸来，管仲毫无惧色，上前跟他们理论。婧担心管仲受伤，忙叫过来一队侍卫。管仲不许侍卫靠前，更不许以暴力对这些人进行驱逐，他独自站在邻里街坊中间，向众人阐述开设女闾的必要性和娼妓们的不易。他说："为娼妓者，大多数都有过不幸的遭遇，原本生存下去都很困难，因为她们没有维持生计的本领。官府设置女闾，能让他们接受专门训练，有音乐天赋的妓女会被训练成乐妓，声音甜美的成为歌妓，身段妖娆的成为舞妓，酒量较好的则成为侑酒的饮妓。而今她们能为齐国增收，不应当受到歧视，官府有责任保护她们。而且，是否入闾皆为自愿，可减少逼良为娼之事发生。况且，开设女闾并不是为了淫乐，而是有更深远的目的……"

芈子听了管仲的解释，觉得自己理屈，便悻悻离去了。

易牙听到管仲在家受到攻击的消息，立刻到齐侯的妃子长卫姬面前把此事大肆渲染。长卫姬听着听着，便动了心思。

长卫姬早想立自己的儿子无亏为太子，但管仲向齐桓公进谏，不宜过早立太子。长卫姬因此对管仲心怀不满，想借女闾风波打压管仲。

易牙对管仲的仇视自不必说，他时刻都在找机会欲为弟弟报仇。他想借助长卫姬的力量，削弱管仲的权势。于是，他故意刺激长卫姬说："管仲将在宫内开辟女闾，还要将君上的女人都送到那里去……"

长卫姬一听怒不可遏，气呼呼赶去找齐桓公。走到中门时，她觉得自己势单力孤，便转身走进王姬夫人的宫中。王姬夫人也接到了易牙的密报，正与徐夫人、蔡夫人私下议论这件事，想不到长卫姬此时因此事闯了进来，三人看着长卫姬，徐与蔡异口同声问："妹妹你想怎么办？"

长卫姬嚷道："当杀淫首管仲。"说着，便要带着一群侍女与武士侍从赶去管仲府上。

王姬夫人连忙喊道："慢着！事情还没调查清楚，君上也没跟我等说起，先不要轻举妄动。"

徐、蔡二夫人连声赞同，但长卫姬没听王姬夫人的话，转身带着一帮人奔赴相府。可刚走到三院内，迎面遇上大司马王子成父的侍卫队。王子成父问明他们的来意后，立刻将长卫姬一帮人拦下来，将事情报与齐桓公。不一会儿，齐桓公赶来，问明情况后，怒斥道："妇人之见！你等怎知仲父良苦用心！"下令将长卫姬等人抓起来。只因随后赶来的宁戚等人替长卫姬求情，这一闹剧才就此终结。

第三节　不战而屈人之兵

齐国开设女闾的消息不胫而走，各国的贵族、商旅、游士纷至沓来，齐国的女闾生意火爆，很快增加到三百闾之多（五家为比，五比为闾，一闾便是二十五家，总数当为七千五百家）。女闾的发展，确实如管仲所想，吸引了大批商客，带动了新城（济南）、临淄等城的市肆和商贸的繁荣。

看着堆积如山的财富，齐桓公很高兴，他问管仲："仲父，是不是可以改革军队了？"

管仲说："君上，兴军之事正在推行，若要见奇效，还有一件很重要的事情没有做。"

齐桓公很感疑惑地问："还有何大事呢？"

管仲神秘一笑说："我已谋定，夺取一座巨大的武器库献于君上！"

齐桓公一听，恍然大悟："仲父是想征服衡山国？"

管仲点点头。征服衡山国，将对齐国的军事改革起到很大的促进作用。

衡山国盛产兵器，衡山利剑，天下无双。管仲早就在谋划征服衡山国，不过，要想以武力攻打衡山国，肯定要费一番功夫。

管仲故技重施，派人到衡山国高价收购兵器。十个月后，燕、代、秦等国都跟着到衡山国收购兵器。衡山国见势，将兵器的价格提高了二十倍以上，百姓纷纷放弃农业转而打铁。

一年后，齐国又派人到赵国购买粮食，赵国粮食每石十五钱，齐国却按每石五十钱收购。包括衡山国在内的诸国都运粮食卖给齐国，就在各国为发财欢呼的时候，齐国突然封闭关卡，停止收购粮食和兵器。在夏收前，齐国找到借口，向衡山国出兵。此时，衡山国无粮可用，兵器也差不多卖光了，又不能在别国买到粮食，在经济和军事两个战场上败得精光，不得不向齐国称臣。史称“衡山之谋”。

在打下衡山国后，齐国军备实力大大增强，齐桓公对管仲说：“我想趁着诸侯之间短暂和平的空隙，将国内军队集中训练。”

管仲却说：“不可以。当前之军制，常备军由各鄙和县征召、训练、管理。与野鄙五级（邑、卒、乡、县、属）行政建制相对应，军队基本建制是轨、小戎、卒、旅、军。每轨五人，由伍轨长率之；每小戎五十人，里有司率之；每卒二百人，卒连长率之；每旅二千人，乡良人或旅帅率之；每五旅为军，由将军或军帅率之。君上要把三国五鄙之军集中训练，这几乎是不可能的。”

齐桓公问：“不集中训练，如何检验他们的战斗力？兵力分散，我又如何能指挥三军？”

管仲耐心解释说：“按现在的体制，卒一级的小部队在居处便可训练，乡一级的部队在城郊便可集合。虽然分属不同，但训练方法方式是一样的，不会造成联合作战时指令不同。而且，士卒五家一组，他们从小比邻而居，五家人感情皆善。这样上战场时，五家会互相帮忙，光看背影就知道是自己的同伴，绝不会认错。一伍由住得近的村民组成，一戎之中皆是亲戚，战场上若一人胆怯，全戎都会嘲笑他。如果一名士兵受伤了，全戎的人都会和弄伤他的敌军拼命。他们居同乐，行同步，死同哀，便于成为团结、有战斗力的整体，到时候就成为一支虎狼之师了。此事我已经交给王子成父来办了。”

齐桓公似有不满，又问：“如此说来，作为一国之君，我岂不是没有可指挥的人马？”

管仲知道齐桓公的心思，他是想把一国兵权，尽归入自己一人手中。但是如此一来，国库不仅要拿出庞大的军费开支，也与军政合一的体制相悖。于是管仲劝说道：“齐国如今确实强盛了许多，但还不足以支撑数万人的常备军队，眼下可建立一支三千人组成的常备军，由国君指挥。君主可亲自训练，布下恩泽，这三千人择有能力者成为战时军官，指挥各地军队，齐侯仍能统领全军。”

齐桓公笑道：“还是仲父考虑周全，这个主意好。”

不久后的一天，齐桓公从校场回宫，正与管仲相遇，齐桓公便邀管仲入宫中前院喝茶。两人在树荫下的石桌边相对而坐，阳光从繁密的枝叶间透射下来，他们的脸上都印满了点点光斑。齐桓公望着管仲，轻叹道：“一晃多年过去，仲父改革多有成效，令我能坐稳这国君之位！”

管仲也附声叹道：“君上霸业未成，我日夜焦虑难安。可眼下偏偏有秦、楚异军突起，呈现出虎狼之威，戎狄之患经久未绝，晋、郑、鲁也雄踞一方，齐国图霸还有很艰难的路要走啊。”

齐桓公问：“那我们是不是应当出兵以正国威呢？”

管仲说：“兵不可不出，但要师出有名。师出有名则为义举，无义之战，齐不介入。就轻重而论，对秦、楚之战尚可一缓，唯有戎狄之患，刻不容缓！”

齐桓公神色肃然，沉声静气道：“不动兵戈，又如何让他国见识我齐国之雄威呢？”

管仲说道：“不如以观看社祭为名，邀请楚、秦、晋、鲁等国派使前来，观看社祭之后，再借机展示军队。如此，既不会给人耀武扬威之感，又能让社祭更为隆重。”

齐桓公赞道：“妙。我们借此可一探几大强国的态度。”

管仲说：“那就借君上的校场一用。”

齐桓公与管仲不谋而合，观社祭的筹备工作立刻展开，给各诸侯国的邀书也先后发出。

鲁侯姬同接到邀书后，便准备到齐国去观看。曹刿劝阻说：“君上不能去。诸侯亲自朝见天子五年才一次，而您三年内却两次亲往齐国，连观社祭也要去，这是没有先例的，有损鲁国之威严。春天举行社祭，是祈求农事得到上天的赐福；冬天收获以后举行社祭，是为了向土神贡献五谷。天子祭祀上天，诸侯要参加助祭以听受政令，但臣没有听说过诸侯之间可以互相观看社祭的，这种祭祀不是为了民间庆丰收，而是想在鲁侯面前摆威风，显然不合法度。国君的一举一动都将记入史册，后世子孙将会怎么看呢？”

鲁侯说：“寡人亲往齐国，不只是观社祭，还要再探一番齐国国情，于鲁有利，没有什么合不合礼的。”他未听曹刿的劝告，亲自前往齐国。

其他受到邀请的诸侯国也都派来了使者，只有晋国没有对齐国的邀约做出回应。

秋祭之日很快到来，都城临淄南郊牛山北，在一片平坦的高地上，设观礼台，台上设宴席若干桌，台下为演武场。

在山下，另设一个祭坛。

秋祭仪式很简单。齐桓公带领百官及前来观社祭的嘉宾来到牛山下，由齐桓公开始，依次焚香叩拜。那袅袅轻烟升入天际，虔诚的祝祷也随着轻烟一起飞扬。

拜祭毕，祝官吟诵祝祷词。随后，民乐响起，众多青年男女载歌载舞，喜庆丰收。

在观礼台那一边，阅兵仪式即将开始。台前宽阔的平地上，手持青铜兵器的精锐齐兵每三千人成一方阵，三国五鄙各一个方阵，加上齐桓公亲训的三千人，共列九个方阵，呈八卦形排在最前方。紧挨着的是百乘战骑一队，共八个队列。车上装备有弓箭、盾牌、戈、矛、短剑等各种兵器。每辆战车上载三名士兵，其中一名为驭手，负责驾车，另外两名分站两侧，负责作战，远用弓箭，近用戈矛。

这时，齐桓公与高子、国子、轻重九府主官、五鄙大夫、各诸侯国使者等登上观礼台，随着大司马王子成父一声高喊，管仲站到了台前。他的旁边有五个旗手，各举一色旗子，对受阅齐国军队发出指令。

受阅第一项为阵列变换。管仲一声令下，九个方阵，变为圆阵，再由圆阵变为疏阵、锥行之阵、雁行之阵……士卒之雄锐，部队之严肃，屹若山岳，势动天地。号角震天，旌旗猎猎，一眼望不到尽头，场面极为壮观。

受阅第二项，车骑攻战新法演示。一为轻车突骑——面对以速度取胜的骑兵，战车已经跟不上节奏了，必须轻车突骑，首先打乱敌军的阵容；二为劲弩长戈、射疏及远——弓弩压住阵脚，再用矛戈远距离击杀敌军；三为坚甲利刃、长短相杂——进攻的同时要加强自身防御，兵器长短相间，根据战场形势灵活运用；四为材官雏发、矢道同的——突出箭矢发射的命中率，争取一击即中；四为下马地斗、剑戈相接、去就相搏——利用地理优势逼迫敌军离开自己的战马，一旦落入阵地战，敌军便失去了最大的优势，短兵相接，就地激战。凭此训练有素的五项军事技能，便可一举击败敌兵车骑。

鲁侯和各国使者看得眼花缭乱，心潮澎湃，无不对齐军的阵列、战法和气势赞不绝口。

大军阅毕，管仲命人在一棵大树上立靶，站在百步之外，亲发五矢，皆中的；又骑马疾驰而射，一发即中。管仲带头之后，军中将士也争相表演自己的绝活，这足以显示齐国军队单兵作战能力也非同寻常。

阅兵之后还有一项重要内容，管仲还要与将官辩论军策。

王子成父抢先问道："征伐之战，如何才有胜算？"

管仲说："主动征伐意味着拥有了更大的经济和军事潜力。古人说，发动战争而保持国家不贫，打起仗来有必胜把握，打了胜仗伤亡甚少，得了土地而本国不伤元气，如何做到这四点呢？发动战争而国内不贫，是因为筹算得当。战而必胜，是因为法度严明。少数伤亡而能取胜，是因为训练和武器都好。得了土地而不伤本国元气，是因为顺应了被征服国的民心。"

隰朋说："在下认为，兵法之要紧处是兵本身，练兵是主要的。"

管仲笑了笑，说："领兵统阵在首领，统帅之思想则为兵之思想！老孺非战之兵，若训练有素，知阵用兵，亦可御敌；精兵强卒，若指挥不当，仍可为敌人鱼肉！"

齐桓公见管仲与将官们答辩热烈，心里很高兴，夸奖说："观仲父治国十几年来，无事不是事先有谋划，事中有定夺，事后又有总结。所以能够事事成功，得仲父乃寡人之福。"

连续几天，齐国君臣都在探讨军事方面的问题，却把鲁侯冷落在了一边。鲁侯此次来齐国还有一件大事，那就是十几年前文姜夫人和齐襄公为他定下的那门亲事。虽然当初鲁侯认下这门亲很勉强，但齐鲁本来有政治联姻的传统，现今能与强势崛起的齐国亲上加亲，对鲁国是大有助益的。何况齐女姜氏（哀姜）初长成，像一朵娇嫩的荷花含苞待放，鲁侯见了又如何不心动。于是，他趁这次来齐国观社祭，下聘礼，将她迎娶回了鲁国。

鲁侯在这次观社祭、阅兵中处处显出对齐侯的敬重和对齐国改革的认可，这令齐桓公十分满意，鲁侯也都得偿所愿。然而，齐国的一个附庸国鄣国却没把齐桓公放在眼里，认为齐国是在耀武扬威。齐桓公很是气恼，便想举兵灭掉它。管仲劝谏说：“对于亲友之邦还不至于轻易用武，此事就交给我来做，保证让鄣胡公臣服。”

齐桓公同意后，管仲便让王子成父与隰朋、宁戚等人带上受阅部队，开拔到鄣国附近驻扎。他和陈国公子陈完带领一部分人马整日在鄣国都城外操练阵法，操练将士所喊的口号就是讨伐鄣国。鄣国都城与齐国大军的训练场近在咫尺，阵阵响彻云霄的喊杀声让城中大臣、百姓胆战心惊，寝食难安。

过了一些时日，管仲又向鄣国都城派去两拨人马，一拨专门散播流言，说齐桓公很快就要攻打鄣国了，如不投降，就将鄣国人斩杀殆尽；另一拨人则分头向鄣国重臣送礼行贿，劝他们尽快做出明智的选择。一时间，都城一片恐慌，鄣国君臣上下一致认为，只有投降才有出路。就这样，在军事恫吓与金钱贿赂的双重作用下，鄣国国君派出使者来觐见齐桓公，表示真心臣服。管仲兵不血刃，便把鄣国变成了齐国的城池。

第十一章 尊王攘夷 图霸业

第一节 救燕灭山戎

冬天的阳光是温柔的。尽管屋外的树枝上还挂着冰条，但那一丝丝的阳光透进屋内，能带给人一股暖意。

在宫中第三进院的一间屋子里，齐桓公与管仲仍在谈论阅兵前的话题。齐桓公说：“楚国日益强盛，侵犯中原诸国已成必然，我想召集诸侯会师讨伐。仲父意下如何？”

管仲劝阻道：“楚国地大兵强，远征未必能胜；况且诸侯也未必服从调遣，还是再缓一缓，待时机成熟。”

君臣正在计议，忽有近臣来报：“燕国被山戎部落侵扰，都城告急，燕人已经打了几个败仗，形势危急，特派使臣前来求救。”

齐桓公问管仲道：“燕侯（庄公）一向孤傲，且燕与我齐素不往来，我们要不要出兵救援？”

“当然要。”管仲毫不犹豫地说，“不仅要出兵，还要打出更鲜明的旗帜——尊王攘夷，在这面旗帜之下，才能有更多诸侯响应。”

次日，齐桓公召集众臣朝议。齐桓公刚把此事提出来，上卿高傒、国子等人便纷纷表示反对。国子说：“齐多次邀诸侯会盟，燕国一次也未参加，我们没义务为非盟之国劳师远征。另外，从齐到燕中隔数国，跨数国之境远征从无先例，风险极大，胜算几无。”

众臣纷纷支持国子的意见，连陈完与隰朋都不赞成出兵。

管仲带病入朝，不疾不徐地说道：“当今南方有楚国，北方有山戎，西方有狄族，它们都是中原的心腹隐患，必须一一征服。山戎侵袭燕国，燕派使求援，齐作为盟主之国，打着尊王攘夷的旗号出兵，一可让燕侯感恩于齐，从盟于我，重修昔日召康公之政，尊周室，敬天子；二可借燕国与其他诸侯国之力，一举歼灭山戎，使中原诸国免受其扰，根除隐患。”

齐桓公断然说道：“寡人意已决，依仲父之言。请仲父选定吉日良辰，出兵燕国，剿灭山戎！”

冬日的天气越来越寒冷，刺骨的寒风呼呼吹着，天上飘起了鹅毛大雪。但风雪未能挡住齐军将士的脚步，齐桓公和相国管仲亲率大军出征，三万人马浩浩荡荡向北进发。

齐军的主力人马到了济水，鲁侯姬同听说齐桓公亲征山戎，率众迎到济水来为齐军壮行，并献上牛羊和大军应用物品，犒劳齐军。齐桓公向鲁侯细述了燕国求救之事。鲁侯说：“您亲率大军抵御北方的外族，救助燕国，鲁国也同样受益啊！山戎猖獗之时，也时常南下袭扰鲁国的北部疆界，祸害百姓。我愿意派一队人马随您出征。”

齐桓公大为感动，说：“北方路远，道上又有危险，不敢麻烦鲁侯。”

管仲向鲁侯施礼，说道：“山戎部落有令支、孤竹两国为援，很难平定。君侯果有诚意，齐军愿在前与戎敌厮杀，鲁军可作后应，以壮中原大军的声势。”

此时，山戎首领密卢领兵骚扰燕境，已近两月，山戎军在燕国掳掠了大批财物，山戎兵只想快些回家分钱。看到齐桓公带着大军杀来，山戎军毫不恋战，纷纷掉转马头，四散奔逃。

齐桓公率军深入燕地，见燕国大部地区已是一片荒凉。来到蓟城门外，又见烟火依旧燃烧不息，城墙残破不堪，城墙上那烧黑的燕军旗帜残缺不全，在风中翻卷，尽是被洗劫后的残败景象。

城门外，失魂落魄的燕侯率领朝中大臣、众百姓，箪食壶浆，翘首以待齐军到来。见齐桓公到来，当即跪拜在地，群臣、众百姓也一齐跪倒。

齐桓公见傲慢的燕侯再也端不住那不可一世的架子，心中暗喜，双手搀扶起燕侯，说道：“寡人受天子之命，扶危济倾，保卫中原，此乃盟主国职责所在。燕国之难，也是齐之危难，此所谓唇亡齿寒。燕侯不必多礼。”

燕侯感谢齐桓公以盟主之尊，亲率大军解燕国之危，设下盛筵为齐桓公接风洗尘。席间，燕侯在千恩万谢之余，不时地流露出忧虑之情。

齐桓公问燕侯道：“山戎人今在何处？”

燕侯回道：“山戎人在燕烧杀抢掠已有数日，闻听齐侯率大军来剿，昨日已闻风而逃。”

管仲心思细腻，明白燕侯因何忧心忡忡，于是说道：“今山戎军闻风而逃，燕国危机虽暂时解除，但山戎军毫发未损，齐军一旦撤走，山戎人自会越发猖狂，再来骚扰。不如借此机会将他们彻底消灭，除去这一祸患。”

燕侯没想到管仲一眼就看穿他的心思，不由得苦笑一声，附声道：“管相国真是目光锐利，寡人确有此忧。往日燕军屡屡出动截杀山戎，可山戎人路熟马快，忽而旋风般骤至，忽而潮水般隐去，飘忽不定，行踪诡异。往往是燕军听到示警匆忙赶去时，山戎人早已不见踪影，更别说剿灭了。燕军刚刚撤去，山戎马嘶人吼，复来袭掠。寡人百般无奈，也曾试着命大军进至山戎的巢穴清剿，但其地左有令支国，右有孤竹国，三方形成犄角之势。且该地区山高林深，地势险要，能攻宜守。山戎又常将抢劫到的财物送与令支、孤竹为礼，三方关系甚密，一有风吹草动，他们就互相策应，所以进剿的燕军常常有去无回。”

齐桓公说道：“戎夷近在咫尺，可以朝出暮归。此次寡人既然亲率大军而来，又怎么会无功而返？请燕侯宽心，不灭山戎，齐师不还！”

燕侯一听齐国君臣均做出重诺，大喜，立刻请求率燕军为先锋：“齐国的大恩大德，燕国永世不忘！寡人愿率燕国军队为前锋，为齐师开道。”他信誓旦旦地说。

齐桓公说：“燕军屡屡和山戎厮杀，已经损伤很重，怎忍再让他们在前面冲锋陷阵呢？请君侯率军作为后备，为我军壮声势。”

燕侯摇头，坚定地道：“不！齐国士卒为了燕国，千里迢迢来到北地征讨山戎，我若是坐在后面观望等待，既对不起齐侯和齐军，也无颜面对燕国百姓！只是这山戎部族聚居之处，山高路险……”

管仲不待燕侯说完，插言道：“山戎之地若地形险要，我有一计可施。我已探得离燕东八十里，有一小国名叫无终，其国民虽也是戎人，却屡受山戎侵害。可令隰朋大夫前去游说，说服无终国国君为我军指派向导。”

齐桓公应允，当即派隰朋携带重礼，前去请援，无终国国君欣然受礼，派遣大将虎儿斑率领五百骑兵，赶来助战，并作向导。

齐桓公召见并重赏了虎儿斑，命虎儿斑率部下兵马为先行军，燕军为后军，齐军为中军，三路兵马向山戎部落进发。燕侯请求与齐桓公同行，以便于随时商讨征戎大事。

齐、燕大军向东北行进二百余里，来到一个道路曲折、地势陡峻的险要之地。管仲问燕侯到了何处，燕侯说：“此地名叫葵兹，是进入山戎的必经之路。”齐桓公与管仲察看了这里的地形，决定将粮草辎重留下一半，储存在葵兹，让鲍叔牙负责把守转运，并留下老弱伤兵，然后带上精壮人马，日夜兼程前进。

山戎首领密卢是一个凶残狡诈的人，曾手持利斧一口气杀死燕国数十名俘虏，其心肠之狠毒，手段之残忍，戎兵也为之咋舌。他听说齐军来攻，急忙把将军速买召来商议，速买建议说："齐军远道而来，疲惫不堪，我们可趁其安营未定，发起突然袭击，定会大获全胜。"

于是，密卢让速买率领三千骑兵在齐兵必经之路的山谷中三面埋伏，自领二百骑兵在谷口巡逻诱敌，只等齐军到来就截住厮杀。

虎儿斑率本部五百骑兵先到，速买只带一百人马上前迎敌，虎儿斑举起铁锤向速买迎头便打，速买假装不敌，边打边退，将虎儿斑引入林中包围圈，虎儿斑拼死突围不成，所带士卒死伤惨重，连自己所乘战马也被敌人刺伤。危急关头，齐国大军赶到，大司马王子成父奋勇将速买击退，救出了虎儿斑。虎儿斑见到齐桓公，低头掩面，无地自容，对自己的轻敌冒进满是羞愧。

齐桓公鼓励他说："胜败乃兵家常事，将军不必在意。"说完，命随从挑选了一匹良马送与虎儿斑为坐骑。虎儿斑感激涕零，雄心陡升，再三恳求齐桓公仍派他打头阵，以雪此恨。

大军继续东行三十余里，到了伏龙山。这时天色已晚，齐桓公和燕侯驻兵山上，王子成父和宾胥无各领命在山下安营镇守，几个营寨用战车相连，组成了一座"车城"。

第二天清晨，密卢向速买附耳低言，如此这般地嘱咐一番后，亲自率五千骑兵前来攻营。到了下午，管仲在山头发现正面敌人人数减少，所剩士卒也纷纷跳下战马，对着齐军破口大骂想引齐军出战，管仲一眼识破敌人的伏兵之计，准备将计就计，于是把虎儿斑叫来，对他说道："将军报仇雪恨的机会到了！"随即为虎儿斑补充五百骑兵，命他下山冲杀戎兵。然后，命令王子成父率军向左，宾胥无率军向右，两路接应，专门冲杀敌人的伏兵。

虎儿斑率骑兵旋风般冲到密卢阵前，密卢率戎兵虚晃几个回合，便丢盔弃甲，争相逃窜。虎儿斑正想追击，忽听到大寨传来了收兵的号令，于是当即勒马返回。不想，一声尖厉的呼哨响起，密卢率领伏兵从侧方杀了出来。见虎儿斑被截，密卢心中大喜，正想号令谷中伏兵合围，突然有两路齐军从侧翼杀出，山戎兵马措手不及，被王子成父和宾胥无杀得七零八落，大败而逃。

密卢初战失利，心中甚是懊恼，速买向他献计道："齐国向前进兵，必经过黄台山谷口，我们可凭借天险之利，占据齐军继续前行的必经之路，以重兵固守，挖掘陷坑，在两边悬崖上准备下滚木礌石，这样敌人就是有百万大军也难以通过。"

齐、燕大军数万之众，在黄台山谷口一筹莫展，难再推进一步。伏龙山方圆二十里内没有水源，齐军全靠汲取濡水河水饮用。更为糟糕的是，山戎在濡水河上游筑坝断流，切断了齐、燕联军的水源。

管仲见戎兵战败后，一连三天毫无动静，心中不由起疑，忙派出探子前去打探消息，不久即有探子回来报告说："黄台山道路已被截断。"接着，又有人进来报告："戎兵截断我军饮水水源。"虎儿斑道："芝麻岭一带道路崎岖难行，需几天才能走完，若不随身携带大量饮水将无法通过。”但眼下无论是对于如何越过黄台山，还是如何获取水源，众人均无良策。

齐桓公一听连足智多谋的管仲都一时束手无策，顿生退意，迟疑着问：“仲父有否考虑暂时退兵？”

管仲断然说道：“绝不退兵！”

于是，齐桓公发布号令，士卒就地掘井取水，谁先找到水源可领重赏。管仲见天色尚早，便带上隰朋和几名随从由侧旁潜入黄台山，想探查出一条新路。

黄台山树木茂密，荆棘丛生，每走一步都很艰难，人马兵车又哪里过得去！寻觅半天，一无所获。此时太阳已经落山，黄台山上变得一片昏黑，山风呼啸，令人不寒而栗。所幸，就在这时候，他们发现一个当地农民。隰朋便带上重金，让这个农民带领他们到当地百姓住处探问水源。

他们找到一位老者，隰朋恭恭敬敬地问道：“大军饮水将尽，眼看就要渴死，老人家可否教我取水之法？可救万千将士性命！”

老者见隰朋很有礼节，顿生好感。他说：“一般蚂蚁洞穴附近常有地下水源，应当到有蚁穴的地方挖掘。”

闻言，隰朋赶紧带领士兵去各处寻找蚁穴，却未找到，隰朋道：“蚂蚁喜爱日光，常住在山的南面，夏天怕热，常住在山的北面。现在是冬天，应该到山南向阳处去找。”士兵转到南坡去寻找，果然寻得蚁穴数个，深深凿下去，泉水喷涌而出，味道清冽甘甜。齐桓公一时高兴，赐名山泉为“圣泉”，赐名伏龙山为“龙泉山”。

密卢听说齐军饮水未断，不由大惊道：“难道中原人真有神灵相助吗？”速买说：“齐军虽然得到饮水，但他们远道而来，粮草必定有限，我们如坚守不战，一旦粮草用完齐军便会自行退兵。”

密卢虽然心惊胆战，但除此之外他别无良策。管仲找到水源，即命宾胥无率一支人马，回葵兹搬取粮草；命隰朋率领一支人马由当地人带路，从芝麻岭翻山绕路直插戎夷侧后，并约定以六日为期，到第七日晨，听到擂鼓声杀出，夹攻戎夷；命王子成父率领一支人马多次佯攻黄台山，以迷惑和疲怠密卢之兵；又命虎儿斑率领麾下五百士卒，每人准备一囊，囊中装满沙土，以做备用。为使密卢不起疑心，管仲还每天派兵前往黄台山挑战骂阵。

六天过去，黄台山戎兵仍未派兵出战，管仲向众人说道：“按照原定期限，宾将军的西路兵马应该已经得手，敌人不肯出战，我们也不能再坐等了。”

第七日凌晨，大风渐歇。管仲命擂起战鼓，士卒每人背上一袋沙土，用二百辆空车在前探路，遇到陷阱壕沟立刻用袋中沙土填平。山戎兵的美梦被惊醒，密卢听说齐军已攻杀进谷口，登时惊慌失措，马不及备鞍，人不及披甲，睡眼惺忪，率兵仓皇应战。这时，又有戎兵来报，说：“西路又有齐兵杀来。”速买知道芝麻岭小路已经失守，无心恋战，与密卢一道向东南逃去。

齐军大获全胜，缴获大批马匹、兵器、帐幕和牛羊。山戎部落平民见齐军声势浩大，纷纷投降，齐桓公依管仲之言对他们进行安抚，下令士卒不得杀害已投降的戎人，违令者斩！

齐燕联军既表现出了仁义之师的风范，又报答了山戎老者解齐军水困的恩德。

第二节　征孤竹，平令支

山戎人见齐燕联军秋毫无犯，又如此宽待他们，很是高兴。齐桓公、管仲将投降的山戎人叫来问道："你们可知密卢如今逃到哪里去了？"

山戎人实话实说："我国与孤竹国相邻，一向和睦相亲，不久之前还曾向他们借兵，密卢可能是到孤竹国借兵去了。"

齐桓公又向山戎人探问孤竹国的情况和去往孤竹国的道路。山戎人说："孤竹是山戎东南方的一个大国，商朝时那里就开始修建城池。从这里走一百余里，有一条溪流叫卑耳，过了这条溪流便是孤竹国界，只是其间山路十分艰险难走。"

于是，齐桓公与管仲商量，既然孤竹、令支两国助纣为虐，索性扫平两国，以绝后患，并决定齐军在山戎部落休兵三日，补充粮草、兵器，而后先征孤竹，后平令支。这时正好有鲍叔牙手下将军高黑运送粮草到来，齐桓公命他留在军中听用，又从山戎降兵中挑选出精壮士卒千余人，交给虎儿斑，用以补充他之前损失的兵马。

三日后，雨过天晴。齐桓公下令进兵攻打孤竹。一路上高山峻岭，怪石嶙峋，树林茂密，荆棘丛生。齐燕联军攀山越岭，行进缓慢。管仲命人火烧荆棘，又令士卒凿山开路，才使战车得以通行；又作"上山""下山"歌，让众将士传唱，振作士气。

当齐燕联军还在山上艰难跋涉时，密卢等人已经逃到孤竹。

他见到孤竹国君答里呵，放声大哭道："齐国依仗兵多势众，攻占了我国，请国主发兵为我报仇。"

答里呵道："我正想起兵助你，只因身体抱恙，这才迟了些，没想到你竟吃了如此大亏。你安心在此守候，待敌兵退去，我便帮你复国。"

为防不测，答里呵派大将黄花率兵跟密卢去险要处做好御敌准备。

渡过卑耳河后，联军在一座山下安营扎寨。

齐桓公问："这里是什么地方？"

燕侯说："此山名为双子山。"

齐桓公又问："有何寓意？"

管仲回道："这里埋葬着伯夷、叔齐两位先贤的遗骨。"

燕侯说："管相国所言不假，既然到了这儿，还是祭拜一下两位先贤吧，求他们保佑我们征战成功！"

齐桓公笑道："祭拜先贤是可以，但求保佑，那先贤肯定是保佑他们的孤竹子孙吧。"

众人闻言，哈哈大笑起来。

正说笑间，黄花和密卢带着一队人马冲杀过来。联军立刻与孤竹军展开厮杀，开方在右、竖刁在左保护着齐桓公。王子成父与高黑则一前一后将孤竹军包围。黄花见势不妙，丢弃了马匹，扮作樵夫，从山间小路逃走。

第二天晨，联军将孤竹都城无棣城四面包围，而此时的无棣城竟是一座空城，联军不费吹灰之力，就占领了此地。

黄花被齐军打得大败，逃到答里呵藏匿的地方对他说："齐军前来，不过是要捉拿密卢，与我国毫无关系。我看不如杀了密卢，与齐讲和，方能保全我们自己。"

另一位大臣则献计说："北方有个地方叫'旱海'，又称'迷谷'，那里茫茫沙漠无边，路途难辨。如果能把齐军引入此地，不用一兵一卒，就能使齐国人马全军覆没。"

答里呵听到这里动了心思。于是他命黄花杀了密卢，割下其首级，带到齐桓公军中。他献上密卢首级，并称答里呵已经率军逃跑，自己愿归顺齐桓公，为齐军引路，追击答里呵。

齐桓公等人未辨真假，一时不知如何是好。黄花又说，他知道国主有一座行宫，想必国主正躲在那里，他愿意带大军前往行宫。

管仲说："且让他带路，我们大军严加防范，料想不会有差错。"齐桓公也信以为真，率领齐军大队人马跟着黄花向北追击。

齐军凌晨出发，向东北方向追赶了一天，却越走越荒凉，没有人烟，渐渐连鸟兽也不见了。进了沙漠，队伍才拐了几个弯就找不到路了。茫茫无垠的黄沙，好似平静时的大海，让人无法辨别方向。

看天色已晚，齐桓公正要下令扎营，却发现黄花一行人不见了。众人顿足道："大事不妙，中了黄花的奸计！"

管仲见此情景，急忙对齐桓公说道："臣听说北方有一个叫'旱海'的地方，那里十分凶险可怕，到那里的人都是九死一生，我担心这里就是旱海，我军不可再往前行进了。"

这时夜幕笼罩着大地，四周漆黑一片，西北风呼啸着，冻得士兵直发抖。管仲下令士卒擂鼓鸣金，一是为了振奋士气，二是为了将失散的士卒召回。直到后半夜，狂风才渐渐停歇。齐国各部兵将此时也已赶到，与齐桓公、管仲的中军合为一处，管仲到天亮后清点人马，发现齐军损失惨重，连上大夫隰朋也下落不明。

见这沙漠太过凶险，齐桓公急忙下令寻原路撤出沙漠，但此时齐军已失去行军方向，无法找到原路。管仲心生一计，他隐约记得书上曾有动物善记道路的记载，想到马的灵性更胜过猫狗，于是连忙说道："人们常说老马识途，无终国与山戎地界相连，他们的军马也大多从漠北而来，我们可让虎儿斑从他的军中选出几匹老马，让马在前面引路，大军在后跟随，这样我们也许会走出这片沙漠。"

齐桓公听从管仲之计，找来十几匹老马领路。在黄沙弥漫的大漠之中，一队队的黑影，稀稀落落地向前移动，左转右拐，过了几个时辰才终于逃出了旱海。又走了将近十里，队伍忽与一队人马相遇，派人前去探看，正是失踪的隰朋等人。两路人马会合后，齐桓公下令从无棣城撤兵。

路上，管仲发现许多孤竹百姓扶老携幼，匆匆赶路，上前询问，百姓答道："国君赶走燕兵，夺回了都城，我们是要赶回无棣老家去。"

闻言，管仲对齐桓公说："我已有破敌之计了。"于是令虎儿斑率几名心腹军士，假扮成无棣百姓，随着众人混入城中，在夜间以放火为号，作为内应。管仲又命竖刁领兵攻打无棣南门，连挚攻打西门，开方攻打东门，把城北门空下，让敌人作为退路，但暗中派王子成父和隰朋分兵埋伏在北门外。

此时，答里呵回到无棣城中，派人收拾残局，招回百姓，又派黄花调集兵马，准备与齐军拼杀。到了黄昏时分，答里呵突然听到外面杀声大作，接着又接到报告："齐国大军已将城门围住。"

黄花没想到齐军竟会死里逃生，大吃一惊，连忙带人登上城门观望督战。等到半夜，虎儿斑开始在城中四处放火，接着又率领手下士卒赶到城南，把城门劈开，竖刁率齐军趁势杀入城中。黄花知大势已去，急忙将答里呵扶上马，准备寻路逃走。听说城北没有齐兵，便让人打开北门出逃，但刚出北门，就被埋伏在这里的王子成父和隰朋截住，城中的开方、竖刁、虎儿斑等将也趁势从后面杀来。黄花拼死抵抗，最后力尽被杀，答里呵被王子成父活捉，宰相兀律古也被乱兵杀死。

第二天天刚蒙蒙亮，齐桓公便来到无棣城安抚百姓，告诉大家孤竹有此祸，皆因答里呵勾结山戎，一意孤行。并亲手将答里呵斩首，让人将他的人头悬挂在城北门示众。

齐桓公斩孤竹国主后，准备整顿大军，一鼓作气剿灭令支国。此时令支国主听说孤竹国已被齐国踏平，国主答里呵身首异处，而自己的军队对阵士气正盛的齐军全无胜算，于是献上降书顺表，开城投降。

燕侯听到齐军获胜的消息，立马带领团子山燕军赶来会师，齐桓公对燕侯说："我接受贵国请求，千里转战，今日已大获全胜。共得孤竹、令支两国土地五百里，但我不能长久控制这些地方，我愿将它们全部赠给燕国。”

燕侯闻言心中大喜，嘴上却推辞道：“我凭借君侯之威，保住了国家社稷，早已心满意足，怎么还敢接受这些土地呢？”

这时，管仲站起身来，说道：“令支、孤竹远离中原，而近燕国，如今尚有山戎余党，如果再让山戎人控制，必会重新反叛，君侯就不必再推辞了。现在东方道路已经打通，君侯可遵照贵国先君召公遗志，向周天子进贡称臣，永镇北方边疆，这样齐侯也会感到高兴。”

闻言，燕侯便不再推辞。

这时，虎儿斑前来辞行。齐桓公予虎儿斑及其部下以厚赏，并将小泉山下的土地赠给无终国，虎儿斑再三拜谢后返国。

燕侯送齐桓公离境，依依不舍。二君经数十日联手平戎夷，已引为知己，一路上推心置腹，谈论国事，越谈越投机，不觉已进入齐国国境五十里。齐桓公说道：“自古诸侯送客，都不出自己国境，我也不能对君侯失礼。”当即下令将这五十里土地割让给燕国，燕侯再三推辞，齐桓公仍坚持不让，燕庄公最后只得接受，与齐桓公挥泪而别。

后来，为了答谢齐桓公，燕侯命在此地筑一小城，命名为“燕留”，意为要将齐桓公的恩德永远留在燕国土地上。燕国西北增加了土地五百里，东方增加了五十里，进入了一段相对稳定时期，从此逐渐成为北方的大国。

第三节　为邢、卫筑城

一晃秋去冬又来，屋外已是大雪纷飞，山川树木全都覆盖上了一层雪，万里江山变成了银装素裹的世界。

此刻的卫懿公正欲载鹤出游，忽闻报夷狄大军压境。卫懿公惊恐万状，急忙下令招兵抵抗。偏偏这个时候，民众纷纷躲藏起来，不肯参军打仗。

卫懿公气急败坏，命大司徒把逃散的百姓全抓回来。司徒立刻带人在朝歌城中四处搜寻，抓来了一百多人。

卫懿公亲自审问这些百姓："你们为什么四处躲藏，不肯保卫国家？"

"国君只要用一样东西，就足以抵御狄兵了，根本用不着我们。"众人异口同声回道。

卫懿公问："什么东西？"

众人齐声回答："鹤。"

"鹤怎么能退敌呢？"卫懿公觉得荒唐离谱。

众人说："鹤既然不能打仗，也没用处，国君为何给鹤加封供俸，而不顾民众死活，以致民不聊生呢？"

直到此时，卫懿公才猛然醒悟，落泪道："寡人知错。"随即下令把鹤都驱散。朝中大臣们见状分头到民众中间讲述卫侯悔过之意，这才有人聚集到招兵旗下。

此时狄兵已攻进了荥泽，形势危急。大夫向卫懿公请示："狄兵骁勇善战，我们难以抵挡，就让臣速去齐国求救吧！”

卫懿公为难地说：“卫与齐多有冲突，当今齐侯继位后我没有主动去和他们结盟修好，现在遇到了危难，齐侯怎么会来救我们呢？不如寡人亲征，与狄兵决一死战！”说着，把身上佩的玉玦摘下交给大夫石祁子，委托他与大夫宁速守城，自己披挂带上将军渠孔北上迎战，发誓不战胜狄人，决不回朝歌城。

石祁子和宁速知道卫懿公此去凶多吉少，禁不住落下泪来。

卫懿公也知道自己军队人心不齐，平时又没接受训练，缺乏战斗力,根本不是北狄的对手,只想以自己的悲壮一战,吓退狄人。可没料到，刚到荥泽狄兵便故意败走，卫军被引诱到峡谷，中了北狄的埋伏。卫军被截成了三段，没有组织起反击就全军覆没。卫懿公被狄人杀死，卫国太史华龙滑和将军渠孔也被狄人捉去。

华龙滑对北狄头领说：“我们是卫国的太史，掌握着卫国的祭祀，如果我们不能回去，你们是不能得到国都的。”狄人觉得卫国国君已死，此二人难再成祸患，便让他们先回卫国国都。

镇守朝歌的宁速见只有他们二人回来，心中一震，忙大声问道：“你们怎么回来了？国君在哪里？”

华龙滑说：“国君已死，卫师全军覆没，再抵抗也是无益的，不可坐以待毙，赶紧想办法逃吧。”于是，石祁子、宁速等人带着卫侯宫眷及公子申，连夜乘小车出城东逃，城中的百姓也纷纷逃走。渠孔向太庙方向拜了拜，凄楚地说：“昨天和国君一同出城，而今不能和他一起入城，臣子的节义何在？我只有去地下侍奉国君了！”说完，拔剑自刎。

北狄头领带着狄兵冲进卫国都城，那些没来得及逃走和行动缓慢的百姓，十有八九被砍死。然后，狄兵又长驱追赶石祁子、宁速等人。

即将到达黄河时，石祁子和宁速他们都感到疲惫至极，也觉得没路可走了。这时，宋侯（桓公）御说听到狄人入侵卫国的消息，在夫人卫姬的请求下，派驻济水南岸的宋军逆河而上，阻击狄兵，接应石祁子、宁速等人。卫国臣民七百三十人，在宋军的帮助下，星夜渡过了黄河，这才脱险。

北狄见宋军来救援，也不再追击，便转回朝歌，将卫国府库与臣民的财物洗劫一空，只留下一座废墟。

许国的许穆夫人听到卫国国破君亡的噩耗之后，悲痛万分。她决心为哥哥卫懿公报仇，恳请自己的丈夫许穆公出兵相助。许穆公面露难色："你兄长遭此大难，我岂可袖手旁观。只是你也知道，许国本就国力衰微，四方豪强虎视眈眈，我小心周旋尚且勉强保住国家，怎能再引火烧身，以卵击石呢？"闻言，许穆夫人气恨交加，变卖自己的家产，购得赈灾物品前去援助卫国，并征召青壮男丁四千余人，整军习武，随时准备征讨北狄。

同时，许穆夫人写信给舅舅齐桓公，请求他伸出援手。来使面见齐桓公说："卫国国君被北狄杀了，卫国的老百姓生活艰难，都逃到了漕邑。卫国如今已名存实亡，许穆夫人派我来请您做主。"来使递上许穆夫人的手书，齐桓公读罢，十分动容，羞愧地说："寡人竟没有一个女子有气魄，这是我的错。"于是，齐桓公、管仲、鲍叔牙等人经过商量后，便赠给寄居于齐的卫国公子姬毁（姬硕和宣姜所生的小儿子）一匹骏马、五套公侯用来祭祀宗庙的礼服和牛、羊等牲畜若干，又赐给公子毁夫人一辆装饰豪华的马车和三十匹上品锦，让公子无亏带领一队人马，把公子毁送到漕邑去，主持卫国大局。

公子毁到了漕邑，眼见此地一片荒凉，伤心得直掉眼泪。他把遗留下来的卫国男女老少集合起来，一共才七百三十人；又从别的地方召集了一些老百姓，终于凑了五千多人。这五千多人重新建立国家，立公子毁为国君，是为卫文公。

虽然诸侯们给严重受创的卫国捐献了财物，但无异于杯水车薪，卫国仍然处在极度贫困之中。卫文公跟着老百姓一起生活，穿的是粗麻布，吃的是糙粮食，住的是草房子。

公子无亏在漕邑待了些时日，见北狄没有再来，就打算回去。可是漕邑连城墙都没有，万一北狄重返来袭，那可怎么挡得住呢？思索良久，他决定留下三千齐兵驻扎在那儿，自己回去向国君汇报。

齐桓公听说卫国如今的惨状，叹气说：“无亏此举甚好！我们应当好好帮助卫国重建一番。”

管仲献策说：“卫国目前贫弱，我国留兵帮新君守卫驻地也是盟主分内的事情，但并非长久之计。与其在那里戍守，不如我们帮助卫国选择一个好的地方修筑都城。”

齐桓公很赞成这个主意，便召集列国帮助卫国筑城。

就在齐桓公、管仲张罗诸侯们投入人力物力一起重建卫国都城的时候，邢国使臣忽然来到齐国，一见齐桓公，便惴惴不安地说：“狄兵大举进犯邢国，我们难以守卫，盼望盟主垂怜众生，尽早发兵救援。”

齐桓公向管仲问道：“是否当救邢国？”

管仲答道：“各诸侯国之所以听从齐国号令，是因为他们相信危难之际齐国能帮助他们，过去我们没能帮助卫国，现在如果不援救邢国，实在有损于齐国的霸主形象。”

齐桓公有些烦恼，说道：“卫国的事情还摆在我们面前，邢、卫两国都翘首望着我们，那先帮助卫国，还是先救助邢国？”

管仲毫不犹豫答道：“先帮邢国抵御强敌，再帮卫国修筑城池，这是千秋万代的功业。”

齐桓公同意了管仲的主张，旋即向宋、鲁、曹、邾各国发出檄文，约定在聂北集结，一同出兵解救邢国。

宋、曹两国军队赶到聂北后，管仲又向齐桓公建议道：“现在狄军气焰正高，邢军仍有战斗力。抗击气焰嚣张的敌人，军队损失太大，帮助仍有战斗力的军队，我们的战功也不显著。我们不如屯兵此地，等邢国军队不支、狄国军队疲惫后，再出击攻敌。到那时，我们驱逐乏力的狄兵，救助危亡的邢国，就省力而又功高了。”

齐桓公欣然同意。

于是，齐、宋、曹三国停兵聂北，一住两月，狄兵却在日夜不停地进攻邢国。最后，邢军兵力衰竭，官兵只顾出城逃命。邢国百姓跟着国君叔颜到齐国军营求救，一见到齐桓公，叔颜就哭倒在地，邢国百姓也跪倒一片。

齐桓公将叔颜扶起，安慰道：“都怪寡人没有及时救援，才让你们如此凄惨，这是寡人的罪过呀！我马上与宋公、曹伯议事，驱赶入侵之敌。”当日即令出兵攻敌。

狄军首领瞍瞒掳掠已足，无心恋战，得知三国军队开来，一来害怕自己的军队将吃败仗，二来担心已抢夺到手的财物会失去，便在邢国都城中放了一把大火，指挥人马向北奔去。等到三国军队赶到，狄人已逃得无影无踪。

齐桓公命令将都城大火扑灭，对叔颜说：“都城如今残破不堪，君侯以为如何是好？”

叔颜看了看残破不堪的都城，答道：“百姓大多逃难到了夷仪，我愿迁都夷仪，以顺应百姓的心愿。”

齐桓公便下令齐、宋、曹三国都备办各种建筑工具，全体将士迅速帮助邢国修筑夷仪城，使邢国在此建都，同时又为邢国修建了宗庙，粮草布帛也不断地从齐国运来。

邢国君臣迁居夷仪的那天，邢国百姓欢呼声响成一片，纷纷称颂齐桓公的恩德。

邢国重建完毕，宋、曹两国军队便要告辞归国，齐桓公劝阻道：“卫国尚未安定，还在等着我们呀。我们都是兄弟国家，现在帮助了邢国，而对卫国之难置之不顾，那卫国人会怎么议论我等呢？”

几位诸侯齐声道：“愿听从齐侯命令。”

齐桓公闻言很高兴，立刻传下军令，移兵转向卫国。卫文公得知齐、宋、曹大军到来，亲自出城几十里迎接。

齐桓公见卫文公仍然穿着粗布丧服，心中不禁感伤，说道：“寡人凭借各位国君之力，想为贵国重建都城，不知建在何处为好？”

卫文公向齐桓公拜谢道：“君侯的深恩，此生难报！我已命人占卜，都城建在楚邱为好，只是敝国新遭战乱，无力承担修城的费用。”

齐桓公笑了笑，爽朗地说：“此事交与寡人，卫侯莫再担忧。”当日便传令三国军队前往楚邱动工筑城。月余，新修的宫室和太庙落成，齐桓公方才回国。

第四节　定鲁之乱

鲁庄公姬同死后，鲁国君位继承之事一直扑朔迷离，久悬未定。齐桓公想让鲁国尽快结束争夺君位的混乱局面，却又觉得插不上手，于是召来管仲，问道：“鲁国这几年动荡不安，君位一直不稳定，对齐国的霸业也非常不利，仲父能给寡人仔细讲讲吗？”

管仲闻言，心想，鲁庄公一生壮志难酬，这都是拜他母亲文姜夫人、舅舅齐襄公和你所赐。他执政期间虽一度打败齐国，但他知道齐国的崛起是不可阻挡的现实，于是，他将自己的家仇国恨隐藏起来，积极改善与齐国的邦交，继续齐鲁联姻的传统，迎娶齐国公室之女姜氏（哀姜）为正妻。管仲想到这里，说道：“鲁国的事情如果要说明白，得从祸端最初的政治婚姻说起。”

从远处说，鲁庄公之生母嫁给鲁桓公就是一场政治婚姻，围绕这场婚姻前后上演了多少荒唐闹剧，而姬同娶齐襄公之女姜氏又何尝不是一场政治婚姻?

也许是压抑太久了，晚年的鲁庄公行为举止变得任性起来。在曲阜城内大兴土木，建了一座高台。站在高台之上，周围几位大夫的府第一览无余。说来也巧，大夫党氏的女儿孟任，忽然进入了鲁庄公的视线。

鲁庄公被她深深地吸引了，寤寐思服，辗转反侧。为了得到孟任，鲁庄公许诺要立孟任为正夫人。孟任被打动，与鲁庄公立下血誓。

对孟任来说，嫁给鲁庄公也是被动的，后因哀姜反对，她没被立为夫人，但孟任比哀姜幸运，生了公子般，而哀姜一直没有子嗣。

鲁庄公还与哀姜的陪嫁妹妹叔姜生了一子，名启；与小妾风氏生了一子，名申。

鲁庄公有一个胞弟季友，还有两个叔伯兄弟，兄名庆父，弟名叔牙，他们都是朝中大夫。庆父贵为上卿，却贪婪残暴、权欲熏心，不仅与弟媳哀姜私通，还试图掌控朝政。哀姜与庆父约定，庄公死后，扶庆父为君。

周惠王十五年（前 662 年），重病缠身的鲁庄公开始考虑选择继承人了，虽然他年仅四十五岁，却感到命不久矣。他心目中的最佳人选当然是公子般，然而公子启与庆父背后的力量也对君位虎视眈眈，于是他进行了最后一次试探。先将三弟叔牙宣进宫来，问立嗣之事，叔牙与庆父沆瀣一气，狼狈为奸，立刻表态说：“我看大哥庆父才能卓越，可以继位为君。”鲁庄公闻言，当即把他赶出去了。

鲁庄公把胞弟季友叫到身边问话，季友与庄公关系亲密，无话不谈。为了宽哥哥的心，当即表示："我以死支持公子般继位。"鲁庄公神色黯然，有气无力地说："可是叔牙力保庆父啊！"

季友说："王兄，你放心，这件事交给我去办吧。"

季友立即找到好友鲁国大夫针巫，商讨出一个除掉叔牙的计划。之后，季友派人以国君的名义，让叔牙去针巫府上候命。叔牙不知是计，欣然前往。

针巫在桌上放了一杯鸩酒，说道："奉鲁侯命，赐你此杯鸩酒。喝下去你会死，但你的后代能继续享有禄位；不喝，你和你的家人全部会死。"叔牙自知在劫难逃，为了不连累家人只得喝下毒酒，不久死去。

八月，鲁庄公病死，公子姬般继位。庆父很不甘心，便与哀姜密谋，欲暗杀姬般。恰好有个叫荦的养马人，天生神力又粗鲁莽撞，因受过鲁庄公的责罚怀恨在心，经庆父一番挑唆，就杀死了姬般，另由庆父立了哀姜陪嫁妹妹叔姜的儿子姬启，是为鲁闵公。自此庆父更加肆无忌惮，并且野心越来越大。这鲁侯启年纪尚小，内怕哀姜，外怕庆父，哪里懂得管理朝政。此时的鲁侯已名存实亡，庆父把持大权，危害朝政。

齐桓公了解到这些情况后，对管仲说："我曾与鲁侯启在落姑会面，他扯我的衣服，我见他有隐情，便同他到了密室。他边哭边诉说了庆父作乱之事。"

管仲说："齐国国君虽不好直接插手鲁国内政，但鲁国是齐国的亲友之邦，国君以亲友身份干预一下，还是不算违背礼制的。”

于是，齐桓公便派大夫仲孙湫到鲁国去了解情况。不久，仲孙湫把了解到的鲁国情况向齐桓公汇报，并下结论说：“如果不除掉庆父，鲁国的灾难是不会终止的！”

事实果然如此。鲁闵公二年，庆父与哀姜又指使一个叫齮的人杀了闵公，欲立庆父。两年之内，鲁国两个国君被杀，鲁国的局势陷入了严重的混乱，百姓们对庆父恨之入骨。

季友趁乱领着公子姬申逃到邾国，发出文告声讨庆父，要求国人杀庆父，立姬申。国人响应，庆父畏惧，逃亡到莒国，哀姜逃到邾国。

鲁僖公姬申继位后，知道庆父只要活着，对鲁国就是严重的威胁，便请求莒国把庆父送回鲁国。庆父知道难逃一死，便在回鲁的途中自杀了。

得知庆父死讯后，齐桓公说：“好！庆父死有余辜！不过，鲁国两位国君不得善终，都是因为寡人的侄女哀姜所致，如果放过她，鲁国上下必然以为寡人袒护，齐鲁两国的关系就会断绝，对齐国而言将是一个巨大的损失。”

管仲说道：“按礼制，女子既嫁从夫，得罪夫家，自有夫家处置。君上若要惩处，就不要张扬，只宜秘密行事。”

于是，齐桓公命内侍竖刁去了邾国会见哀姜。

哀姜见是齐国来人，便激动不已，泪流满面。

竖刁用好话相劝，把哀姜骗到齐国。哀姜心中忐忑，问竖刁道：“我叔父打算怎么处罚我？”

竖刁说："夫人连害两位国君，齐鲁两国已是无人不知，夫人就是回到鲁国，又有何颜面去见列祖列宗？"

哀姜一听心如死灰，沉思良久，又试探道："那我可以留在齐国吗？"

竖刁说："当年文姜夫人请求回齐国，君上都没准许，夫人犯下如此罪孽，若是回齐国，那所有罪名就会落到君上头上。"

哀姜的心一下子沉到了谷底，自知罪孽深重，天地不容，于是悬梁自尽。

哀姜死后，齐桓公派人把她的尸体送到了鲁国。鲁僖公心性仁慈善良，以厚礼葬，并让哀姜进入太庙，然后，派人向齐桓公送出重礼，以谢定国之恩。

第十二章　伐强楚　包茅纳贡

第一节　野蛮生长的楚国

在临淄齐桓公宫中第二进院侧室，齐桓公、管仲、鲍叔牙君臣三人正谈论着天下大势。此时，楚晋之战刚结束，他们谈论的话题多与楚国相关。楚国如今得到周王室的支持，地位直线攀升，若再与中原强国结盟，对齐国无疑是不可忽视的威胁。而楚国能轻易打败晋国，足见楚国已具有与中原强国一战的实力。

管仲见齐桓公面有忧色，故意问道："君上，几年来，齐救燕、安鲁、剿山戎、服孤竹、灭令支、歼北狄、抚邢、存卫……势不可挡，天下诸侯望风归附，齐国国内百姓们也安居乐业，您还有什么烦心事吗？”

齐桓公没有回答，反问道：“听说楚王熊恽是‘桃花夫人’所生，两位老师能给寡人讲讲他的事迹吗？”

鲍叔牙目光平和地看着齐桓公，依旧像老师给学生讲故事一般说道：“这个‘桃花夫人’还真是个奇女子。她叫妫翟，是陈庄公妫林的次女。据说深秋时，她的出生引得满园桃花盛开，百鸟朝凤。她面若桃花，额头上还带有桃花妆的胎记，人称‘桃花夫人’。但陈国是个小国，为了生存，陈庄公把大女儿嫁给了蔡国的国君蔡侯，次女‘桃花夫人’嫁给了息国的君主，人称‘息夫人’。这一年，息夫人回陈国探望君父，借道蔡国。这个蔡侯是个好色之徒，在息夫人停留蔡国期间，对息夫人无礼。息夫人回到息国后，把路过蔡国被蔡侯轻薄的事情告诉了息国国君，息国国君听罢恼羞成怒，于是想到了一个报复蔡国的计策。他派人暗地里联系楚国，让楚文王熊赀派兵假装攻打息国，然后再哄骗蔡国来救，最后，息国和楚国联起手来夹击蔡国军队，灭掉蔡国。蔡侯不知是计，立马发兵来救，结果蔡侯成了俘虏。蔡侯每每想起息君得意的嘴脸，就恨得咬牙切齿，他想出了一个更阴损的计谋。他对楚文王说，‘您可能不知道，息夫人可是绝代佳人。您虽贵为大国的君主，样样都比息君强，但唯独在这一点上，您绝对比不上息君。’这让楚文王好奇心大起。于是他带领军队，以路过息国为名，让息君款待，并借机见到了息夫人。楚文王对她一见倾心，于是第二天，楚文王设计俘虏了息候，并灭掉息国，霸占了息夫人。”

鲍叔牙讲得绘声绘色，见齐桓公听得入迷了，便接着讲道："后来，楚文王对息夫人是百般宠爱，但是，息夫人在楚宫三年始终不发一言，不跟楚王说一句话。楚文王坦率地问她，'夫人，当初逼迫你来楚国是我的错，可是我对你宠爱有加，任何后妃都没这等待遇。况且我们已经有了两个孩子，夫人还有什么不满意呢？'息夫人泪流满面地说，'我一个弱女子，被迫从了两个夫君，守不住名节，苟活于世，又有什么脸面跟人说话呢！这是蔡侯的过错啊。'楚文王为讨息夫人的欢心，于是派兵打败了蔡国。蔡侯被羁押在楚国九年，至死也未能回蔡国。

"息夫人身不由己，虽然失去了自己的国家和原来的丈夫，却赢得了楚文王的宠爱和尊重，沉默中的息夫人也有了难得平静的生活。她为楚文王生了两个儿子，在楚文王死后的十几年间，悉心抚养他们。后来，息夫人的幼子熊恽夺得王位，也就是当今的楚王熊恽。"

听了"桃花夫人"这位奇女子的故事，齐桓公若有所思。

齐桓公当然不只是为了听故事，而是想从中找到抑制楚国强劲势头的办法。他不仅要了解如今的楚王熊恽是个怎样的人，有怎样的雄心壮志，还想知道楚国这样一个曾经被中原诸侯所忽视和小瞧的国家，是怎样快速成为一个强国的。他听完鲍叔牙讲的故事，又把目光投向管仲，希望这位老师能讲一讲楚国的发展史。

管仲对齐桓公的心思心知肚明，也在谋划对付楚国的办法，既然齐桓公想从楚国奇迹般崛起的历程中得到启示，那就细细为齐桓公讲讲楚国的发展史。

管仲说："楚人为祝融之后，也是黄帝的子孙，先祖为季连，后人为芈姓，熊氏。其族居于江河之间，至商周之际，鬻熊事文王，虽未参与伐讨，但也为八百诸侯之一。至周成王时，封楚君熊绎为子爵，以子男之地居于丹阳，由此开启了最初的基业。丹阳位于荆山蛮荒之地，地僻民贫，势弱位卑，还停留在原始社会阶段。楚君熊绎带领族人，穿着敝衣，拉着用荆竹编的柴车，在蛮荒草莽之地辛勤开发，建国立业。"

齐桓公侧耳静听，不时点头。管仲继续说道："其时楚国贫弱，为了祭祀祖先，还从鄀国偷过牛来祭祀，为了防止失主来寻，便连夜杀掉牛，因此楚人之祭多在夜晚。而在周王室组织的岐阳会盟上，各地诸侯都前来参加，楚国也受邀参加。但是楚君并没有同晋、郑、宋、齐、鲁等大国的国君陪周天子用餐，而是被安排看守祭祀所用的包茅[①]酒，而且还需要和鲜卑、羌人等少数民族的首领一同'守燎'[②]。身为楚国的君主，在诸侯会盟之时却要去看管祭祀的用品，可见楚人地位之低。中原地区的人一直将楚地之人看作蛮夷，对待楚人如同对待羌人等少数民族。但是不论楚国地位如何卑微，它依旧是诸侯之一，因此就要履行身为诸侯的义务，定时向周王室述职、进贡，参加周王室组织的会盟等。而各地诸侯在会盟时要向周王室进贡当地的特产，来表示对周王室的尊重。当时的楚国十分贫穷，物产匮乏，拿不出什么像样的贡品进贡周天子，但是有一样贡品楚国一直在进贡，那就是包茅。

---

① 包茅：古代祭祀时用以滤酒的菁茅。

② 看守火堆。

这种廉价的植物可以用来酿酒，周王室当时一直用包茅酿酒在祭祀中使用。楚地的贫寒以及落后并没有使楚人意志垂丧，楚人在熊绎的带领下，筚路蓝缕，以启山林。因周王室衰微，楚国便先攻伐西部的庸国和汉水一带的扬越，将它们向东驱逐。还趁着周天子伐鄂侯之时，兴兵伐鄂，并且占据了鄂地的铜山，从此楚国逐渐壮大起来。周桓王十六年（前 704 年），楚武王自立为王，成为彼时第一个称王的君主。此后，楚国多次北上中原争霸，与中原诸国有来有往，不落下风，而在南方江淮一带，楚国又拓地千里。由此可知，当时楚国已经有了一定的实力，虽然之后因惧怕周王室的讨伐而自去王号，但在南方地区，楚国已经是数一数二的大国了。”

齐桓公说：“楚以区区五十里之地，至今日为千里大国，楚人的先祖实在可敬可叹。”

齐桓公对楚国先祖以五十里之地扩张成为今天的千里大国而惊叹不已，这其中不知包含了楚人多少汗水和血泪。而且，楚人的这种征服不是简单的占领，而是对南方的蛮夷进行同化，最终形成了新的荆楚文化。他们不仅用军事和武力去征服蛮夷，更通过不断开发新的土地，教化南方蛮夷之民，向他们传播先进的技术和文化，最终才变为一个融合了蛮夷的强大楚国。

鲍叔牙接着说：“一代雄主楚武王逝世后，他的儿子熊赀继位，是为楚文王。因为楚国没有因王位继承而发生动乱，楚文王得以稳固君权，并有余力继续向外扩张，乃至提出要‘观中国之政’，就是向中原扩张势力。在他当上楚王之后的第二年，便打开了通往中原的大门。而今他的儿子楚王熊恽（楚成王）也试图向北方的中原之地扩张，这两人在位时期楚国的国土不断扩大，到达黄河流域。”

管仲又接着说：“此次楚晋之战，楚国的申息之师在与中原强国晋国的军队争锋中，能威慑晋军不敢与之作战，可见，申息之师是楚王施行新政的后盾，也能看出这两支军队的实力。且楚国这些年任用令尹子文治理国家，很有章法，国力颇强。要想扼住楚的势头，单靠齐师攻伐显然是不行的。且楚国土地广阔，即使联合其他诸侯国一起讨伐，也未必能有多大收效。”

齐桓公忙问：“仲父，楚王熊恽登位之初，就派人向周王室进贡，周天子赐胙与他说，‘镇守南方、平定夷越各族的动乱，不要侵犯中原各国。’可现今楚国已经吞并了蔡国，进军中原之势日益显现。我们当采取怎样的应对之策？”

管仲笑道：“办法倒是有一个，只不过是故技重演罢了。”

入冬后，管仲派出上百名商人到楚国去购鹿。楚国郢都，一夜之间麋鹿成为最抢手的货品。齐商与街上小贩讨价还价：“三钱买你一头鹿，如何？”小贩说：“几天前，三钱可买到一头鹿，今天五钱才买得到。”齐商问小贩为何突然涨价这么多。小贩故作神秘地告诉齐商说：“听说齐桓公好鹿，不惜重金购买，而且有多少要多少。”

齐商要大量收购麋鹿，而城内可卖的麋鹿却越来越少，价格越来越高。楚国商人见有利可图，纷纷加紧购鹿，到郢都转手卖出，获利颇丰。

这时，管仲派隰朋到楚国进行访问，与楚成王和楚国大臣洽谈购买麋鹿的生意，楚成王颇为兴奋。他与众臣商议，如何与齐国做这笔大买卖。大臣们建议，应当抬高售价，让齐桓公玩物丧志，败光钱财，等待他因喜好鹿而耗尽府库，便趁机攻齐。于是，他们与隰朋签订了四十钱购一头麋鹿的协议。

楚人见一头鹿的价钱与上千斤粮食相同，纷纷放下农具，做猎具奔往深山去捕鹿；连楚国官兵也停止训练，偷偷上山猎鹿了。

越年，春夏两季大旱，数十天不曾下过一滴雨，庄稼全都干死了。楚人也不在意，因为他们捕捉到很多麋鹿，并卖出了好价钱，钱币堆积成山。

秋天很快来临。楚人饿着肚子仍在捕捉麋鹿。可就在人们情绪高涨之时，突然传来消息：齐国已不再购买麋鹿了。闻讯，楚人一片恐慌。

楚大夫屈完赶紧把从齐国得到的情报向楚成王报告，楚成王大惑不解。令尹子文大呼中计：“此定是齐相管仲的诡计，让我们荒废农时，造成此刻饥荒。”

楚成王即刻下令：“速往周边国家购粮。”

屈完说：“齐已照会各诸侯国，不卖粮食给我国了。”

闻言，楚成王气恼万分，眼里闪过一丝阴毒。他冷笑道：“用钱买不到，那就用刀剑抢。”

是年秋，楚成王首先兵指郑国。

第二节　征服强楚

楚成王蠢蠢欲动，意欲向北扩张的种种军事动作早已刺激到了齐桓公，深知楚国发展潜力的齐桓公对此十分警惕，他早就想找个机会与楚国一决雌雄。

这年初秋发生了一个小插曲，让齐桓公有了开启战端的由头。

那是初秋一个阳光明媚的日子，清风轻拂，蓝天绿水。蔡姬和齐桓公在湖上泛舟，蔡姬见了水，不由得玩心大起，向齐桓公泼水，齐桓公也笑着回敬几下，两人好像在乡野荷塘中初恋的少男少女似的。玩闹中，船猛烈摇晃起来，齐桓公害怕，大声道："好啦好啦，不要闹了！"

蔡姬觉得齐桓公害怕的样子挺好玩的，他越是害怕，她越是开心，把船摇得左右晃动起来，吓得齐桓公大惊失色，急忙制止蔡姬。蔡姬看到齐桓公手足无措，紧紧拽着船身，不由得哈哈大笑："没事的，你落水了我救你！"齐桓公觉得失了君王的体面，此时已气得两眼发青。

过了一会儿，齐桓公一脸阴沉地上了岸，对蔡姬说："你太过放肆！明天就把你遣回蔡国！"

蔡姬怎么也想不通，以前也玩闹过，怎么今日齐侯如此无情呢？

齐桓公并不是开玩笑，第二天就派一辆马车，将蔡姬送回蔡国。蔡姬觉得自己没犯什么大错，却遭到这种待遇，既丢脸又憋屈，一路哭泣，一路颠簸，灰头土脸地回到了蔡国。

蔡侯看妹妹竟这样狼狈地被撵回来，认为齐桓公也太轻视蔡国了，让自己这个君侯颜面无存，为了折损齐侯颜面，他竟把蔡姬献给了楚成王。

齐桓公本来很是宠爱蔡姬的，这次只是让她回家反省，因担心助长了她的娇气，便没说过些日子还要接她回齐国的话。只是没想到没过几天，蔡姬便嫁去了楚国。

齐桓公雷霆大怒，要举全国兵力攻灭蔡国雪耻。天下诸侯都一阵惶恐。

管仲听说齐桓公要为蔡姬之事向蔡国开战，心里着急，匆匆入宫劝谏。齐桓公一见管仲神色慌张地跑来，便知必是为伐蔡之事，冷冷说道："仲父急匆匆赶来，莫非又是劝说寡人不要伐蔡？"

管仲见齐桓公一语挑明，也直言道："君上是中原的霸主，为后宫私事去讨伐一个盟国，如何说得过去？如此，天下诸侯非但不会同情齐国，反而会暗中耻笑君上。所以，切不可因一时激愤而草率行事。"

齐桓公双眉紧锁，气愤地说道："不教训蔡侯姬肸，我又有何颜面再为联盟国的盟主？如此大辱不可不报！伐蔡之意已决，仲父不必多言！"

管仲见齐桓公执意伐蔡，便不再劝谏，反而给他出谋说："臣想出一个一箭三雕之策——明里声言伐蔡，暗中实则伐楚，趁楚不备，打它个措手不及；邀蔡伐楚，蔡若不出兵，则视为抗王命不尊，齐便有了理由转而伐蔡，可雪夺姬之耻；楚屡犯郑、宋，伐楚又能为郑、宋出一口恶气，保住两国与齐的盟约。”

齐桓公一听管仲之计，转怒为喜，马上约请各诸侯共同抗楚。

管仲说道：“楚国是齐国的劲敌，也是中原各国的威胁，伐楚事关重大，必须一举成功，否则齐之霸业将前功尽弃。君上须派出重要文臣武将分赴各诸侯国，仔细陈述伐楚之理，晓以利害，务必使各国诸侯出兵。”

齐桓公说：“好。我准备邀请鲁、宋、郑、陈、卫、许、曹等国诸侯派出精兵助战，将于明年初会聚柽地。”

就在齐国紧锣密鼓地谋划伐楚之事时，楚国的探子已听到了风声，即刻上报楚王。楚成王即刻召令尹子文商讨对策，令尹子文道：“齐联合数国大军来犯，必定要与楚国一决雌雄。依臣之见，中原大军既于明春出兵，楚可先下手为强，派遣大军一举降服郑国，铲除进军中原的屏障，斩断齐国的羽翼。当可大大削减诸侯联军的锐气！”楚成王采纳了子文的计谋，当即调遣人马，于周惠王二十年（前 657 年）冬，大举进犯郑国。

郑文公听闻楚军犯境的消息，不由心中大惊，楚军声势浩大，又突然来袭，让他深感军力疲乏难支。他一边派遣大夫聃伯领兵镇守纯门，一边派人星夜赶赴齐国求援。楚将斗廉、斗章兄弟见郑国已有准备，又听说齐国援军将到，担心有闪失，顿生退意。楚成王闻讯立刻派人前来督战，斗章只得硬着头皮与郑军一战。郑将聃伯迎战楚将斗章，却没想到被斗廉从一侧包抄，郑军腹背受敌，节节败退。斗廉乘势追上聃伯，二人对战几回合，聃伯被斗廉打下马来，束手就擒。

斗廉、斗章兄弟有了这份战功，便就地休整待命。

周惠王二十一年（前656年）正月，齐桓公与鲁僖公申、宋桓公御说、郑文公捷、陈宣公杵臼、卫文公毁、曹昭公班、许穆公新臣，共八路诸侯联合伐楚。

正如管仲所料，蔡国保持了沉默。齐桓公与各路诸侯汇合后，决定先讨伐蔡国，再直指楚国。齐桓公命管仲为统帅，率领隰朋、宾胥无、鲍叔牙等，领战车三百乘，兵士数万人，讨伐蔡国。

齐军出发之时，内侍竖刁请求率前军先行，奔袭蔡国，为大军开道，齐桓公准允。竖刁善于阿谀奉承，深受齐桓公宠爱，此次攻蔡，齐桓公不仅让他带兵，而且还让他单独行动，给了他立首功的机会。

蔡国依仗楚人势力，对中原诸侯毫无防备，直到齐军大兵压境，才匆忙聚起兵马，准备抵御。竖刁在蔡国城下耀武扬威一番之后，才下令攻城。在城上观战的蔡穆侯见领兵者是竖刁，心中暗喜。蔡穆侯不仅认识竖刁，还知道竖刁是十分贪婪之人，于是派使在深夜给他送去了一车重礼，希望他暂缓攻城。竖刁不仅毫不客气地接受了礼物，还把齐桓公召集七路诸侯、先攻蔡后攻楚的军事机密透露给了蔡国使者，并替蔡穆侯指出一条明路："很快联军就将进抵城下，到了那时，都城必会被夷为平地，蔡侯不如尽早逃走，另寻生路，我会让齐军'网开一面'，放他逃走。"

使者回城后立刻向蔡穆侯报告，蔡穆侯大惊失色，当夜便率领后宫家眷向南逃往楚国。蔡国都城里群龙无首，百姓见齐军兵临城下，纷纷四处逃散，竖刁不费吹灰之力便攻下蔡城，先得大功，心中甚是得意。

两天后，齐桓公随军来到蔡国，其他各路诸侯也纷纷赶到。当大军浩浩荡荡杀向蔡国都城时，发现竟是一座空城。众将面面相觑，不知是何人走漏了风声。管仲向众人扫视一眼，立刻明白定是竖刁做了“人情”了。

齐桓公看着竖刁，对管仲说：“待查出泄漏军机者，定当严惩。但眼下该如何应对？”他显然也知道是竖刁捣鬼，但此为家丑，他没打算当着众多诸侯的面深究。

管仲说：“既然无法做到出其不意，不妨令各路诸侯齐头并进，大张声势。”

齐桓公正要率军向楚国进发，许国将领宾虚急忙来报说：“许公昨夜不幸病逝于军中。”

齐桓公闻言，愕然道：“昨日许公还好好的，怎么突然便去了呢？”

宾虚哭泣着讲述了事情的经过。

原来，许国接到齐桓公出兵助战邀约时，许穆公身体不适已久，听说所邀诸侯国都是国君亲自率师出战，他暗自想，当初没有答应夫人救卫国，已经颜面尽失，这次可不能再灭了许国的威风。为了表示许国忠于盟约，他带病亲自出征。没想到经此一路颠簸折腾，又染风寒，病愈发严重，终于溘然长逝。

齐桓公大为感伤，亲率六国诸侯为其发丧，用高过侯爵位的“公”之葬仪，将许穆公罩以衮衣安葬。按周礼制，凡为周天子作战而死于征途中，位加二等，可着衮衣安葬。许穆公为王师伐楚而亡，所以予以厚葬。举葬之时，齐桓公老泪纵横，痛致悼词："许公勤恳国事，一心事盟，令寡人敬佩之至。寡人与公交谊深厚，情同至亲。公闻楚蛮肆虐中原，愤而抱病征战，不幸先薨，其勇其烈，可勉可嘉。原只望与公同为王室建勋，尚未出师，先折吾一臂。苍天何其不公！寡人痛乎！哀哉！"悼罢，抚棺大恸。

众诸侯见齐桓公对一小国国君如此动情，都大为感动，方知盟主为人情深义重，"合诸侯，扶国室"决非一纸空文，事盟约之心更为坚定，伐楚之心更加坚决。

这时候，蔡穆侯已经逃到了楚国，他将齐桓公先攻蔡后攻楚的计划告诉了楚成王。于是，楚成王下令集结部队转向边境，又将攻打郑城的斗廉、斗章之师紧急调回，准备与联军一决雌雄。

联军挥师南进，这天到达楚国边境方城附近，只见边境上早有一人等候。这个人看上去衣冠整洁，彬彬有礼，很有贵族派头，见联军到来，忙施礼道："请传话给齐国国君，就说楚国使臣已在这里敬候多时。"这人正是楚国大夫屈完。

齐桓公听说楚国使者到来，心中一惊，沉吟良久，说道："楚国果然已经得到消息，他们有准备了。我们又当如何应对？"

管仲道："楚王早已知悉君上率师征讨楚国，不以大军迎击，却遣来使者，以臣猜测，必是来游说大王的。楚国既然派使臣来，就让我去会会他。如果楚人通情达理，会自惭理屈，向天子赔礼，撤出郑国。这样我们或许可以不战而胜。"说着管仲乘车出营。

两个人见了面，相互作揖行了礼。屈完说道："我们国君听说贵国出动军队来攻打我国，派我来问一声。齐楚各居一方，不曾有兵戈之见，而今你们为什么率兵进犯我们的国境呢？”

管仲答道：“贵国和敝国都是周天子封的。当初齐国受封的时候就负有使命，就是有谁不服从天子，就由齐国去讨伐；平王东迁之后，又令我国国君担任诸侯盟主。你们楚国位处南境，本来应当每年向天子进贡包茅，以协助周朝祭祀。但近几年你们既拒绝进贡，又多次攻伐他国，我们只好派兵前来征讨。还有另一件事，从前周昭王率兵南征到了楚地，因楚人保护不力死在汉水，你们能推卸罪责吗？”

屈完辩解道：“没有向周室进贡包茅是我们国君的错，但现在天下诸侯不再向周朝进贡的又何止楚王一个？至于说到昭王南征一去不返，纯因舟船搁浅而致，与我国有何干系？您要责问的话，那只有去问问汉水了，就此告辞！”说完，屈完就乘车走了。

管仲向齐桓公报告说：“楚国态度强硬，无法用口舌让他们屈服，现在应该用军队逼迫他们投降。”

于是，齐桓公下令联军各路同时出兵，到达陉城，逼近蜿蜒在山棱线上的方城山。

管仲命令各路人马就地扎寨。诸侯们感到奇怪，纷纷问道：“军队既然已深入敌境，为何不趁机渡过汉水，与楚军决一死战？”

管仲答道：“楚国既派使者前来，国内也必有所准备，两军一经交战就再难以化解了。现在我们在这里屯兵扎寨，虚张声势，楚国害怕我们人多势众，一定会再派使臣前来的，我们可以趁机逼他们订立城下之盟。”诸侯们对管仲的话不以为然，依旧议论纷纷。

管仲又说道："请诸位少安毋躁，过一段时间自会见分晓。"

此时楚成王已任命子文为统帅，让他率精兵镇守汉南，在汉水边布下伏兵，待八国的兵马渡汉水的时候，便予以迎头痛击。但是，子文这天得到探报，说联军屯兵陉地，根本没有渡河的意思。子文向楚成王奏道："齐相国管仲文韬武略，善于用兵，现在他既然按兵不动，必有诡计。当再派使者前去，探察一下他们的虚实动静，然后再决定是战是和。"

楚成王说："这次派谁去呢？"

子文说："屈大夫已经见过管仲了，还是请他再辛苦一趟吧！"

屈完向成王说道："上次，臣已为未进包茅一事向管仲致歉，这次出使如果是为了与对方和解结盟，我愿前往；如果是要向对方下战书的话，大王还是另请高明。"

楚成王对屈完的爽直甚是满意，也深知屈完之才，去齐营必不会灭了楚国的威风。于是对他说："还是你去最好。是战是和你随机应变，我绝不干预。"于是，屈完乘车再次来到齐军大营。

第三节　召陵定盟

在联军营寨，众人听说楚大夫屈完又来了，之前对管仲的质疑便消失了，诸侯们愣愣地看着管仲，宋桓公不禁赞道："管相国真神人啊。"

齐桓公不知屈完复来何意，问管仲道："楚王又派屈完前来，到底想干什么？”

管仲说道：“楚军已经在南岸摆好了阵式，屈完定是来一探联军实力的。若打得赢，楚王就会跟我们硬抗到底；若是打不赢，则会跟我们讲和请盟。大王当以礼相待，但也得摆出军威让他瞧瞧。”

齐桓公笑道：“仲父神谋，百无一失。”

屈完到了齐营后，马上请求面见齐桓公和管仲。

管仲亲出帐相迎，与屈完互致问候，携其手进入大帐。屈完备感亲切。

屈完进帐，拜见齐桓公。齐桓公答礼，问其来意。

屈完到齐营后受到管仲热情相待，心里就有几分讲和的意思。见齐桓公问，便不再绕弯遮掩，坦诚说道：“因敝国没有按时向周王室进包茅之贡，以致诸侯兴师动众，千里南征，楚王深感其咎，今令屈完再来致歉谢罪，并有意与齐国修好。”

齐桓公看看管仲。管仲替齐桓公答道：“但不知贵国有何要求？”

屈完说道：“没有大的要求，只是中原大军长驱直入敝国腹地，拿武力来胁迫我们，我们不能接受。如作城下之盟，更会让世人以为楚国乃迫于威势而降服，楚君还有何颜面见楚国百姓？屈完斗胆请齐侯屈驾退师三十里，以示尊重敝国，屈完一定说服楚王与君侯握手修好，永不反悔！如若不然，那么楚会用方城山作为城墙，汉水作为护城河，和诸侯们以死拼杀，那就将是两败俱伤。不知君侯对敝国有何要求，方能退师？”

齐桓公听从管仲的建议，也有与楚国罢战讲和之意。见屈完的态度不软不硬，但所言甚是明快，便说道："屈大夫贤明，辅佐楚王的大业，并复贡包茅，使寡人能告知天下，楚国已尊奉周礼就可以了。"

闻言，屈完大喜，连连称谢。

齐桓公道："寡人已经答应与贵国讲和，管相国会和你商讨结盟的细节。"

屈完即拜别齐桓公，转到管仲帐中。屈完见管仲虽名贯天下，却无丝毫盛气凌人之态。大兵压境，却又不贪功冒进，统驭数万大军，竟能指挥若定，收发自如，不由得心生敬佩。管仲见屈完胸怀坦荡，不卑不亢，做事更是当机立断，毫不拖泥带水，与自己性格极为相似，也是颇感亲近。虽然二人各为其主，但英雄相惜，秉烛夜谈，越谈越投机，竟大有相见恨晚之意，遂引以为友。翌日晨道别之时，更是互为勉励，由屈完说服楚王，由管仲说服七国诸侯，就此罢兵，还天下太平。

屈完回到楚城，即向楚成王和令尹子文详细汇报了出使齐营的经过，最后说道："齐侯已向臣做了郑重承诺，八国之师即刻退后三十里，以示对楚国的尊重。臣则代楚王允诺，即向周王室复贡包茅，大王切不可失信。"

楚成王冷冷一笑，说道："齐侯这么容易就退兵了？想必是害怕打不过楚军。他要求进贡包茅事小，可丢寡人的面子事大。"

屈完生气地说："大王莫不是想反悔？臣可是得到您的授意去齐营讲和的，现在若出尔反尔，定当遭人耻笑！"

子文也附和道："大王金口玉言，一言既出，驷马难追。"

楚成王无奈，苦笑说："好吧，就听屈完大夫的。"楚成王只好叫屈完带了一车包茅，另外还带了八份金帛作为给诸侯们的礼物送到齐营那边。

屈完先去拜见管仲，送上两辆遮盖甚密的戎辂，再向齐桓公献上犒军之物。

齐桓公当着屈完之面，即命将礼物分派给八国诸侯，然后一边招待屈完，一边验过包茅，请屈完带回去，让楚国直接进贡给周天子。一切交接完毕，双方各自松了一口气。

齐桓公得意扬扬地对屈完说："屈大夫可曾目睹过我中原大军？"

屈完一见齐桓公的口气和神色，便知何意，说道："我生长在南方，地方偏僻，眼界狭小，无缘得瞻中原大军之声势，常以为憾，如齐侯不吝，外臣愿借机一观。"

此言正中齐桓公下怀，当即命侍从备车，与屈完坐上车，去观赏八国大军的营寨。

这是管仲的主意，但他担心齐桓公高兴过了头，悄声嘱咐道："屈完乃楚国的贤明之士，齐侯万不可失了礼数。"齐桓公笑而不语。

屈完与齐桓公同车来到联军营寨，只见八国兵马各占一方，明盔亮甲，十分威武，军队一字排开，绵延数十里，军纪肃整。屈完不由得暗自心惊，庆幸楚国没有仓促与之交锋，联军声势浩大，加上管仲的统军之能，楚军哪能匹敌！如此一想，他心中泛起波澜，但神色依旧平静。

兵车行至鲁营时，齐桓公举起鼓槌，在战鼓上击了一下，顿时，中军大营鼓声大作，另七方大营鼓声遥相呼应，顿时如万马奔腾，山洪倾泻，又似雷霆轰鸣，震耳欲聋。

齐桓公开始还将管仲的嘱托放在心上，言谈谨慎。他的目光不时地瞟向屈完，以观察屈完的反应；听到鼓声震天时，他终于掩饰不住心中的得意，仰着鼻子对屈完说："有这么强的兵马征战天下，谁能抵御？以此大军攻城，何城不克？以大夫看来，中原大军比之楚军如何？"

屈完面无惧色，微微一笑，冷静地回答："据外臣所知，君侯之所以稳坐诸侯盟主之位数十年，乃由于周天子的重托，齐侯的贤明豁达，管相国匡时济世的才能，三者缺一不可，又岂是因为仗恃此兵戈之威？君侯若一如既往，以天下黎民百姓为重，用德来安抚天下诸侯，谁敢不服从呢？若恃众逞强，只凭武力，而不得人心，你的兵再多，又能奈我何！"

齐桓公听了屈完之言，面露惭色。他这才明白不听管仲嘱托，果然是自取其辱。但他胸怀大度，见屈完浩然正气，不由得感到钦佩，脸色微微一红，口气顿时转为谦和，夸赞道："果如管相国所言，屈大夫果真大智大贤之才！"

齐桓公这时气已消，管仲本就无意与楚国全面开战，只是想通过这次军事行动来显示齐国的威风，吓唬楚国罢了。于是，决定次日在召陵设立盟坛。

当晚，齐桓公留屈完在齐营中歇息，由管仲设大宴款待。宴后，鲍叔牙悄悄问管仲："楚王熊恽自称为王，这是个大罪名，你不以此为由责备楚国，倒要起包茅来了。我不明白你这是什么意思。"

管仲说："就因为自称为王的罪名太大了，我才不提。你想，这么大的罪名，楚国怎么可能承认呢？若以此谈判，谈判便会陷入僵局，那就得打起仗来了；打起仗来，百姓可就苦了。我借着他们不进贡包茅的事跟他们说理，事情不大，他们容易承认。只要楚国能认错，就算是屈服了，我们对天子和诸侯们也有交代，这要比发动战争好太多了。"

闻言，鲍叔牙再次感慨自己与管仲实在相差太大了。

第二天下午，齐桓公在召陵立坛，与楚国订盟。齐桓公执牛耳为主盟，管仲为司盟。屈完称奉楚君之命，与各家诸侯讲和修好，共定盟约："自今以后，楚国与中原齐、鲁、郑、宋、陈、许、曹、卫之国世通盟好，永不相欺，苍天可鉴！"

而后，齐桓公率先歃血，七国诸侯与屈完依此受歃，完成盟约仪式。

齐桓公容光焕发，神采飞扬，高声说道："今日各路诸侯与楚国结盟，楚国从此每年按时向周王室进贡，天子之事已毕。寡人与各路诸侯就此告别，请各自率兵返回。"

管仲私下告诉屈完，不要再提蔡姬之事，并请楚国将郑将聃伯放回去。屈完点头同意，并代表蔡穆侯向齐国道了歉。

自此，由于管仲之谋，屈完之力，齐桓公之贤，十余诸侯国参与的南北军事对峙就这样结束了。

数月后，楚成王派屈完带包茅去朝见周惠王，周惠王激动不已，派人祭祀文武庙以告慰祖先。同时，齐国派来使臣隰朋报告征讨楚国的经过。周惠王夸奖齐桓公对周王室的尊重，奉隰朋为上宾。

第四节 稳定周王室

冬去春来，杨柳吐绿，温暖的阳光照耀着大地。

齐桓公和管仲回师临淄，刚一落脚，隰朋便从洛阳带回来有关周王室将内乱的消息。

“尊王攘夷”的旗帜，不仅是齐桓公建立霸业的基础，而且也维系着周王室的存续与威严。周王室若是乱了，则很难保证这面旗帜不倒。这到底是怎么回事呢？

原来，周惠王的长子名郑，是先皇后姜氏所生，按照嫡长子继承的原则，郑被立为太子。他知书达礼，深得人心。可是，姜氏死后，周惠王次妃陈妫得宠，立为继后。她也生有一子名叫带，又称叔带。妫后十分宠爱叔带，想立他为太子。公子叔带善于奉迎，周惠王也十分喜欢他，在妫后的影响下，周惠王产生了废世子郑而立叔带为太子的想法。但公子叔带骄奢淫逸，路人皆知，如果废郑立带，肯定会天下大乱。

齐桓公弄清事情的原委后，心情十分沉重，长叹一声道：“废世子立次子，废贤明立昏庸，天子此举，不仅有辱王室之风，还会引起天下诸侯不安！”

于是，齐桓公召来管仲、隰朋等人商议。

管仲沉思良久，对齐桓公道："周王室有乱，君上不能袖手旁观。太子郑之所以失宠，是由于他在朝中势单力孤，现在君上可以向周天子上表，就说各国诸侯想见太子，请太子出朝与诸侯们相会。太子一出洛邑，我们对他极尽尊崇，此后周天子即使想废除他也难以做到。"

齐桓公大为赞同，笑道："仲父之谋果然高人一等，那么，在什么地方会盟好呢？"

管仲说道："卫国的首止。"

齐桓公召来隰朋，吩咐道："隰朋大夫立即起草文告传宋、鲁、陈、卫、郑、许、曹七国诸侯，明年五月会盟于首止之地，拜见太子郑，并立即派人到首止修筑新馆舍。"可想而知，齐桓公如果保住太子郑的地位，以后周王室将尽在齐桓公的掌握中，以此号令天下，无人敢不从。

隰朋领命，立刻着手安排。

春末，齐桓公请周史篮陈敬仲去首止，先建宫殿来接待太子郑的驾临。又派使者往洛邑，觐见周天子："天下诸侯在卫国首止举行会盟，请派太子郑参加，以体现您的关爱和支持！"

对齐桓公奏请之事，周天子一般不会拒绝，也没多想便答应下来。

到了五月，齐国、宋国、鲁国、陈国、卫国、郑国、许国、曹国共计八国诸侯一起汇集在首止城。首止已焕然一新，一幢幢新建的馆舍华丽气派。会盟高台高九丈，台上插着八国诸侯的旗帜。这天早晨，齐桓公与各国诸侯一起登上高台，站到各自的旗帜下。齐桓公居首，位次依序排列，仪仗隆重，威风凛凛。高台下是威武雄壮的卫戍将士。

这时，隰朋在台下高呼道："周太子郑驾到！"

只见一辆豪华辇车驶到高台下面，周太子郑自辇车中出来。齐桓公率领诸侯走下台来迎接，太子郑再三谦让，眼含热泪，颤声道："齐侯与各路君侯给郑如此殊荣，郑感激涕零。"说着，就要用宾客见主人之礼拜见各诸侯。

齐桓公急忙上前拦阻道："太子不可，君臣之份，万万不可逾越。"

太子郑道："郑岂敢与各君侯谈君臣之份？郑虽为世子，却已成为周室鱼肉，周王欲罢黜，公子带欲夺位，如今，郑尚不知尸骨抛于何处！"

齐桓公说："我等为周天子之臣，见到太子就如同见到天子。怎么敢不行礼呢？"

公子郑答谢道："各位君侯多礼了，暂且休息吧。"

当天夜里，太子郑派人邀请齐桓公到自己的行宫，哭诉公子带想要谋夺太子之位的事情。

齐桓公劝慰说："寡人会和各位诸侯立下盟誓，共同拥戴太子。太子请放心。"

太子郑感激不尽，住在了行宫。各位诸侯也未回国，各自住在馆舍里。每天各位诸侯轮番来进献美酒佳肴，还犒劳太子郑的随从人员。

此次会盟并没有讨论防御和进攻方面的问题，而是以陪同太子郑游山玩水为主。各诸侯众星捧月般围着太子郑，太子郑不发言，大家就默而不语，太子郑不举杯，大家就不独自饮酒，这让太子郑真正体会到君临天下的感觉。

太子郑担心这样太久了会劳烦诸侯，于是想要告辞回洛邑。

齐桓公说："我们之所以愿意和太子在这里住这么久，就是想让天子知道我们都爱戴太子，不忍心让太子离去，这样就可以破除周王室的阴谋，保全您的太子之位。正好这个夏天特别炎热，等到秋天凉爽了再送您回去吧。"

诸侯们也说："太子可居住于首止，修身养性，择定吉日良辰，我等与太子歃盟。"

于是，诸侯重新选了立盟的日期，定在八月。

周惠王看到太子郑长久未归，知道他受齐桓公他们拥戴，心里很不开心。他知道，如果他废黜太子郑而立公子带，那么，本就无兵无财的周王室将失去八国诸侯的支持。他越想越气，急火攻心，竟吐出一口鲜血，自此身体一日不如一日。

王后陈妫担心周惠王一死，儿子继位就成了泡影，她的太后之位也将不保，因此整天缠在周惠王身边哭哭啼啼，使尽浑身解数，要周惠王为她做主。

可太子郑还在参加会盟，如果这时候罢免太子，八国诸侯都会反对，后果不堪设想。周惠王召来太宰周公孔问道："太子郑去首止有多少时日了？"

太宰周公孔掐指一算，答道："已经一月有余。"

闻言，周惠王怒火中烧，愤愤道："这定是齐侯的计谋，率诸侯拥留太子郑，是何居心？"

周公孔也不赞成周惠王改立太子，他对陈妫的言行十分不满，却敢怒而不敢言，于是劝慰道："王上不必动怒。首止路途遥远，太子可能是耽搁在路上了。"

周惠王气得直喘粗气，说道："齐侯打着尊王的旗号，四处招摇，其野心昭然若揭。天下诸侯中，比他更忠于周室的大有人在，就连过去一直不进贡的楚国，也派屈完大夫前来进贡。由此看来，齐国尊王是假，图霸中原是真，王室今后更应当加强同楚国的联系。"

闻言，周公孔一愣。作为天子，怎能轻易说出这种话来，真是老糊涂了！若是齐桓公听到，登高一呼反周王室，只怕世上就没有这位天子了。他沉思片刻，心平气和地劝说道："王上，自周王室东迁始，王室丧失了对周围大片土地的控制，无法号令天下，各诸侯国纷争四起，天下如一盘散沙；四夷（东夷、南蛮、西戎、北狄）虎视中原，诸国屡受侵扰，而王室却无能为力。齐侯继位以来，任用管夷吾为相，对内大兴改革，富国强兵，先是派使者来朝奉进贡，而后数合诸侯，以诸侯盟主的身份，替天子伐不臣，又竖起'尊王攘夷'的大旗，帮助中原诸侯抵御外敌入侵，这才有今天之天下诸侯和顺、尊奉王室的局面。如今齐侯拥戴太子郑，也是为了王室安定。齐侯效忠王室，世人皆有评说。天子欲远齐而近楚，可曾想过'德义未明于朝者，则不可加于尊位；功力未见于国者，则不可授以重禄'？请王上慎重行事，三思而行……"

不等周公孔说完，周惠王抓起床头案上的竹简欲砸向周公孔，手刚举起，又停住了，怒道："太宰难道是齐国派来的说客吗，怎么尽为齐侯说话？若他真忠于王室，怎么会公然违抗寡人的旨意……"说着，又一阵剧烈的咳嗽。

周公孔自知说服不了顽固的周惠王，再说下去，只能自讨没趣，于是起身准备告退。这时，周惠王又把周公孔叫住了，他琢磨出一计，以对抗齐桓公。于是吩咐道："寡人亲修书一封，太宰立即派人去首止交给郑伯，让他与楚修好，同心协力，侍奉周室。"

几天后，郑伯接到周惠王手书。信上言明，只要郑国背齐投楚，共同辅佐王子叔带，那么，周室将再次册封郑伯为王室卿士。郑伯明白，周惠王是铁了心要立王子叔带为太子，但太子郑有各诸侯支持，势力太大，必须把他们分化瓦解，各个击破，做到滴水不漏。

郑国是齐楚两国之间的交通枢纽以及战略要地，若郑与楚联合，足以对齐形成钳制。另外，王室卿士一职具有无上的实权和荣耀，十分具有诱惑力。郑伯很高兴，想当初祖父郑庄公就是依靠周王开创局面；父亲郑厉公也曾支持周惠王，得到尊重；今日我郑伯会比先辈们做得更好。于是，他打算悄悄回国，不参加结盟。

相国叔詹知道后，苦口婆心地劝阻说："君上的举动不能轻率，轻率则失掉人心，失掉人心必然招来祸患。等到国家危险，再乞求结盟，必损失极大，到时悔之晚矣。"但郑伯哪里还听得进去，私自溜回郑国。

他的不辞而别让齐桓公很恼火，一怒之下便想要立即讨伐郑国。

管仲一眼就看出了其中的端倪，他对齐桓公说：“郑周交界，郑国此种行为必定是受到了周王室的诱惑。现在盟约日期已到，我们还是先达成盟约，日后再图郑国。”

管仲这么一劝，齐桓公便冷静下来。郑伯逃走没关系，盟约仍然可以签订。于是，齐、宋、鲁、陈、卫、许、曹七国诸侯一齐宣誓：“凡我同盟，共翼王储，匡靖王室。有背盟者，天地不容，神明殛之！”

郑伯的离去，虽然给会盟造成一定影响，但并无大碍，相反，郑国再次被推向风口浪尖。

第十三章 匡天下　葵丘论道

第一节　郑国折服

齐桓公、管仲虽然打着“尊王攘夷”的旗号，却与周惠王姬阆的关系越来越不和谐了。首止会盟，齐桓公宣布支持太子郑为嗣君，周惠王十分生气，不仅指使郑文公背约去联络楚国，还派人去联络晋国，试图组成周、郑、晋、楚联盟，以对抗齐国。

首止会盟虽然结束了，但齐桓公总觉得不够圆满。回国后，他对众臣说：“这次盟约郑国没有参加，而郑伯又是奉天子之命，我们无法奉王命去讨伐，依各位看应该怎么办？”

众臣议论纷纷，却没有好主意。

此时管仲说道："依臣之见，应先礼而后兵。"

齐桓公准请。几天后，管仲便亲率一支队伍前往郑国交涉。他做事缜密细致，刚到郑国就打听到消息，郑文公弃盟回国引得众臣不满。管仲立刻派人私下带礼前往郑国拜见大夫孔叔，希望郑国能够补签盟约。孔叔没有犹豫便答应下来。

得到了孔叔的同意后，管仲带公子陈完前往新郑，宁戚率领一支千人队伍作为随从。其实，队伍中还秘密地藏着一个人，那就是周王室太子郑。

到了郑国的新郑城外，管仲下令安营扎寨，然后给郑文公送去檄函，函告说："齐侯前来责问郑伯逃避首止会盟一事，请郑伯做出回复！此为前遣，诸侯联军在后面。"

郑文公接到檄函一看，吃了一惊，没想到齐国这么快就找上门来，忙问大臣："谁愿意代表寡人先去城外与管仲会谈？"

众臣中无人敢与管仲见面，这时，孔叔说："老臣可以一试。"郑文公便命孔叔代表自己前去面见管仲。郑文公得知孔叔带回来的消息对自己与郑国没多少危害，便找到管仲，补上了盟约。得到这样的结果，管仲很是高兴，告诉郑文公说："天下要有一个大家都能遵守的规矩，这是维护周室与天下的宗旨。所谓一匡天下，就是要有统一的道德标准和行为规范。郑伯能加入制定规矩者的行列，天下事也就好管了。"

郑文公听管仲这么说，心里十分懊悔，连连后悔自己乱信人言，以致得罪了齐桓公。太子郑几次想出来与郑文公见面，都被管仲劝住了。"太子如果暴露，可能会有性命之忧。"管仲提醒说。

太子郑只好听任管仲的安排。

随后，管仲立刻派人送去急件给齐桓公，告知其郑伯姬捷已经补上了盟约，现在他就去洛邑，将盟约送给周天子。

与此同时，楚成王熊恽听说郑文公之前没有参与首止盟约，后迫于压力才补上盟约，高兴地对众臣说："寡人可以得到郑国了！"于是派遣使者和郑国大夫申侯串通，要求与郑国结盟。

这申侯原来在楚国做官，口才上佳，为人贪婪，又极善逢迎，楚文王对他十分宠信。楚文王去世前，担心后人容不下申侯，便以赠送白璧为由召见他，让他到大国去避难，申侯便逃到栎城。郑厉公收留了他，郑厉公回国复位后，封申侯为大夫。

楚臣中很多人与申侯相识，所以请他出面从中周旋，促使郑文公背齐联楚。申侯接受了楚人大量的贿赂，自然要帮楚国说话，他向郑文公进谏道："只有楚国才能抵挡得住齐国，况且还有周天子的扶持。倘若不与楚国结盟，齐楚两国都将仇视郑国。再说，郑国如今势弱，必须依附大国，不然郑国必定会陷入孤立无援的境地！而楚离我们近，更便于两相帮扶。"郑文公听申侯说的不无道理，再次背弃盟约，派申侯向楚国送礼进贡。

齐桓公看到郑国又倒向楚国，于齐不利，在周惠王二十三年（前654年），再次率领诸侯同盟讨伐郑国，包围了郑地新密。此时申侯正出使楚国，他对楚成王说："郑国之所以归顺贵国，是因为只有楚国才可以和齐国抗衡。大王若是不出兵援救郑国，外臣担心以后再也没有人前来归顺楚国了。"

楚成王即召众臣商议。令尹子文说："前年八国逼楚，于召陵立盟，许穆公死于军中，齐侯因此对许国甚是优待。如果王上出兵攻许，诸侯联军必将回兵救许，郑国之围便自动解除。”

楚成王觉得可行，便依子文之计，亲自率兵攻打许国，围困其都城。诸侯联军闻讯，果然回兵救许，郑国之围也得以解除。

申侯回到郑国，自以为护国有功，扬扬自得，满以为可以加官晋爵，没想到郑文公却认为上次齐桓公让他把虎牢关赏赐给申侯，已经超越了臣子该得的封赏，就不再赏赐。申侯因此对郑文公产生怨恨。

那么，虎牢关赏赐又是怎么回事呢？

这还得从八国诸侯联合伐楚说起。诸侯联军回师返国，必经过陈、郑两个小国。陈国的大夫辕涛涂从陈、郑两个小国的利益出发，希望联军不要走经过陈、郑两国的道路回去，因为大军经过，沿途的粮草供给对陈、郑两国来说是一个负担。因此，辕涛涂找到郑国的大夫申侯商量说：“军队如果取道陈国和郑国之间，粮草所费不少，两国供应必然会有困难。如果向东取道水路，由徐国和莒国承担供给，更为得力。”

申侯说：“好，此事大夫您可去对齐侯讲明。”

于是，辕涛涂去见齐桓公，他的建议被齐桓公接受了，但让辕涛涂没想到的是，他的朋友申侯也去见了齐桓公，他向齐桓公建议：“长途跋涉必定会使士兵疲惫，如果向东行军，途中遇强敌恐难应对。而取道陈国、郑国之间，由两国供给军粮军服，则比较妥当。”

申侯的这一小人卖乖行为大讨齐桓公的欢心，即使申侯不说破辕涛涂的想法，齐桓公也明白辕涛涂的私心。他下令把辕涛涂抓了起来，并强令郑文公把郑国的虎牢关之地赏赐给了申侯，这就是“虎牢之赏”。

这个赏赐并没有给申侯带来好运。第二年，齐桓公再次会盟诸侯，商议如何安定周王室。在诸侯会盟的场合，各国的大夫们再次相会。陈国大夫辕涛涂也见到了申侯，由于在伐楚时和申侯结下仇怨，他耿耿于怀，故意问起申侯的封邑虎牢关。听说那里没有筑城，他就劝申侯说：“把城筑得美观一些，不仅可以扩大名声，而且可以让子孙们不忘先人功德。”申侯采纳了辕涛涂的建议，就把城墙修筑得很美观，一时之间申侯的名声传遍诸侯各国，申侯大出风头，比国君郑文公还受瞩目。

然而，背地里，辕涛涂却在郑文公面前挑拨说：“申侯被齐侯收买，是准备背叛郑国的。”郑文公听了很不是滋味。他在周王室之乱中乱了方寸，听了周天子的唆使去跟楚国结交，得罪了齐国，连年遭到齐国的威胁。郑文公认为，得了虎牢之赏的申侯便是内贼。

辕涛涂还写信给孔叔，说：“申侯以前拿郑国讨好齐国，独吞功劳，得到虎牢关的封赏，这是孔叔也未曾得到的！如今又拿郑国讨好楚国，使国君背上失信毁约的名声，致使诸侯再次联盟讨伐郑国，使国家和百姓受害。请务必将申侯处决，那样诸侯联军将不战而归，请大夫三思！”

孔叔将书信呈给郑文公，劝道：“一个国家如果不能自强自立，又好逞一时之强，就一定会灭亡。请君上向齐国屈服以挽救国家！”

郑文公说：“寡人想等一等楚王的答复再做定夺。”

孔叔说：“情况危急，郑国已朝不保夕，哪里还有时间等待楚王的答复呢？”

郑文公终于意识到事情紧迫。是年夏天，郑文公便杀了申侯，把申侯当替罪羊，说郑国此前的行为全是申侯这个小人进谗言所致。齐桓公有了这个台阶可下，随即收兵，但要求郑文公向齐国赔罪，并订立盟约。

郑文公觉得难为情，不敢露面，准备让他的儿子公子华去会盟。

公子华是郑文公的长子，出生后不久便被册立为世子。后来，公子华的母亲陈妫又生下了公子臧，随后便溘然长逝。

公子华见父亲宠幸的妃子甚多，而自己的母亲又早早去世，担心郑文公日后生出废长立幼的心思，就暗中与叔詹商议如何保住世子之位。叔詹劝道：“君位得失，荣辱变幻，都是命中注定的。你只管恪守自己的本分，尽忠尽孝就可以了，不要过于患得患失。”

公子华又与孔叔商议，孔叔也劝他恪守本分，莫要多虑。公子华两次碰壁，十分恼怒。

其实这些原本都是正常的劝告，劝公子华不要起坏念头，但公子华从此便对叔詹、孔叔两位大夫都心存芥蒂。

这次，郑文公派公子华代替自己去与齐国会盟，公子华担心齐桓公责备郑国上次退盟的事，不愿前往，叔詹奉命赶来督促，公子华心中更加气恼。见了齐桓公，公子华偷偷地对他说：“敝国的大权全在孔叔、叔詹、师叔三个大夫手里。上次让君父退盟的就是他们。要是您能把他们三个人除掉，我情愿一辈子做您的外臣，决无二心！”

齐桓公说：“事关重大，寡人与相国商议一下。”他把公子华的话告诉了管仲。管仲一听，脸色大变，正色道：“万万不可！儿子和父亲和睦相处叫作礼，以国事为先完成使命叫作信。诸侯之所以服从齐国，是因为齐国尊奉‘礼’‘信’二德。如今公子华篡改君父之命，是为无礼；身为使臣却企图扰乱国政，是为无信，此等狼子野心之人实不可交！”

齐桓公说：“诸侯伐郑，无功而返，如今有机可乘，内外夹击，难道不是稳操胜券吗？”

管仲说：“君上用礼和信来号令诸侯，而自己又趋利忘义，岂不是言行不一！君上若用恩德来安抚郑国，郑国不听，错在彼，然后率诸侯前去征讨，便是师出有名，则战必胜！君主若只是听信了内奸的谣言而进攻郑国，理在彼，若诸侯前去征讨，人心必然不齐，成败就很难说了！倘若将公子华的诡计告知郑伯，郑伯对君上感激还来不及，哪能不前来请求归附呢？臣听说叔詹、孔叔、师叔三个大夫都是郑国的贤臣，深得百姓爱戴，被称为‘三良’，我们决不能做违背郑国百姓心愿之事。”

齐桓公听了管仲这番话，觉得在情在理，便去对公子华说：“既然你已经做了世子，就不应该妄图挑拨离间，借助大国来扰乱自己的国家，而是要时刻想着国家的生死存亡。”后将公子华之言行告知郑文公。

郑文公听说世子如此狠毒，顿时大怒道：“逆子出卖国家，到如今还胆敢欺骗寡人！”于是命令武士将公子华囚禁。

公子华很不甘心，企图凿墙逃跑，被看管的武士发现，郑文公狠心下令把公子华处死了。公子臧见哥哥被杀，十分害怕，暗地逃往宋国求自保。他若不逃倒没什么关系，这一逃，反而让郑文公以为他和公子华是串通一气的。郑文公自然不肯放过他，派人将他斩杀在路上。

郑文公杀了两位公子之后，非常感激齐桓公没有听信公子华的谗言，再次派孔叔前往齐国致谢，并请求重新加入诸侯联盟。

第二节　葵丘会盟

一晃又一个冬天来临了。周惠王在病榻上躺了三年，他苦苦支撑到第二年初春，终于油尽灯枯，于洛邑驾崩。

守在周惠王身边的太子郑与周公孔、召伯廖商议，决定暂不发丧，并派人连夜向齐桓公密报此事。朝中文武大臣都知道太子郑得齐国支持，谁也不愿意逆势而行，于是，王子带的势力便孤掌难鸣。

从周都洛邑通向齐国的大道小路上，一匹匹千里马在飞驰，这正是太子郑派往齐国的密使。管仲事先曾经提醒太子郑，如果惠王驾崩，一定要秘不发丧，要迅速通报齐，齐侯会在第一时间联络其他诸侯。只有这样，才能确保他继位不出差错。管仲还提醒他，送信的信使应该派出多位，以防奸人阻截。

得到太子郑报丧，管仲立即派快骑赶往宋、卫、许、曹、陈、鲁、郑诸侯国，要他们以最快的速度赶到洮会盟。会盟诸侯纷纷修书奏表并派重臣出使周朝，这八位使臣是齐国大夫隰朋、宋国大夫华秀老、鲁国大夫公孙敖、卫国大夫宁速、陈国大夫辕选、郑国大夫子人师、曹国大夫公子戊和许国大夫百陀。八国大夫并车而行，仪仗庞大，以向周天子问安为名来到周朝王城之外。太子郑闻讯，先派召伯廖出城迎接慰劳八国大夫，然后发丧。八国大夫借机代表各国诸侯请求让太子郑继承王位，接受百官朝贺。王子带不敢再存异心。第二年太子郑正式登基，史称周襄王。

周襄王姬郑心里清楚，自己虽已是天子，但强悍的对手王子带一直是心腹之患，难以除掉。

同样，年近耄耋的管仲也深感疲惫。几十年来为了各国稳定而奔波，现在，他深深感觉到，要想防止诸侯之间旷日持久的纷争，建立稳定的社会秩序，就必须对那些不守礼义的行为施行惩戒。最好的办法，莫过于制定一种制度，包括法规、道德行为规范以及人伦纲常等。只有用制度来约束行为，天下的和谐才有可能实现。

这一观点正好与齐桓公不谋而合。齐桓公认为，做一个“尊王攘夷”的领头人，远不如制定一个可惠及齐国千秋的制度来得重要。前者是维持短暂的秩序，后者则可保长久的太平。天下必须有一个大家都能遵守的“规矩”，太平与安宁才能有保证，战乱频发、生灵涂炭的乱世才能一去不复返。

为了完成这个宏伟方案，管仲再次为齐桓公谋划，其中最为重要的就是制定制度。齐桓公接纳了管仲的怀柔政策，向刚刚上台的周襄王姬郑提出要在葵丘会盟，确保各诸侯国能够永远忠于周天子。姬郑得到这个消息，兴奋异常，立刻命令周公忌父于周襄王元年（前651年）夏天，前往葵丘，参加由齐桓公主持的天下诸侯会盟。

春祭完毕，周襄王命太宰周公孔赴齐，赐齐桓公文武胙、彤弓矢、大路，以表彰诸侯辅佐新王之功。

齐桓公闻讯，立即传书各位诸侯，在葵丘举行受赐典礼。数日后，在赴葵丘路上，齐桓公与管仲谈起周朝国事，管仲说道："周室嫡庶长幼不分，几乎因此遭到祸乱。现在齐国的太子之位仍未确定，希望君上尽早安排，以免后患。"

齐桓公说道："寡人有子六人，但都是庶出，其中无亏年纪最大，昭最为贤能。长卫姬侍奉我最久，我已答应她传位给无亏，易牙、竖刁也主张立无亏，但我觉得立长不如立贤，因而心中犹豫不决。不知仲父如何决断此事。"

管仲知道，易牙、竖刁奸诈，而且一向得宠于长卫姬，双方早已结为死党，无亏日后继位，很可能与他们串通，祸乱天下；而公子昭是郑姬所生，郑国新近加入诸侯联盟，立公子昭还可以借机加强与郑国的关系，于是郑重回答道："继承君主霸业，非选贤能者不可，君上既知公子昭贤能，就应传位给他。"

齐桓公担心道："寡人仍恐无亏日后以长子身份来争夺王位。"

管仲说道："这次会盟，君上可以从各位诸侯中选一个最有威望的，与之结好，将公子昭托付给他，如此定可免除后患。”

齐桓公点头称是。

此时宋桓公御说已经去世，太子兹父打算让位给公子目夷，目夷不接受，兹父这才继位，史称宋襄公。宋襄公遵从齐桓公之命，虽在服丧，也穿着丧服赶来会盟。管仲对宋国一向很看重，对齐桓公说：“宋公有让位之德，可算是一个大贤。现在又带丧赴会，可见对齐国十分尊重。君上可以将公子昭托付于他。”齐桓公采纳了管仲的建议，让管仲去宋襄公住处致意问安。宋襄公亲自回拜齐桓公，齐桓公拉着宋襄公的手，恳切地将公子昭托付于他，说道：“将来公子昭继位掌国，如有不测之事，就仰仗君侯的主持了。”宋襄公见齐桓公诚心相托，便应允了此事。

齐桓公与各位诸侯到达葵丘后，太宰周公孔也随即到达。当天晚上，管仲照例先拜访了他，将这次会盟的内容一一告知于他。周公孔听了，抬头对管仲说：“你提出的‘居处庄、事君忠、莅官敬、朋友笃、战阵勇’，每句均可用一字表述。”

管仲谦恭地表示：“愿聆听教诲。”

周公孔说：“仁、礼、义、信、强。”

管仲听后，顿感周公孔之言贴切，赶紧起身对周公孔行大礼。

周公孔扶起管仲，意味深长地对他说：“会盟结束待我归朝，我就向天子建议授您爵位，没有您，这天下怕是很难再维持下去……”

管仲说道：“夷吾之愿，周室千秋万代，封爵之事，并无期待。”

周公孔又说：“这次我回去，一定要再次报告天子，让他请您做上卿。”

管仲摇了摇头，说道：“这件事，还是不要再提了。管仲老矣，不胜舟车之劳。我能够帮周朝召集天下诸侯会盟，就非常满足了……”

周公孔在这个夜晚，第一次明白了管仲的伟大胸怀。面对秋夜的繁星，周公孔感叹道：天下如果没有管仲，那会乱成什么样子？

此次会盟的地点在城外的一片葵菜地里。葵菜地里建有一高台，依东西两边摆席，东边首席为齐，挨着的是鲁、宋、陈，西边首席为郑，挨着的是卫、晋、许、曹。北方正中是周天子的特使周公孔。

会盟之日，旗帜如林，环佩铿锵，鼓声雷鸣。诸侯们先让周朝使臣周公孔登上祭坛，然后才依次上坛。

坛上依然设置了周天子的虚位，诸侯面北先向天子位前的香炉焚香行跪拜礼，然后依各自位次站好。太宰周公孔捧着祭肉面东而立，传达新王的旨意说：“天子祭祀了文王与武王之庙，让微臣赏赐伯舅一些祭肉。齐侯准备下阶拜谢，接收祭肉。”

齐侯正要下拜，周公孔赶忙制止说：“天子有命，因齐侯年老德高，不必下拜受赐！”齐桓公正准备照此去做，管仲从旁低声进言道：“天子对臣下谦让，臣子却不可不敬。”齐桓公于是答道：“天威浩荡，寡人岂敢贪王命，而废臣职。”说罢，齐桓公急步走下台阶，再拜稽首，然后再登坛领受祭肉。

坛下，礼乐骤起，钟鼓齐鸣。

众诸侯对齐桓公周到的礼数无不叹服，会场的气氛也因此变得更加肃穆。与祭肉同赐的还有彤弓矢和大路。彤弓矢原是指红色的弓和箭，大路是指诸侯入朝时乘坐的大车，这些都是天子最高军事指挥权的象征。周襄王用这些赏赐齐桓公，表明周王朝已经正式承认齐桓公在诸侯中的领袖地位。这表明齐国的霸权不仅得到了诸侯的承认，也得到了周王朝的认可。

齐桓公十分激动，向众诸侯拱手施礼道："谢诸位对寡人的信任。有周朝特使在，可不歃而盟。请司仪宣读盟书。"

隰朋上台展开盟书，高声读道："周襄王元年春，天子赐齐侯胙。诸侯于葵丘之地会盟，誓词曰，凡我同盟，永世修好。辅佐周室，匡正王道。有背盟者，神明殛之！'"

誓词宣读完毕，齐桓公又率领诸侯重订盟约，要各诸侯共同遵守。盟约的主要内容有：

第一条，凡不孝子，必须诛灭！凡已定立了的太子，不得擅自更换。更不能因君王喜恶随便将妾替代正房做夫人。

第二条，要尊重人才，培养人才，对于有德行的人，一定要给予表彰并实施保护。

第三条，尊敬老年人，爱护幼童。对于别国的来宾，有住在本国境内的，无论其国大小，国力强弱，均给予厚待，以示尊重。

第四条，士卿不再世袭，官员不许兼职。士大夫因进谏而获罪，国君不能擅自杀戮。

第五条，不许乱筑堤坝，损人利己；邻国有饥荒，不许限制粮食出口；有封赏的大事，一定要互相通报。

……

所有条款，全场一致通过。这些规定有利于加强各国之间的团结互助，也有利于维护内部的统治秩序，因而诸侯们都乐于接受。

会盟完毕，齐桓公忽然问周公孔道："我曾听说夏、商、周三代都有封禅之事，其中都有什么仪式礼节，太宰能否说给我听？"

周公孔说："古代封禅泰山、梁父。在泰山筑土为坛，祭拜上天叫封；在梁父清场辟地，祭拜土地叫禅。三朝接受天命，兴邦立国，获得天地佑助，都是诚心禅祭的结果。"

齐桓公面有骄色，捋须道："寡人有一事欲告太宰。昔日夏、商、周三代初立，都行封泰山、禅梁父之盛典。寡人为辅佐周室，北伐山戎，至于孤竹；南讨蛮楚，至于召陵；西涉流沙，至于太行；威镇东夷，至于北海；九合诸侯，一匡天下。今泰山在我大齐境内，寡人也欲封泰山、禅梁父，行旷世之盛典，太宰以为可否？"

太宰闻言一惊，怔怔地看着齐桓公，道："齐侯果有此想？"

齐桓公扬扬自得道："寡人企盼久矣！"

太宰冷笑道："当今天下之事，齐侯以为可行，谁敢说不可！"

齐桓公不以为然道："寡人九次召集诸侯，统一匡正天下。北征到达孤竹、山戎，拘获了大夏国君。西征到流沙西虞，南征到吴、越、巴、荆夷各国，所到之处莫敢不从。而中原国家轻视寡人，这是为什么？从前夏、商、周三代的君主，难道有超出寡人这样的功业吗？"

然而，管仲此时却说："古代有人受命于天，先有祯祥之兆出现，古时举行封禅大典的国家，盛在祭器里的是郁山上的黍和北里长的禾；铺在地上作为垫席的是江淮之间特产的三脊茅草。东海送来比目的鱼，西海送来比翼的鸟，然后，不召而自至的东西还有十五种之多。我们现在的情况是凤凰麒麟不来，象征祥瑞的嘉谷不生，然而蓬蒿蔡莠等杂草却很繁茂，鸱鸮之类的凶禽恶鸟却不断来临，还想要举行封禅的大典，岂不是违背天意吗？"

齐桓公无言对答，从此不再提封禅之事。

齐桓公回到临淄后，感到功德圆满，开始大兴土木，营造豪华宫殿，并比照周天子，增加了车仗仪式，凡乘舆服饰等一切用器皆如天子，国人多议论他僭越。

随后，管仲也在府中筑台三层，名为"三归之台"，意为民人归，诸侯归，四夷归。又立塞门，以隔内外。设置反坫，以待列国使臣。鲍叔牙对管仲这些做法感到不解，问管仲说："君王奢侈你也奢侈，君王僭越你也僭越，不成体统！"管仲道："君上辛劳建功立业，也想好好享受。如果总用礼法去约束他，他就会生厌恶之心，可能会生出更多祸事啊。我之所以这样做，就是为国君分担那些流言啊！"

原来，管仲是见国君的僭越行为无法劝阻，便顺其自然，因势利导。

第十四章　忧国运　夕阳晚照

第一节　尚可辨鬼物

这一年周王室王子带用重金买通伊、洛一带的戎人，让他们进攻周朝都城洛邑，自己准备从中接应，乘机夺取王位。戎人将都城围困，周公孔、召伯廖全力抗敌。周襄王派使者向各国诸侯告急求援，齐桓公派管仲领兵前去救周。管仲听说戎兵已经逃走，便派人去责问戎人首领。戎人首领害怕齐兵攻伐，忙派人前来谢罪说："我们戎族怎敢随便侵犯周朝都城，这都是王子带让我们干的！"周襄王闻听此事，遂把王子带逐出周室，王子带逃奔齐国。戎人首领又派人来到周朝，向周天子请罪求和，周襄王应允。

周襄王感念管仲多年的扶助之功，又感激他这次率兵援救并使戎人归顺，于是大摆宴席犒劳管仲，并要以上卿的礼节相待，管仲连忙推辞谦让，只接受下卿之礼。平定周室之乱后，管仲胜利归来，不久后却一病不起。

因为管仲暂不能主持朝政，大小事一齐压到了齐桓公身上，上要应付周王室，还要应付各诸侯国，国内的事更多更杂，这简直使他喘不过气来。好在管仲的病情稍有好转，他便让隰朋一有事就到相府问管仲。在宫中憋闷了近三个月，齐桓公身软神惚。这天早膳后，竖刁提议外出打猎，他欣然同意，便带着竖刁、易牙、开方，驾车赶到南山狩猎场。

正在兴高采烈之时，齐桓公突然双眼盯着前方一动不动，脸上布满惊恐之色。竖刁为齐桓公驾车，忽见齐桓公脸色大变，急忙问道："君上看到什么了吗？"

齐桓公回道："我刚才看到一个鬼，形状古怪，十分可怕，这是不是不祥之兆呢？"

竖刁说："鬼是阴物，怎敢在白天出来？"

齐桓公说道："先君襄公昔日围猎，见到一头怪猪，侍人称是彭生所化，那也是在白天。仲父无所不知，寡人要去问问他的意见。"

竖刁不屑道："等君上见到仲父，先别说所见鬼物的形状，让仲父去猜，如果他猜的和君上所见到的一样，那才可以说他是无所不知之人。"

齐桓公同意，于是让竖刁驾车回城。齐桓公疑神疑鬼，当晚就一病不起。第二天管仲与各位大夫前来探病，齐桓公将管仲叫到眼前，说自己昨天见到一个鬼物，只因现在心中烦乱，说不出来，他让管仲告诉他那是什么鬼物。管仲无法猜出，只得说道：“请君上让臣去打听一下。”

竖刁在一旁笑道：“我就知道仲父说不出来吧。”齐桓公病情加重，管仲心中十分担忧，于是就命人在城门处贴出文告：“谁能说出国君所见鬼物的形状和来历，我将把自己封地的三分之一赠给他。”

有一个头戴斗笠身穿破衣的人来见管仲，管仲行礼将他请入书房。那人问道：“我叫皇子。国君生病了吗？”管仲甚喜，看来此事有解了。皇子又问：“国君是因遇见了鬼怪才病的吗？”管仲答是。皇子又问道：“国君是在大草泽中见到鬼的吗？”管仲急忙说道：“您若能说出这个鬼物的形状，我将与您共享富贵。”那人说：“请领我去见国君，我当面和他谈。”

管仲领皇子来见齐桓公，这时齐桓公正裹着几层大被，坐在床上，他见管仲领来那人衣衫破烂，心中很不高兴，问道：“仲父说的那个认识鬼的人是你吗？”皇子答道：“君上只是自己伤害自己罢了。”齐桓公又问：“那么到底有没有鬼？”皇子答道：“当然有。水中有‘罔象’，土邱有‘峷’，山中有‘夔’，荒野有‘彷徨’，草泽有‘委蛇’。”齐桓公说：“那你就说说‘委蛇’是什么形状。”皇子说道：“‘委蛇’粗如车轮，长如车辕，人首蛇身。身子是紫色的，头上是红色的，就像穿着紫衣服戴着红帽子。它最厌恶隆隆之声。必是国君车驾惊扰了它。这种东西不会轻易见到，见到的人必能称霸天下。”

齐桓公听完，不觉放声大笑，从床上一跃而起，一下子就好了。齐桓公对管仲请来的人说道：“这正是寡人在草泽中见到的鬼物！”他又问皇子是什么人，皇子答道：“是齐国西面边地的农夫。”齐桓公说：“你可留在寡人这里做官。”于是便要封皇子为大夫，皇子连忙推辞道：“国君尊重周室，扫荡戎夷，安定中原，使乡野之人能安享太平，我已心满意足，愿意回乡耕作，不想做官。”齐桓公赞叹道：“你真是一位脱俗的高人贤士！”于是下令重赏皇子，并派专人将他送回家中。

齐桓公又要封赏管仲，竖刁不服气，说道：“仲父不能说出鬼物的形状，是皇子说出的，君上怎么还要赏仲父呢？”

齐桓公说道：“没有仲父，我又怎能见到皇子，听他讲这一番话呢？而今心病已去，全赖仲父寻得此人！”竖刁这才心服口服。

第二节　病榻论相

管仲病情加重，卧床多日不起。齐桓公焦急万分，经常去看他，并亲自喂食管仲汤药，管仲感激涕零，说道：“臣一生之中有两大幸事，一是结交鲍叔牙这个知己，二是遇到像您这样的明君。”

齐桓公见管仲身体已虚弱到了极点，便拉着他的手问道：“仲父病得很重，若自此不能再处理政务，寡人可以将齐国的政务交给鲍叔牙吗？”

管仲咳了咳，说道："鲍叔牙是个正人君子，我对他再了解不过了，但他不是一个能够掌管齐国政务的人。他为人爱恨憎恶太过分明，爱恨分明当然是好事，但过分疾恶如仇，不知求全之道，就很难与他人相处。鲍叔牙只要在他人身上看到一处污点，就终生不饶不忘，这是他的短处。"

齐桓公又问："隰朋怎样？"

管仲答道："隰朋虚怀若谷，不耻下问，处处以国事为重，适合担此重任。只是隰朋年岁已高，恐怕和臣一样，活不了多久了。"说完长长叹了口气。

齐桓公感到惊奇，忙问其故，管仲叹道："老天生下隰朋，就是为了让他给臣做口舌、当使节，身体既死，口舌又怎能单独存在？"

齐桓公问道："那么寡人身边可有奸佞之人？"

管仲十分严肃地说："君上就是不问，我也要讲的。易牙、竖刁、开方这三个人，君上千万不可信任亲近他们，更不能重用。"

齐桓公不解，问道："易牙不惜将自己的儿子烹煮，这说明他对我的忠诚超过对自己亲生骨肉的疼爱，对这种人还要怀疑吗？"

管仲摇了摇头，回答说："人之常情莫过于爱自己的子女，他连自己的儿子都不爱，怎么能爱君？他为了自己的私欲能做杀子这样的事，还有什么事做不出来呢？"

齐桓公又问："竖刁为能入宫侍奉寡人，不惜自残身体，这说明他对寡人的忠诚超过了爱惜自己的身体，对这种人还要怀疑吗？”

管仲答道：“人之常情莫过于爱惜自己的身体，他对自己的身体都忍心伤残，又能对君上怎样呢？”

齐桓公再问：“卫国公子开方甘愿抛弃拥有千辆战车的太子之位，主动向寡人称臣，来侍奉我，连父母去世都不肯回去奔丧，这说明他敬我超过亲生父母，难道仲父对这种人也会起疑心吗？”

管仲答道：“人之常情莫过于孝顺父母，他连父母都忍心抛弃，对君上又能怎样？能得到一个拥有千辆战车的大国，本是人人都有的权欲，他放弃千辆战车，一定是想要得到比千辆战车更多的东西，此为贪得无厌。请君上务必将这三人逐出，不要接近他们，否则齐国必受其害！”

齐桓公问道：“这三个人都已跟随寡人很久，仲父以前为何从未提到此事？”

管仲说道：“臣以前不说，是为了顺从君上的心意。如把他们比作洪水，臣就是一座堤坝，有大堤挡着，洪水就不会失控。我管理政事的时候好比大堤，总能控制他们。现在大堤要垮了，水就会泛滥起来，君上一定要当心啊！”

齐桓公默然而退。

过后，齐桓公与管仲的这段对话传到易牙的耳朵里，他气急败坏地跑去找鲍叔牙，挑拨说管仲阻止齐桓公任命鲍叔牙为相。鲍叔牙笑道：“管仲荐隰朋，说明他一心为社稷宗庙考虑，不存私心偏爱友人。我与管仲相识半生，自知你所言不假。现在我做司寇，驱逐佞臣，正合我意。如果让我当政，哪里还会有你们的容身之处？再挑拨休怪我无情！”易牙讨了个没趣，深觉管仲交友之密，知人之深，于是灰溜溜地走了。

公元前645年春，这位九合诸侯，一匡天下，为齐国霸业呕心沥血的“华夏第一相”管仲与世长辞。

弥留之时，管仲还在审视自己一生的奋斗目标，“亲兄弟之国，外抗夷敌，内安诸侯，图王霸业，一匡天下”，如今，这些真正实现了吗？

这天傍晚，云朵被绚丽的霞光映照得格外耀眼，天边像燃起了熊熊烈火。太阳渐渐西沉下去，留下一种坦然的宁静和庄严。

齐桓公听闻管仲死讯，号啕大哭道：“哀哉，仲父！天折寡人之臂膀！”

齐国百姓闻管相国离世，哭声震野，如丧考妣。列国诸侯接到管仲离世的讣告，仰天长叹，敬管仲之贤，感管仲之德，都派遣使者来齐国祭奠管仲。

齐桓公命令以侯礼安葬管仲，诏令满朝文武及临淄城百姓，皆挂孝一日。

出殡之日，齐国百姓披麻戴孝，于临淄城街头摆设供桌，焚香祭奠，跪送管仲之灵柩。隰朋亲自高举黑幡，鲍叔牙、东郭牙等一众大夫手扶灵柩，神情悲戚。管仲之妾婧披麻戴孝，痛哭前行……

其后，齐桓公拜隰朋为相，未及一月，隰朋亦病逝。

齐桓公又拜鲍叔牙为相。鲍叔牙道：“臣为人爱恨极其分明，君上必须罢免易牙、竖刁、开方三位奸人，臣才敢奉命。”

于是，齐桓公将竖刁、易牙、开方三人驱逐出宫。但没过不久，齐桓公由于食不甘味，便将易牙重新召回来；由于宫中混乱，缺人统管，便将竖刁重新召回来；由于爱听溢美之词，便将卫公子开方重新召回来。齐国朝廷因这几人陷入混乱。鲍叔牙苦苦相谏，然齐桓公我行我素，鲍叔牙气恼攻心，不久也追随管仲去了。

鲍叔牙死后，竖刁、易牙、开方伙同长卫姬，欺负齐桓公年迈无力，独揽朝政，祸国殃民。齐桓公病重期间，竖刁、易牙、开方认为时机已到，把齐桓公住的寿宫的门窗全部封死，还在外面筑起一道围墙，不许任何人出入，也不给齐桓公饭食，任其自生自灭。

有一个妃子冒险翻墙来到齐桓公住处，见到了已经很多天没吃没喝的齐桓公。齐桓公有气无力地哀求："我想吃点东西。"妃子悲伤地摇头："我找不到吃的。"齐桓公又哀求："那给我一点水吧！"妃子泣声道"我也找不到水。"桓公问为什么，妃子才告诉他，公子无亏勾结易牙和竖刁作乱，将他禁闭于此。

可怜一代霸主，临死之时竟连水也喝不上。齐桓公临死之前发出哀叹："仲父真是高明，寡人悔之晚矣！如果死者有知，寡人有何颜面见仲父于九泉之下啊！"遂蒙衣而死。齐桓公纵横一生，最终竟被活活饿死。

齐桓公死后，六个儿子争夺君位，朝中大乱。齐桓公六十七天没有入殓，致使遗体腐烂生蛆。

宋襄公遵齐桓公、管仲生前嘱托，答应公子昭的请求，率诸侯到齐国匡扶内政。杀掉公子无亏、竖刁、易牙和开方，拥公子昭继位，是为齐孝公。

由于管仲的变法改革颇有成效，涉及层面较广，使齐国国力强盛。所以尽管齐桓公的后继者一代不如一代，然至春秋之末，齐国仍然是东方大国。

管仲对齐国的改革，可以说功在当代，利在千秋。孔子心中有两个圣人，一是周公，一是管仲。

孔子曾说："管仲相桓公，霸诸侯，一匡天下，民到于今受其赐。微管仲，吾其被发左衽矣。"意思是，管仲辅佐桓公，称霸诸侯，匡正了天下，人们到今天还能享受到他带来的好处。如果没有管仲，恐怕我们还披散着头发，裸露臂膀，仍是野蛮之人。

在齐国为相四十余载，管仲大兴改革，富国强兵，重视商业，使齐国一跃成为春秋时期的第一位霸主国，被誉为"圣人之师""华夏第一相"。在中国的历史上，管仲是最早的经济改革者，他一生多次不战而胜，以其深远的智慧和高尚的品行影响了无数后人，"华夏第一相"实至名归！